청소년을 생각하는

청소년 교육

고수진

창조와 지식

박상진 교수
장로회신학대학교, 기독교교육학

인생의 모든 시기가 다 중요하지만 그중 가장 중요한 한 시기를 택하라고 한다면 대부분이 청소년기를 선택할 것이다. 청소년기를 어떻게 보내는지에 따라서 전혀 다른 인생이 펼쳐지게 된다. 특히 기독교교육에 있어서 청소년기는 신앙적인 자아정체감이 확립되는 시기이기 때문에 더욱 중요하다. 이 시기에 누군가의 섬김과 사랑을 통해 예수 그리스도를 만나게 될 때 평생 그리스도인으로서의 삶을 살아가게 된다. 그렇기 때문에 오늘날에도 많은 청소년 사역자들과 교사들이 청소년들을 대상으로 기독교교육을 실천하고 있다.

그런데 안타깝게도 청소년 전문서적은 많지 않은 편이다. 특히 기독교교육학 분야에서 청소년에 초점을 맞춘 청소년교육 책은 더욱 귀하다. 고수진 박사의 〈청소년을 생각하는 청소년 교육〉은 이런 점에서 사막의 오아시스 같은 책이다. 이 책은 몇 가지 점에서 중요한 특징을 지니고 있다. 첫째는 청소년으로 시작해서 청소년으로 끝나는 청소년 전문 서적이다. 청소년과 관련된 거의 모든 주제들을 망라하고 있다. 청소년의 의미, 청소년 이해, 청소년과 부모, 친구 관계, 청소년의 자아정체감, 청소년의 신앙, 위기 청소년 문제까지 포함하고 있다. 둘째는 청소년 교육에 있어서 이론과 현장을 연결시키고 있다. 이론만 중시하는 전문서적의 경우 현장과의 연계가 약하고, 실천 사례 중심의 책은 이론의 기초가 약하기 마련인데, 이 책은 이론과 현장을 모두 포용하고 있다. 셋째, 기독교청소년교육학의 개론서라고 할 수 있다. 기독교교육학의 하위 영역을 영유아, 아동, 청소년, 청년, 성인, 노인교육의 영역으로 구분한다면, 이 책은 청소년을 위한 기독교교육학 교과서로 손색이 없는 책이다.

무엇보다 저자인 고수진 박사는 박사논문의 주제도 청소년 교육 분야이었으며, 오랜 세월 청소년 사역을 담당한 전문가이고, 장로회신학대학교에서 청소년교육 과목을 강의해 왔다. 필자 스스로 기독교청소년 교육의 이론과 현장을 넘나들면서 이론의 현장화, 현장의 이론화를 통해 이 분야에 대한 깊은 이해를 도모해왔다. 이 책은 그런 점에서 저자가 책상에서 쓴 것만이 아니라 온몸으로, 삶과 사역의 현장 속에서 집필한 것이라고 할 수 있다. 그리고 단지 청소년 교육에 관한 책이라기보다는 청소년을 사랑하며 그들과 더불어 사역했던 저자의 삶의 여정이 담겨있는 책이라고 할 수 있다. 그런 점에서 단순한 연구 서적이 아니라 저자의 고백이 담겨있으며, 청소년을 객관적으로 설명하는 것이 아니라 청소년과 나와 너의 관계 속에서 대화하는 책이라고 할 수 있다.

〈청소년을 생각하는 청소년 교육〉, 이 책은 청소년을 사랑하는 모든 사람이 읽어야 할 책이다. 특히 교회학교에서 청소년 부서를 담당하는 교역자와 교사, 미션스쿨과 기독교대안학교의 교사들, 청소년 사역을 담당하는 청소년 단체의 사역자들과 스텝들, 청소년을 자녀로 둔 부모들, 청소년 자신을 더 이해하기를 원하는 청소년들, 그리고 청소년을 더 알아가고 싶은 모든 분들에게 일독을 권한다.

서문

코로나 이후 언택트(untact), 비대면 이라는 용어들이 자주 등장하고 있다. 비대면 교육은 사실 얼굴을 대면하지 않는 올라인(all-line)교육인데 오히려 인격화된 교육, 쌍방향 의사소통을 더 강조하는 이유는 무엇일까? 인격적 교육, 양방향 의사소통, 소그룹, 가족 중심, 개별적 교육과 목회의 중요성은 사실 오랫동안 논의되어 왔던 이슈들이었다. 그러나 하던 대로 하는 것이 익숙한 사람들, 구조 조직 개편의 어려움 등 다양한 이유로 지금껏 간과되어 왔다. 이제 어쩔 수 없이 소그룹, 개별화 교육, 양방향 의사소통, 비 대면이지만 인격적 교육 등을 실행하지 않으면 안 되는 시대가 도래 하였다. 사실 이것은 무지가 아닌 수용의 문제가 아니었을까? 서양이 수평적 사회구조와 개인 중심 문화라면, 동양은 수직적 사회 구조와 집단 중심 문화이다. 물론 문화적 차이는 각 대륙의 기후적 차이로부터 기인한다. 추운 지역에서 개별성, 개인 문화, 정확성, 일 중심성이 강조된다면 비교적 온난한 지역에서는 집단성, 공동체 문화, 융통성, 관계 중심성이 강조된다. 현대의 올라인, 사이버스페이스(Cyber Space)를 통한 세계의 문화 복합, 융합 현상은 지역성과 문화성을 뛰어넘는 그 무언가를 요청해 왔다. 기독교 교육과 목회 역시, 어떻게 현 사회-문화 융합과 복합-에서 진리를 왜곡시키지 않고 선포하고 교육, 계승할 것인가를 고민하지 않으면 안 되게 되었다.

특히 청소년은 모든 문화권의 신앙 교육, 계승의 문제에 있어서 블랙홀과 같은 역할을 하고 있다. 어떻게 풀어야 할지, 접근해야 할지 '모르겠다'는 것이 공통된 대답이다. 한국의 인터넷 보급률은 OECD 국가 중 1위인 반면, 부모세대의 ICT(정보 통신 기술)역량은 최하위에 속하여, 부모세대와 다음세대의 소통 장애가 심각하다고 한다.1) 사실 초등학교 고학년만 되어도 부모는 아이와 말이 잘 통하지 않는다. 아이가 사이버스페이스의 놀이 문화에 빠져있는 동안

---

1) 황보라, "포스트코로나시대를 위한 교육목회 디자인 웨비나." 『교육교회7,8』 장로회신학대학교 기독교교육 연구원. (2020.7~8), 5.

부모는 오직 아이의 학업에만 관심을 쏟고 있다. 성인들은 청소년의 사이버 친구가 누구인지, 커뮤니티가 무엇인지, 어떤 웹툰을 즐겨 보는지 잘 모른다. 그리고 아이들이 왜 그렇게 내 손안의 세상에 연연하는지도 잘 모른다. 청소년들이 간간이 사용하는 생소한 단어들, 줄임말, 은어가 하나 둘씩 늘어나기 시작하면 부모 혹은 성인들과의 대화는 점차 단절된다. 청소년 목회를 하면서 부모들로부터 가장 많이 들었던 하소연은 '내 아이를 이해할 수 없어요', '내 아이와 말이 통하지 않아요' 라는 불평이었다. 그러나 청소년들을 만나면 동일한 이야기를 듣는다. '부모님은 저를 이해하지 못해요. 말이 통하지 않아요.' 이것은 청소년기만의 독특한 '인성과 문화'에 대한 이해의 결핍 때문에 빚어지는 현상이다. 청소년기는 청소년만의 특별한 성격을 갖는다. 그들만의 문화, 패션, 독특함 등 그들만의 세계를 자랑한다. 그래서 다른 문화를 가진 세대가 외계인 상륙작전 하듯이 침투하기 어렵다. 단절을 추구하는 것은 아니지만 자기들만의 특별함을 추구하다 보니 본의 아니게 단절, 고립된다. 많은 이들이 청소년 교육, 목회에 관심을 갖는다. 그러나 그들의 인성, 그들의 발달과제, 그들의 문화가 무엇인지 왜 청소년기만 되면 고독한데 소란스러운지, 그들만의 특별한 연대를 공고하게 하는지 이해하지 못한다. 필자는 본 책에서 청소년의 등장부터 신체적, 인지적, 정서, 사회적 발달, 부모와의 관계, 친구와의 관계 그리고 그 모든 변화의 결정체라고 할 수 있는 정체감 형성에 대하여 서술하였다. 또한 청소년의 신앙적 회의와 의심, 윤리적인 것 같은데 애매모호한 도덕성을 어떻게 향상시키는 것이 좋은지 그리고 청소년기과 '위기' 라는 용어가 왜 '실과 바늘'처럼 따라 다니는지에 대하여 서술하였다.

팬데믹 이후, 올라인(All-line) 예배는 성도들을 유목민처럼 만들었다고들 말한다. 좋은 설교를 찾아 유튜브를 돌아다니는 성도들이 늘어나면서 교회는 위협을 받게 되었다는 것이다. 사실 십대들은 오래 전부터 올라인(All-line)을 돌아다니던 노마드족이었다. 매순간 유목민처럼, 여기 저기 브라우징 하면서 삶의 의미와 흥미, 소속감과 친밀함을 제공해 줄 공동체를 찾아다닌다. 이는 오래 전부터 기독교 교육이 청소년들을 놓쳐왔고 그들에게 필요한 친근감과 소속감, 삶의 의미와 흥미를 주지 못했다는 뜻이다. 위기는 언제나 잘 대응하기만 하면 기회가 될 수 있다. 주일학교가 시작되었을 때 많은 자선학교들이 있었지만, 주일학교를 선호한 것은 시대적 위기를 읽고 그것을 기회로 바꾸어 주었기 때문이다. 주일학교가 사회의 위기를 예방하고, 치료하는 교육을 제공한 것이다. 오늘날의 교육과 목회는 진리의 본질에 초점을 두고, 사회에 꼭 필요한 존재가 되어야 한다는 교회의 존재 증명, 하나님 존재 증명을 요청받고 있다. 필자는 각별히 교회가, 기독교 교육이, 목회가 청소년에게 꼭 필요한 존재로서 자리 매김 할 것을 요청하고 싶다. 부족하고 아쉬운 점이 많지만, 청소년 이론과 교육의 실제를 제시한 이 책을 청소년을 교육하는 기독교 학교의 교사들, 목회자들에게 추천하고 싶다. 청소년 교육은 열정만 가지고 되는 것이 아니다. 열정만 가지고 달려든다면 청소년들을 향해 "너희들 도대체 나한테 왜 이러는 거야?" 하는 불평이 튀어나올 것이다. 청소년들이 누구인가? 그들이 무엇을 추구하는가? 알아간다면 청소년 교육이 한층 더 즐거울 수 있다. '교육은 머리가 아니라 가슴으로 하는 일'이라는 은사님의 명언처럼, 가슴의 교육, 인격의 교육을 하려면 청소년에 대한 충분한 이해가 필요하다. 더 나아가 가족, 교회, 학교의 연대가 필요하다. 제 아무리 '전문성'을 갖추었다고 해도, 교육자 혹은 교역자 한 사람으로 충분한 교육은 없다고 본다. 모두 힘을 합하고, 서로 연대할 때 말 통하지 않는 청소년들을 말 통하는 청소년으로, 세속 사회에 물든 청소년들을 세속 사회의 선도자로 세워갈 수 있다. 따라서 이 책에서 부모와 교사, 목회자가 어떻게 연대해 나가야 하는지 왜 그러한 연대가 필요한지 제시할 것이다.

끝으로 도움을 주신 많은 분들께 감사하고 싶다. 청소년 교육을 강의하면서 학생들과 나누었던 토론, 이야기들이 많은 도움이 되었다. 학생들은 가감 없이 청소년기의 고민과 갈등을 털어내어 주었다. 청소년 목회를 하면서 겪었던 고충, 힘든 문제들이 큰 자산이 되었다. 청소년 교육에 대한 이론과 실제 경험들, 그리고 영국에서 받았던 영어·다문화 사역, 제자 훈련 역시 많은 유익이 되었다. 프랑스, 영국, 독일, 스위스, 몰도바, 에콰도르, 브라질, 아르헨티나, 칠레, 과테말라 등 유럽과 남미의 청소년, 청년들을 만난 것은 나에게 또 다른 안목을 열어주었다. 다른 문화권의 청소년, 청년들이 어떻게 문제들을 다루는지 볼 수 있었던 것은 큰 행복이고 축복이었다. 유럽은 어려서부터 독립적으로 교육하기 때문에 강한 개별성을 갖는다. 그러나 자녀가 청소년기가 되면 부모는 무력해지고 정부가 그 책임을 도맡아야 한다. 부모의 돌봄을 너무 일찍 포기한 아이들의 아픔은 사회적 문제로 나타나고 있다. 이렇듯 모든 문화권에서 청소년은 가족, 사회의 건강상태를 체크하는 바로 미터의 역할을 한다. 그렇기 때문에 청소년은 가족과 사회의 거울이 된다. 정직하게 사회의 모습을 반영할 수밖에 없는 그들의 좌충우돌, 울퉁불퉁한 모습을 품고 사랑하는 이들이 더 많아졌으면 좋겠다. 추천의 글을 써주신 존경하는 박상진 교수님, 오타를 수정해준 사랑하는 가족-남편 박오선, 두 아들 박민혁, 박준혁-그리고 출판을 위해 애써주신 대표님과 오보람 선생님께도 감사를 드리고 싶다. 이 책을 읽는 모든 이들이 엠마오로 가던 두 제자가 부활하신 예수님의 이야기를 듣고 눈이 열리고, 귀가 열렸던 것처럼 청소년에 대하여 눈과 귀가 열리는 소중한 경험을 하게 되시기를 소망한다.

2020년 12월

아직 팬데믹 상황에서.

차례

차 례

그림/표 목록

1장

청소년의 **탄생**

1. 청소년기의 이해

1) 청소년기를 표현하는 용어들

청소년기를 표현하는 용어로는 어떤 것들이 있을까? '청소년' 하면 사람들은 흔히 '사춘기' 혹은 '중2병'을 떠올린다. 사춘기(puberty)의 문자적 의미를 통하여, 사춘기에 대한 동서양 해석에 차이가 있음을 알 수 있다. 사춘기를 나타내는 영어 'puberty'의 어원 라틴어 'pubertas'는 '솜털이 돋다', '성장이 폭발적으로 일어나다'는 뜻을 가지고 있다.[2] 솜털이 돋아나면서 시작되는 폭발적 성장이 사춘기의 주요 특징이라고 해석한다. 한자로 '思春期'는 '생각이 봄처럼 피어나는 시기'를 의미한다. 서양의 사춘기가 솜털이 돋는 표징에 초점을 맞추었다면, 동양의 사춘기(思春期)는 '정신적 성숙'이 시작되면서 자기 생각을 형성하는 기간으로 해석한다. 영어의 'puberty'와 한자 '思春期'의 의미를 통합해 본다면, 사춘기는 '신체적으로나 정신적으로 폭발적 성숙이 일어나는 기간'으로 정의할 수 있다. 사춘기 외에도 주변인, 과도기, 심리 사회적 이유기, 집행 유예기, 질풍노도기 등 청소년기를 표현하는 다양한 용어들이 있다. 이러한 표현들은 청소년기가 어떤 변화를 경험하는 기간인지 알려줄 뿐 아니라 청소년에 대한 주변, 사회의 이해 정도가 어떠한지 가늠하게 해준다.

주변인은 소속집단이 애매한 사람, 혹은 소속 집단을 이동하는 사람을 나타낸다. 어린이로 분류되다가 이제 성인 집단, 사회의 일원으로 진입하기 위하여 준비하는 사람이다. 곧 어린이에도 속하지 않고 성인에도 속하지 않은 변두리인 이라는 뜻이다. 사실, 오늘날 그 누구도 청소년을 주변인으로 생각하지는 않을 것이다. 그만큼 청소년에 대한 사회적 이해가 공고해졌을 뿐만 아니라 십대, 청소년을 하나의 사회적 구성원으로 인정하기 때문이다.

과도기는 아직 확립되지 않은 기간이다. 이전단계에서 다음 단계로 넘어가는 단계로서, 불안정한 시기를 말한다. 마치 애벌레가 나비가 되기 전에 '번데

---

2) 박아청, 『사춘기의 이해』 (서울: 교육 과학사, 2000), 65에서 재인용.

기' 라는 단계를 거쳐야 하듯이, 청소년기는 많은 변화를 위해 꼭 거쳐야 하는, 확립되지 않은 것이 많은 시기이다. 곧 청소년기는 전체적인 측면에서 확립되고 있는 기간이다.

심리 사회적 이유기에서 '이유기'는 '젖을 떼는 시기'를 말한다. 그러면 심리사회적 이유기란 심리적으로나 사회적으로 젖을 떼는 시기라는 뜻이다. 이유기에 영, 유아는 많이 보챈다. 울거나 짜증을 내고 떼를 쓰면서 엄마와 신체적으로 분리되는 것이 고통스럽다는 것을 표현한다. 청소년도 마찬가지이다. 정서적으로 부모에게서 분리되어 사회인이 되기를 준비하는 '심리사회적 이유기-정서적 젖떼기'에 많이 보채고 떼를 쓴다. 청소년이 이제 하나의 개별적 인격체로서 성숙해 가는 과정에 있다는 뜻이다.

집행 유예기는 '결정 유예' 또는 '지불 유예' 라는 법률 용어이다. 경제적 비상사태에 직면하여 책무를 유예 또는 연기하는 것을 일컫는다.[3] 성인의 결정과 기능을 유보할 수 있고, 사회적으로 허용되는 기간이다. 책임지는 것을 배워나가지만, 그것이 완전하지 않기 때문에 아직은 사회적 면제가 필요하므로 책임, 의무로 부터 비교적 자유로운 상태이다. 선택, 책임 그리고 기능의 시행착오가 허용된 상태에서 자기 이미지, 잠재력에 대한 실제적 평가, 사회적 책무 등 성인이 되기 위한 삶의 방식을 습득하는 기간이다.

질풍노도기는 스트레스, 감정의 격심함을 경험하는 기간을 말한다. '질풍노도(storm and stress)'라는 표현은 '몹시 빠르게 부는 바람과 무섭게 소용돌이치는 큰 물결'로 이상주의, 열정, 혁명 등에 관한 소설을 쓴 독일작가 괴테에게서 빌려온 것이다.[4] 이것은 신체적 호르몬 변화, 심리적 긴장과 갈등, 문화적 스트레스의 압력 등이 원인이 되어 경험하는 스트레스의 정도를 나타낸다. 청소년들이 겪는 정서적 불안, 혼란, 요동치는 감정의 격변 등 사춘기적 징후가 극심하다는 것을 표현 한다.

---

3) 박아청, 『에릭슨의 인간이해』(서울: 교육과학사, 2010), 193.

4) 허혜경, 김혜수, 『청년 발달 심리학』(서울: 학지사, 2002), 27~28.

사춘기, 주변인, 과도기, 심리사회적 이유기, 집행유예기, 질풍노도기 등은 청소년들이 어떤 변화를 경험하는지 함축한다. 그리고 청소년의 보편적 상태를 파악할 수 있도록 도와준다. 이처럼 많은 변화를 수반하는 청소년기는 신체적, 인지적, 정서적으로 확립되고 있는 기간이다. 따라서 변화가 수반하는 '성장 통'을 겪을 수밖에 없는 위기의 시간이지만, 아픈 만큼 성장, 성숙할 수 있는 기회의 시간이다.

2) 청소년기의 시작과 끝

청소년기는 언제 시작해서 언제쯤 종결되는가? 2차 성징이 출현하면서 시작되고 비교적 자신에 대하여 책임질 수 있는 연령에 도달할 때쯤 끝이 난다. 끝나는 시점에 비하면 시작하는 시점은 비교적 명료한 편이다. 왜냐하면 사춘기의 시작은 '2차 성징'이라는 징표가 있기 때문이다. 또한 남아에 비하면 여아는 더 분명하다. 여아는 2차 성징의 시작이 생물학적으로 분명하게 나타나지만 남아의 경우 그렇지가 않다. 남아의 성기 발기, 자위행위, 사정 등은 청소년기 이전에도 나타나는 경우가 있다.5) 따라서 변성기 혹은 비듬이 생기는 시점-호르몬 분비의 결과-등을 그 징표로 삼기도 하지만 여전히 명확하지 않다. 청소년기가 끝나는 시점은 남아, 여아 모두 불명확하다. 끝을 나타내는 징표가 없기에 단지 추측을 요구할 뿐이다. 청소년기의 끝이 언제쯤인지 규정하기 어렵다는 말이다. 데이빗 엘킨드(David Elkind)는 **인지적 관점**에서 느낌, 이념, 표현 등 내적 지속성을 갖는 자아의 구성이 청소년기의 종결을 의미한다고 주장하였다.6) 곧 인지적 발달이 유발하는 자기중심성이 소멸되고, 생각과 감정의 일관성, 자기만의 개성 형성이 청소년기의 종결을 가늠하는 척도가 될 수 있다고 본 것이다. 청소년 분야의 정신분석학자로 활동한 피터 블러스(Peter Blos, 1904-1977)는 "청소년기는 생물학적 성숙에 대한 **심리적 적응 기간**이며, 심리적 청소년기는 생물학적 기간 보다 훨씬 더 길다"7) 고 하였다. 청소년

---

5) James Loder, 유명복 옮김 『신학적 관점에서 본 인간발달』 (서울: CLC, 2006), 290.

6) David Elkind, 김성일 옮김, 『다 컸지만 갈 곳 없는 청소년』 (서울: 교육과학사, 1996), 15~17.

7) 안나 프로이드와 공동연구를 한 적도 있고, 에릭 에릭슨과는 아동기 친구였다. 1934년 미

기는 생물학적 변화와 더불어 많은 심리적 변화들을 수반하기에, 심리적 변화에 적응하기 전에는 청소년기가 끝났다고 말하기 어렵다는 것이다. 또한 청소년기를 초기, 중기, 후기의 3단계로 구분하였는데 초기는 생물학적 발달이 나타나는 신체적 변화에 대응하는 기간, 중기는 아동기가 끝났다는 것에 대한 아쉬움을 경험하면서 청소년 특유의 자기중심성이 나타나는 기간으로 정의한다.[8] 청소년 후기는 자기중심성이 현저히 줄어들면서 자기 자신과 타인에 대한 균형 있는 관점을 갖게 되고, 자기만의 독특한 개성이 형성된다.[9] 정리해보면, 청소년기는 대략 11, 12세쯤 생물학적 변화를 통하여 시작되지만 인지적 성숙과 정서적 적응으로 자기만의 생각, 개성, 문화를 형성할 수 있게 되면 종결된다. 이처럼, 내면적 성숙을 척도로 청소년기의 종결을 판단하는 인지적, 심리적 접근도 있지만 사회적, 문화적 차원에서 외적 징표로 가늠하기도 한다. 신분증 발급, 성년식 등 사회적 의례와 의식을 청소년기 종결의 징표로 보는 관점도 있다. 내면적 성숙과 사회적 의례, 의식 중 어느 것이 더 명확한 종결의 징후라고 단언하기는 어렵다. 우리나라는 청소년의 연령을 9~24세로 규정하고 있지만, 청소년기 연령 구분은 국가적, 문화적, 시대적으로 다양하기 때문에 정확한 규정이 쉽지 않다. 청소년기가 얼마 동안 지속 되는지 정의가 어렵지만, 짧은 시간 동안 많은 변화를 경험하는 기간이라고 하겠다.

〈생각해 봅시다〉

■ 청소년기를 표현하는 용어들 중 가장 공감이 되는 것은 무엇인가?
■ 청소년기 시작의 징표는 무엇이고, 남아가 여아에 비하여 분명하지 않은 이유는 무엇인가?
■ 청소년기는 언제 종결되는지 인지적, 심리적, 문화적 측면에서 논의해 보자.

국으로 이민하여, 미시건 주 메디컬센터 정신분석학과 강사, 아동 정신분석 협회 회장직 역임. 김청송, 『청소년 심리학의 이론과 쟁점』(서울: 학지사, 2013), 232.
8) 위와 같음.
9) 위와 같음.

2. 청소년기의 징후: 문화 조건적 vs 문화 보편적

'나는 사춘기가 없었어요' 혹은 '우리 아이는 사춘기 없이 무난하게 지나갔어요' 하는 이야기를 들을 때가 있다. 사춘기의 어원적 의미를 살펴본다면, '사춘기가 없었다'는 말은 "나는 신체적으로나 정신적으로 폭발적 성장을 경험한 적이 없다"는 뜻이다. 곧 '사춘기가 없었다'는 표현은 맞지 않다. 그 보다는 '나는, 우리 아이는 사춘기적 징후들, 폭풍 같은 감정의 스트레스를 겪지 않았던 것 같다' 혹은 '비교적 원만하게 지나갔던 것 같다'고 표현하는 편이 적절하다. 그렇다면 과연 사춘기적 징후는 인류 보편적 징후일까 아니면 시대, 문화 조건적 현상인가? 하는 의구심이 든다. '사춘기' 하면, '반항적 눈빛', '감정의 증폭', '방황하는 생각과 태도' 등을 논하지 않을 수 없다. 문화 인류학자 가운데 "사춘기의 폭풍 같은 스트레스가 인류 보편적 현상인가? 아니면 문화 조건적 현상, 현대 사회의 조건적 상황이 빚어낸 결과물인가?" 물음을 던진 사람이 있었다. 그녀는 바로 마거릿 미드(Margaret Mead, 1901~1978)이다. 미드는 20C 미국 사회에서 청소년들의 극심한 사춘기적 징후, 그들이 유발하는 사회적 문제의 심각성을 경험하였다. 그리고 질풍노도가 생물학적 발달에서 오는 자연적 현상인지 아니면 사회적 압력의 결과물인지 궁금증을 갖게 되었다. 당시 지배적 이론은 청소년들이 겪는 정서적 어려움과 반항적 태도는 신체적 발달에 따르는 자연적이고 보편적 현상이라는 것이다.[10] 문화적 환경을 중요시하는 문화 인류학자로서 미드는 청소년들의 폭풍 같은 스트레스가 현대 사회의 문화적 압력, 부모의 양육 태도 때문에 발생하는 '문화 조건적 현상'의 문제가 아닐까 짐작하였다. 그리고 그 답을 얻기 위하여 1976년, 남태평양의 '사모아'라는 섬으로 떠났다.

그때 당시 아직 산업화, 도시화가 진행되지 않은 남태평양 사모아 섬에서, 미드는 십대들의 모습을 관찰하고 미국의 청소년과 비교해 보면서 『사모아의 청소년』이라는 책을 발간하였다. 이 책에서 그녀는 '사모아의 십대들을 미국의

---

10) Magaret Mead, 박자영 옮김, 『사모아의 청소년』 (서울: 한길사, 2008), 14.

십대들과 비교해 보았을 때 극심한 스트레스로부터 비교적 자유롭다' 는 의견을 피력 하였다. 그리고 '선택에 대한 압력으로부터 비교적 자유로운 삶'이 그 원인이라고 파악하였다. 사모아에 살고 있는 십대들에게 청소년기는 중요한 선택을 하도록 강요받는 시기가 아니었다. 그 이유는 첫째, 사모아 섬에 사는 청소년에게는 선택의 기회가 없다. 이들은 빠른 시일 안에 선택하라는 사회적 압력으로부터 자유롭다. 무엇을 선택해야 하는지가 규범화 되어 있기 때문에, 선택에 대한 정서적 갈등을 겪을 필요도 없다.11) 두 번째로 사모아의 집단생활은 삶에 대한 가볍고 태평스러운 태도를 취하기 때문에 경쟁적 사회와 거리가 멀다.12) 그들의 문화는 전반적으로 느긋하고 개방적이고 자유로우며 비교적 치열하지 않다. 이는 사회적 질투심, 반항심을 최소화하고 교육에서 뒤쳐진 자들도 사회적 차별을 받을 필요가 없게 한다. 그래서 미드는 청소년기 '질풍노도'가 모든 인간에게 보편적으로 나타나는 현상이 아닌 **문화적 조건의 결과**라고 주장하였다.13) 청소년기가 반드시 스트레스와 긴장의 시기일 필요는 없으며, 어른으로 성장하는 과정이 더 자유롭고 수월할 수 있다는 것이다. 미드의 주장을 토대로 사모아와 미국 사회를 비교해 보면 다음과 같다.

비교 항목	사모아	20C 미국
사회생활	집단 사회생활	개인주의 생활
교육 목적	집단생활에 융화	개인의 능력 강화
삶의 태도	태평, 개방적	긴장, 경쟁적, 단절
청소년의 생활	의무가 많지만 안전	자유롭지만 불안

표1〉 사모아와 미국의 청소년

미국 사회의 십대들은 어떤 선택을 하는가에 따라서 미래가 결정된다는 '선택의 압력' 속에서 산다. 그 결과 경쟁적이고, 서로 단절되어 소외감을 느낀다.

11) 위와 같음.
12) 위의 책, 15.
13) 위와 같음.

반면, 사모아의 청소년들은 선택에 대한 사회적 압력으로부터 자유롭다. 의무가 많지만 안전하고 정서적 혼란, 번민이 많지 않다. 사모아 청소년에 대한 미드의 주장은 거센 반박을 불러일으켰다. 그리고 그녀의 연구를 반박하는 후기 연구들이 쏟아져 나왔다. 미드가 말한 것처럼 사모아의 청소년기가 더 수월하다고 해도, 생물학적 요인들이 청소년기에 미치는 영향이 있기 때문에 단지 그것을 문화적 현상으로 치부할 수 없다고 본 것이다. 미드가 말하고자 했던 것은 '생물학적 요인' 보다도 '선택의 압력' 이라는 사회적 분위기, 문화적 특수성이 사춘기를 폭풍 같은 스트레스(storm and stress)의 시기로 만든다는 것이다. '선택에 대한 사회적 압력이 청소년기를 질풍노도의 시기가 되게 한다'는 미드의 주장은 산업화 이전과 이후 청소년의 사회적 인식과 삶에 큰 변화가 있다는 것을 함의한다. 만약 청소년들이 근대화 이전, 전통 사회 속에서 '선택'이 아닌 주어진 신분계층과 정해진 직업을 운명으로 받아들이고 계승하는 삶을 살았다면, 극심한 사춘기적 징후는 없었을까? 하는 생각을 해 볼 수 있다.

　그렇다면 산업화 이전에 청소년기는 어떤 기간이었을까? 생애의 한 주기로 인정받기는 했던 것일까? 청소년기는 어린이는 아니지만 성인으로서는 미흡한, 어린이와 성인의 중간기이었다. 숙련공이 되기까지 훈련과 훈육이 필요한 견습생, 연습생의 신분이었던 것이다. 곧 신분, 가업을 '계승' 받기 위하여, 성인으로 살아가는데 필요한 훈련을 받는 '준비 기간'이었다. 산업혁명은 사회적으로도 큰 변화를 가져왔지만 개개인의 인생 도안을 그리는 데에도 적지 않은 변화를 가져왔다. 전통 사회에서 개개인은 가족, 친척, 지역 사회 안에 소속된 구성원으로 규정되었고, 앞으로 어떤 삶을 펼쳐가야 할지가 미리 결정되어 있었다고 해도 과언이 아니다. 출생할 때부터 정해진 신분, 성별, 사회적 지위는 일생을 따라 다니는 그림자 같은 것이었고 배우자, 진로-미래의 직업-역시 선택이 아닌 예측, 결정된 부분이었다. 로미오와 줄리엣이 불행했던 이유도 여기에 있다. 두 가문이 원수 집안이라면, 각 가문에 속해있던 두 젊은이의 사랑이 성취되는 것은 불가능한 일이었던 셈이다. 소속된 공동체로부터 이탈하는 것이 불가능했던 전통 사회에서 개개인의 소망은 가족의 소망과 분리되기 어려운 것이었고 간혹 그 밖의 다른 무언가를 원한다 해도 실현 불가능한 일이었다. 이렇듯 신분, 직업, 지역, 결혼 대상 등 결정된 것이 많았던 인생에 유익이 있다면 선택의 압력이 없고, 미래가 어느 정도 예측가능하며 안정감과 지속성을 가질 수 있다는 점이다. 개인의 가치 보다 소속된 사회 곧 가족의 계보, 신분, 계층, 종교, 가업의 유지가 더 중요했기 때문에 선택의 여지가 없었다. 따라서 예측 불가능하고 변화무쌍한 미래에 대한 불안감은 비교적 적었던 것이다. 산업화 이전과 이후의 청소년의 진로에 대한 접근을 비교해 보면 다음과 같다.

비교 항목	산업화 이전	산업화 이후
사회 계층	선택, 개선 가능성 없음	선택, 개선 가능성 있음
진로 결정	결정된, 변화 없음	미결정된, 변화의 폭이 큼
미래 계획	가족의 비전 > 개인의 비전	가족의 비전 〈 개인의 비전
결과 책임	가문의 책임	개인의 책임
청소년	전통을 수용, 따름	심사숙고하여 선택

표2〉 산업화 이전과 이후의 청소년

산업화 이후 사회 계층은 변화 가능한 것이 되고 미래를 계획, 선택할 때 가족의 비전 보다 개인의 비전을 중요시하게 되었다. 부모들은 자녀가 가업을 물려받는 것보다 더 나은 삶이 있을지도 모른다는 부푼 꿈과 기대를 갖고, 기회와 위험의 양면성이 도사린 '도시'로 미성숙한 자녀들을 보내기 시작한다. 더 나은 미래를 찾을 수 있다는 꿈을 품고 자녀들을 증기 기관차에 태워 보낼 때 가문의 영광을 바라는 부모의 기대가 얹혀 있었다. 십대 자녀들을 계층상승의 출구로 생각하는 부모들의 장밋빛 기대는 선택에 대한 사회적 압력으로 전환되었다. 십대들은 선택의 기회가 주는 스트레스, 갈등을 겪지 않으면 안 되었고, 선택에 대한 책임 역시 개인의 몫이 되었다. 이제 청소년은 부모와 기성세대 모두에게 조금 골치 아프지만 미래를 밝혀줄 '가능적 존재'가 된 것이다. 이렇듯 '진로와 인생'에 대한 '선택의 자유'는 과거 보다 나은 미래를 창조할 수 있는 가능성이면서 동시에 부담이 되었다.

〈생각해 봅시다〉

■ 산업화 이전 시대에는 청소년들에게 별 문제가 없었을까?
■ 마거릿 미드는 폭풍같은 스트레스의 원인을 어떻게 규정하였는가?
■ '선택하는 미래'와 '결정된 미래' 중 어느 쪽이 청소년에게 유익한가?
■ 선택에 대한 압력 때문에 청소년기에 부담스러웠던 경험이 있는가?

3. 청소년에 대한 사회적 발견

1) 고대의 순종하지 않는 아이들

마거릿 미드는 사춘기의 '폭풍 같은 스트레스'가 현대 사회의 문화적 영향과 밀접한 관계가 있다고 주장하였다. 그러면 전통사회-고대, 중세, 근대-에는 사춘기를 비교적 순탄하게 보낼 수 있었다는 말인가? B.C 6,000년 이집트인 돌에는 "우리의 지구는 퇴보하고 있다. 아이들은 더 이상 그들의 부모에게 순종하지 않는다"14)는 문구가 새겨져 있다. 청소년기의 징후가 현대 사회의 특징이라면 고대 이집트인 돌에 새겨진 '부모에게 순종하지 않는 아이들'은 과연 누구일까? 고대 철학자 플라톤은 "흥분하기 쉬운 성격, 18세 이전의 음주 금지, 논쟁을 위한 논쟁" 등에 대하여 언급한 바 있다.15) 아리스토텔레스는 성장기를 유아기(0-7세), 소년기(7-14세), 청년기(14-21세)의 세 단계로 구분하였는데, 그 가운데 소년기에 대하여 '자발적 행동 능력은 있으나 선택능력은 없으므로 선택능력을 발달시켜 줄 필요가 있다'고 기술 하였다.16) 만약 청소년기가 현대사회 특징이라면 플라톤과 아리스토텔레스가 관찰한 '흥분하기 쉬운, 논쟁을 위한 논쟁을 좋아하는 아이들', '자발적이나 선택 능력이 없는' 아이들은 과연 누구인가? 하는 의문이 생긴다. 곧 '청소년기'에 대한 사회적 공인은 비교적 근래의 일이지만 급격한 성장이 초래하는 변화의 증상, 그에 대한 반응들은 고대부터 있어 왔다고 추측할 수 있다. 미드의 이론을 반박했던 사람들의

---

14) 권이종, 김용구, 『청소년 이해론』 (서울: 교육과학사, 2016), 13.

15) 위의 책, 284.

16) 위와 같음.

주장처럼, 선택에 대한 사회적 압력은 없었다 해도 생물학적 변화가 초래하는 사춘기적 징후들이 없을 수 있겠는가? 생물학적 연구를 통한 청소년 발견은 현미경, 의술이 발달한 19~20C 에 가능하였다. 그렇다면 고대 청소년기 징후에 대한 발견은 어떻게 가능했을까? 물론 과학적 방법은 아니었을 것이다. 아마도 그것은 관찰과 경험을 통한 발견이었을 것이다. 관찰을 통한 청소년 인식은 고대부터 있었지만 청소년기가 공식적 생애 기간으로 인정되고, 교육 대상으로 자리매김 할 때 까지는 더 많은 세월이 요청되었다.

2) 중세의 '통제 불능 견습생'

중세(Medium Aevum)는 보통 AD 4, 5~16C 종교개혁 이전까지로 가톨릭 교회의 황금기 또는 교회의 암흑기라 불리운다. 아동기가 공식적인 생애 기간으로 인정된 것은 14C 즈음이었다.[17] 성인과 구별된 아동의 의상이 생겨났고 아동에 대한 시적 표현, 묘사들이 등장했으며, 그들을 위한 공간, 수준에 맞는 아동 교육이 허용되기 시작하였다. 반면 청소년기는 아직 명확히 구분되지도 않고 명칭도 없었다. 중세 시대는 청소년기를 노동의 자원으로 준비되어야 하는 미성숙한 성인기로 인식하였다. 곧 청소년기는 도제 시기(견습생)로 간주되었다. 도제는 기술자를 키우는 교육으로 10세 전후부터 시작된다. 스승의 집에 거주하면서 직업기술을 전수받아서, 직공이 되거나 부모의 가업을 계승받는 것이다. 대부분의 예술가들은 이런 도제교육을 받았다. 레오나르도 다빈치 역시 플로렌스의 저명한 화가이자 조각가인 베로키오의 공방에 15세에 들어가서 7년 동안 공부와 수련을 쌓은 후에 화가 조합에 가입하였고 10년 후, 25세에 독립된 화가가 되었다.[18] 사실, 중세 시대에 청소년에 대한 인식은 훨씬 부정적이었다. 당시 종교 지도자들은 '견습생'들이 충동을 제어하도록 도움을 주는 책들을 저술하였고 '소년' 교육을 위하여 저술한 책에 "이들은 변덕스럽고 오만하며, 불안정하고 친구의 태도에 민감, 비이성적, 인생의 큰 문제를 의식하지 못 한다"[19] 고 적혀있다. 곧 감정적으로도 불안정하고 민감한 시기, 이성에

---

17) 박아청, 『사춘기의 이해』, 20.
18) 오인탁 외, 『기독교 교육사』 (서울: 한국 기독교교육 학회, 2008), 121.

대하여 관심을 갖고 있는 불손한 시기로 통제가 어렵다는 것이다. 중세의 청소년기는 직업교육을 받는 도제교육생, 미흡하고 미성숙한 어른으로서 위험을 경고 받고 훈련이 필요한 '통제 불능 견습생'이었던 셈이다.

3) 근대 '제2의 탄생기'

르네상스 이후 인간에 대한 평가는 낭만적이고 긍정적으로 변하였다. 근대의 대표적 교육자로 손꼽히는 장자크 루소(Jean-Jacques Rousseau)는 전통적 교육의 반대 입장에서 '아동과 청소년에 대한 낭만적 해석'을 불러일으켰다. 아동에 대한 발견이 14C쯤 이루어졌지만, 여전히 청소년에 대한 발견은 잠재되어 있었다. 그의 대표 저서 『에밀』에는 인생 주기가 유아기, 아동기, 소년기, 청년기, 결혼 전까지의 다섯 단계로 구분되어 있다. 여기서 '소년기' 후반과 '청년기' 전반부가 청소년기에 속할 것이다. 루소는 청소년기를 '사춘기, 청년, 16세' 등으로 명명하면서 '사물에 대한 관찰력, 이성, 감성(타인을 위한 감정), 성(sex)에 대한 호기심이 싹트는 시기' 라고 해석한다.[20] 청소년에 대한 루소의 견해는 다음과 같다.

> 이 위기의 시기는 비교적 짧기는 하지만 오랜 기간을 통해 영향을 미친다. 기질의 변화, 정신적 징조, 얼굴 모습의 현저한 변화, 외모의 발육이 성격에 드러난다. 뺨 밑에 성글고 부드럽던 털이 차츰 검고 단단해진다. 목소리도 변하고, 그는 어린이도 아니요 어른도 아니다. 그 어느 쪽의 소리도 낼 수 없다. 아직까지는 가만히 있던 그의 눈, 즉 그의 혼의 기관인 눈이 말과 표정을 갖게 된다...그는 이미 눈으로도 충분히 말을 할 수 있다는 것을 알고 있다... 자신 자신에 대한 사랑, 자기 보존의 의무, 가장 중요한 것은 자기를 지키는 것이며 또 그래야 하는 일이다....그리고 이것은 선하다[21]

위의 글을 보면 루소의 관찰이 비교적 세밀하고 정확하다는 것을 알 수 있다.

---

19) 권이종, 김용구, 『청소년 이해론』, 16.

20) Jean J. Russo, 권응호 옮김, 『에밀』 (서울: 홍신 문화사, 1999). 205, 210.

21) 안인희, 『서양 교육 고전의 이해』 (서울: 이화여자 대학교 출판부, 1996), 253에서 재인용.

청소년기를 '위기의 시기'으로 명명하면서 비교적 짧지만 오랜 기간 영향을 미치는 중요한 기간으로 정의한다. 그리고 청소년기의 내외적 성장 곧 기질, 정신, 얼굴 모습, 털, 목소리의 변화에 대하여 기술한다. 위기의 시간으로 부터 잠재된 가능성을 찾은 것이다. 루소는 청소년의 외적 변화 외에도 '강한 자기 몰입', '자기애' 등의 성격적 특징을 교육적 관점에서 해석한다. 청소년의 감성은 타인에 대한 배려와 친사회성을 배울 수 있는 교육적 기회가 될 수 있다고 보았다. 표면적 특성들을 관찰하면서도 그들의 잠재적 가능성까지 발견해 낸 것이다. 루소의 해석은 소년기를 자제와 훈련기로 보던 중세의 견해와 대조를 이룬다. 중세의 '통제 불능 견습생'이 루소를 통하여 가능적, 잠재적 교육 대상으로 해석되고 있다.

4) 청소년에 대한 해석과 반응

고대, 중세, 근대 청소년에 대한 해석은 조금씩 차이가 있다. 청소년의 특징에 대한 기술은 공통점이 있지만, 그에 대한 해석과 반응은 달랐다. 청소년에 대한 명칭과 시대적으로 주목한 특징을 비교하면 다음과 같다.

	고대	중세	근대
명칭	소녀(년)기, 청소년기	견습생, 훈련생	소녀(년)기, 청년기
특징	흥분하기 쉬움 논쟁적 순종적이지 않음 자발적, 선택능력 없음	변덕스러움 오만함 불안정 친구의 태도에 민감 비이성적 인생의 큰 문제를 의식 못함	기질, 감정, 신체 변화 강한 자기 몰입 자기애, 보존 욕구 관찰력, 이성, 감성 탄생 성(性)에 대한 호기심

표3〉 고대, 중세, 근대의 청소년에 대한 관점

위의 표에서 고대, 중세, 근대의 청소년기 명칭이 변화하는 것을 볼 수 있다. 그리고 고대와 중세에 비하면 근대의 청소년 해석이 상당 부분 가능성을 읽고 있다는 것도 파악할 수 있다. 물론 근대의 청소년 해석이 긍정적이었다고 해서 어떤 교육적 대안, 사회적 대응이 달라졌던 것은 아닌듯하다. 어떻게 보면 중세 시대의 청소년기에 대한 부정적 견해와 근대, 루소의 낭만적 견해는 동전의 양면과 같다. 어떤 사람을 만났을 때 그 사람의 위험성을 보는 경계적 태도가 있는가 하면 반대로 잠재적 가능성을 읽는 교육적 견해도 있다. 고대, 중세가 청소년기의 위험성을 감지했다면 근대는 잠재적 가능성을 감지했는데, 이는 르네상스 이후 인간에 대한 긍정적 관점, 태도의 영향을 받았을 것이다. 청소년에 대한 중세적 관점은 '숙련된 기술자, 성인이 되기 위하여 충동을 제어 받아야 할 미성숙한 시기'로 다소 암울한 측면이 있다. 근대의 대표적 교육자 루소는 청소년기는 '사회적 존재'로 탄생할 수 있는 '제2의 탄생 기'라고 정의한다. 그렇다면 오늘날 청소년에 대한 해석은 균형 잡힌 관점을 유지하는가 아니면 한쪽 측면만 부각시키는 다소, 편협한 측면이 있는가? '흥분 잘하는, 선택 가능한, 이성과 감성이 출현하는, 자기에게 몰입하는' 등 청소년의 특징에 대한 해석은 시대적으로 변화하였다. 청소년에 대한 관찰, 인식은 고대부터 있었지만 사회적으로 12, 14세~19, 24세를 '청소년기'라는 생애 기간으로 인정한 것은 훨씬 이후에 진행되었다. 청소년이 '교육 가능한' 잠재적 존재라는 것을 인정한 루소의 낭만적 견해가 적용되려면 더 충분한 사회적 동기와 동력이 필요했다. 치러야 할 몫의 희생이 더 있었던 셈이다.

〈생각해 봅시다〉

■ 과학이 발명되기 전에 청소년에 대한 인식, 발견은 어떻게 가능했을까?
■ 청소년에 대한 고대, 중세, 근대 인식의 공통점과 차이점은 무엇인가?
■ 청소년의 위험성과 잠재성은 무엇이라고 보는가?

4. '청소년'이 되고 '학생'이 되다

1) 생애의 한 주기

18C 산업 혁명으로 공장, 기차, 도시가 출현하였다. 그리고 가업을 계승하는

것 보다 전망 있는 미래를 선택하고 싶은 젊은이들이 부푼 꿈을 안고 도시로 몰려들었다. 역사학자 죠셉 켓트(Joseph Kett)는 이러한 현상을 교육적 측면에서 해석하였다. "산업화는 십대에게 눈에 보이는 것 그 이상의 것, 선택 가능성을 열어주었을 뿐만 아니라 부모들에게도 그들의 자녀를 평생 종사시켜야 하는 일, 가업으로부터 분리시켜서 세상 속으로 나아가도록 열망할 것을 요청하였다."[22] 자녀들은 더 이상 전통, 가문, 가업, 신분과 계층, 종교의 대물림을 위하여 희생될 필요가 없었다. 어린이, 청소년은 부모에게 새로운 가능성, 신분과 계층 상승, 성공적 미래를 위하여 투자하는 대상이 되었다. 과학기술의 발전, 현미경, 나침반, 교통수단의 발달, 공장의 등장과 대량 생산 등은 사회적 구조뿐 아니라 한 가정과 개개인의 인생 설계까지도 변화시켰던 것이다. 물론 그 이전에도 아동에서 성인이 되는 '과도기'는 있었지만 생애 한 기간으로 인정받은 것은 산업화 덕분이었다. 게다가 과학, 의학의 발전은 청소년에 대한 생물학적 연구를 가능케 하였다. 아동기를 규명한 것으로 알려진 스텐리 홀(Graville Stanley Hall)은 최초로 질문지를 고안하여 청소년기를 과학적으로 연구하기 시작하였다. 그리고 연구 결과를 토대로 1904년 『청소년기(Adolescence)』라는 책을 저술하였다. 이 책에서 최초로 '청소년'이라는 명칭이 등장하였고, 청소년기를 생애 한 기간으로 간주하게 되었다. 홀은 '유전적, 생물학적 발달 계획에 따라 많은 변화를 경험하는 아동기와 성인기의 중간에 위치한 과도기(전환기)'라고 정의한다.[23] 그리고 '성적 성숙으로 유발된 폭풍과 스트레스를 특징으로 한다'는 기술은 청소년의 과도한 분노와 열정의 원인이 생물학적 변화에 있다는 관점을 제안한 것이다.[24] 홀의 연구는 그동안 직관에 의지해 온 청소년에 대한 연구를 과학적, 경험적 접근법으로 돌려놓은 기념비적 시도였다.[25] 그는 생물학적 연구를 통하여 청소년을 이해할 수 있는 과학적 토대를 마련해 준 최초의 사람이 되었고 '청소년 연구의 아버지'라 불리

22) Kenda Creasy Dean, *Almost Christian*. (New York: Oxford University Press, 2010), 134.
23) 허혜경, 김혜수, 『청년 발달 심리학』, 27~28.
24) 위와 같음.
25) 위와 같음.

게 되었다. 이렇게 하여 청소년기는 생애 한 기간으로 인정되면서, '청소년' 이라는 이름도 갖게 되었다. 산업화 이후 청소년기가 탄생하면서 전체 생애 기간은 다음과 같이 세분화되었다.

유아 ⇒ 성인 ⇒ 노년
유아 ⇒ 아동 ⇒ 성인 ⇒ 노년
유아 ⇒ 아동 ⇒ **청소년** ⇒ 성인 ⇒ 노년[26]

2) '학생' 이라는 신분

청소년은 이제 '청소년' 이라는 이름을 갖게 되었다. 사회적 호칭을 가졌다고 하여 이들에 대한 법적 보호와 존중의 분위기가 마련된 것은 아니었다. 청소년들은 여전히 산업 사회에 필요한 숙련된 노동 자원으로 준비되어야 했다. 전통 사회는 각 지역 단위로 도제 교육을 위한 과정, 장소, 교사가 마련되었으나 노동력이 도시로 집중되면서, 대단위의 도제 교육이 필요하게 된 것이다. 그러나 숙련된 기술을 전수 받는다는 이유로 노동력이 착취되는 경우가 빈번하였고 성인들을 대신해서 장시간 중노동을 감당하는 등 보호받지 못하는 형편이었다. 1914년 미국에서 14세 이하 아동 노동 금지법이 마련되면서, 청소년에 대한 법적, 사회적 보호 장치가 마련되기 시작하였다. 노동 금지법의 출현은 청소년들을 과한 노동으로부터 보호하고, 학교 교육의 대상으로 보는 관점의 전환을 가져왔다. 그래서 공립학교가 생겨나기 시작한다. 공장 고용주의 권위는 교실에서 교사의 권위로 대체되었다. 교사는 부모, 고용주를 대신하여 특별한 양육자가 되었고 출석부 등록, 등교와 하교의 타종, 짧은 점심시간 등 시간표와 스케줄 모두가 공장의 작업 리듬에 맞추어졌다.[27] 마치 공장이 학교로 대체된 것 같은 느낌이었지만 당시 정해진 시간표라고는 공장 시간표밖에 없었다. 1880년 그리니치 천문대의 시간표가 제정되기 전까지 모든 기차, 버스, 학교의 시간표는 공장 노동자들의 출, 퇴근 시간에 맞추어졌다.[28] 이러한 사회적

---

26) 박아청, 『사춘기의 이해』, 25.
27) Kenda Creasy Dean, *Almost Christian*, 134.

분위기는 대학 교육 사업과 맞물리게 되었고, 청소년이 교육을 통하여 미래를 준비해야 한다는 목소리가 높아졌다. 교육 대상이라는 인식의 전환과 고등교육 사업의 발전은 거의 비슷한 시기에 진행되었다. 이제 '청소년'이라는 이름을 갖게 된 이들이 '학생'이라는 사회적 신분 까지 얻게 되었다. 미래를 준비하는 결정적 시기로서, 교육의 필요성을 절감한 것이다. 청소년기가 생애의 한 부분이 된 것에 대하여 콜러와 리트치(Kohler & Ritche)는 "사회가 개화, 복잡, 산업화됨에 따라 세분화된 노동과 함께 노동자들의 높은 학력 수준이 요구되었고, 아동기와 성인기를 구분하는 시기가 점차 길어진 것"이라고 말한다.[29] 한국에서 청소년이 주목을 받게 된 것은 서구 사회 보다 늦은 1950년대 이후의 일이다. 일제 침략과 한국 전쟁을 경험하면서 '청년 학생'을 잘 교육할 때 나라의 현실을 개혁할 수 있고 미래를 굳게 세워 나갈 수 있다는 관점이 형성 되었다. 물론 '청년 학생'에 대한 진보적 해석은 서구 근대화 교육의 영향을 그 배경으로 한다. 그러나 1990년까지 많은 청소년들이 '주경야독(晝耕夜讀)'할 수밖에 없는 형편이었다. 노동력이면서 동시에 가족과 국가의 잠재적 희망으로서, 공장 노동과 학업을 병행할 수밖에 없었다. 청소년들이 노동으로 부터 비교적 자유롭고 '학생'의 특권을 누릴 수 있었던 것은 국가의 경제적 성장, 사회와 문화적 수준의 발달과 맞물린다.

〈생각해 봅시다〉

- 청소년의 특징에 대한 최초의 기술은 무엇이었는가?
- 스텐리 홀은 폭풍 같은 스트레스의 원인을 어떻게 규정하였는가?
- 청소년을 교육 대상으로 인식한 사회적 요인은 무엇이었는가?
- 한국에서 청소년의 법적, 사회적 보호 장치가 마련된 것은 언제쯤인가?

---

28) Youval N. Harari, 조현욱 옮김, 『사피엔스』 (서울: 김영사, 2016), 499.
29) 박아청, 『사춘기의 이해』, 25에서 재인용.

5. 청소년 이해와 교육수준

1) 이해의 미흡함

요즈음, 거리에서 '소아, 청소년과'라는 간판을 찾는 일은 어렵지 않다. 1980년대 한국에는 '소아, 청소년과'라는 간판을 내건 병원이 없었다. 중, 고등학생 때 아프면 '소아과'를 가야 하나 '내과'를 가야 하나 혼란스러웠다. '소아과'를 가자니 창피하고 '내과'를 가자니 뭔가 적절치 않았던 것이다. 말 그대로 과도기, 주변인이었던 청소년에 대한 사회적, 교육적 대응은 미흡하기 그지없었다. 이유 없이 반항적이면서, 대하기가 까다로운 청소년기를 '저절로 해결되고 잘 지나가기를 바라는' 골치 아픈 시간으로 인식하였던 것이다. 19C 미국에서도 청소년에 대한 인식은 미흡하기 그지없었다. 기독교교육을 '종교교육'으로 학문화 시켰고, '무조건적 회심 운동'에 반대하였던 조지 알버트 코우(George Albert Coe)는 청소년에 대해서만큼은 예외적 의견을 피력하였다. 그는 존 듀이와 함께 종교교육 협회를 창시한 사람이다. 자유주의 신학, 진보주의 교육 등의 영향을 받은 그는 '회심'을 통한 구원을 반대하고 인간을 교육함으로서 사회를 구원하는 것을 강조하였다. 따라서 그가 청소년에게 '회심'이 필요한 존재라고 말했다면, 이는 그의 주장과 반대되는 입장을 피력한 것이다. 그 만큼 청소년을 예외적 존재로 인식하였다는 것을 알게 한다. 또한 회심 반대 주의자이었던 코우가 '종교적 회심'이 청소년의 분노 해독제라고 주장하였다면, 그 당시 청소년에 대한 사회적 인식이 어떠했는지 가늠해 볼 수 있다. 코우는 신앙 교육의 학문성, 과학성을 강조하였다. 그런데 청소년기는 하나님이 원하신다면 내버려 두는 그런 기간, 참고 견뎌야 하는 그런 기간이므로 어쩔 수 없다는 식의 미온적 태도를 보였던 것이다. 그리고 그들을 변화시키려면 '기적'이 필요하다고 주장한다. 이러한 코우의 견해는 당시 미흡했던 청소년 이해와 교육의 현실을 반영하고 있다.

코우의 친구이었으며 청소년의 아버지라 불리는 스텐리 홀도 청소년에게는 회심이 필요하다고 주장하였다. 그러나 홀은 좀 더 구체적으로 '전인적 회심'

을 언급하였다. 청소년에게 필요한 회심은 "단지 하나님만을 경험하는 종교적 회심의 경험이 아닌 욕구와 본능들과 조화를 이루도록 돕는 전인적 회심"이라고 정의한다.[30] 발달적 측면에서, 청소년에게는 '전인적 회심'이 필요하다고 해석한 것이다. 폭풍 같은 스트레스의 원인이 생물학적 변화에 있다고 증명했던 그는 당시 유행했던 '회심' 보다 폭넓은 회심의 개념으로 접근하였다. 청소년에게 회심이 필요하다면 단지 영적, 신앙적, 종교적 개념만이 아니라 생물학적이고 심리적 측면을 포괄하는 전인적 회심이 되어야 한다고 말한 그의 견해는 청소년에 대한 보다 온전한 이해를 보여준다. 회심을 통하여 천국에 가는 티켓을 얻을 수 있다고 보았던 19C '영적 대 각성 운동'에 비교한다면, '전인적 회심'이 필요하다는 홀의 주장은 교육적 의의가 크다. 그럼에도 불구하고 청소년을 변화시키려면 '회심'이 필요하다고 보았던 홀과 코우의 견해는 당시 청소년에 대한 교육적 이해의 정도가 깊지 않았음을 알게 한다.

2) 미온적 교육태도

청소년에 대한 미흡한 이해는 교육 기관과 정책에도 고스란히 반영되었다. 19~20C 교회, 학교를 포함한 대부분의 협회, 기관들은 청소년기를 그저 골치 아픈 시간으로 간주하였다. 그래서 청소년기라는 골치 아픈 시간을 무사히 통과할 수 있도록 안전하고 기분 좋은 공간, 프로그램 제공을 최선의 교육정책으로 보았다. '청소년 교육 프로그램'을 그 어떤 것 보다 강조하였는데 이는 방치한 것은 아니지만 일종의 안전 잠금장치 이상의 역할을 제공하지는 못하였다. 물론 청소년을 위하여 안전하고 기분 좋은 공간조차 제공하지 못하는 오늘날의 현실을 본다면 당시 청소년 교육의 상태가 뒤쳐졌다고 말하기도 어렵다. 청소년 교육의 선구적 기관이었던 YMCA (Young Men's Christian Association) 역시 교육 프로그램을 만드는 데 주력하고 있었다. 청소년기라는 7~8년의 폭풍 같은 시간을 큰 문제없이 통과하도록 활동 프로그램을 만들고 참여를 독려하면서 시중드는 것을 최선의 교육방침으로 여겼던 것이다.[31] 한국 교회에서

---

30) Kenda Creasy Dean, *Almost Christian*, 135.
31) 위의 책, 135~137.

도 1970~1990년대 청소년 신앙 교육의 초점은 프로그램을 잘, 많이 만드는 것이었다. 청소년기에 어떤 변화가 나타나는가에 대한 전반적인 이해가 부족하였기 때문이다. 이후로도 오랫동안 청소년 교육에서 프로그램 만들기와 운영은 가장 매력 있는 교육 방안으로 대우받았다. 프로그램은 교육 대상에 대한 인격적 초점을 참가 인원, 효율성, 비용 등 통제 가능한 것으로 이동시키는 맹점을 갖고 있다. 청소년을 상대할 때 그들의 독특한 인격, 개성, 신체적 특성에 주목하지 못하고 프로그램의 효율적, 효과적 운영에 투자하게 된다. 교육의 주된 목적인 인간의 변화에 대한 믿음, 불안, 인내 등과의 싸움을 간과함으로서 교육의 인격적 특성이 침체되고 결국 군중, 상황을 통제하고 결과를 산출하는 데 목적을 두는 것이다. 물론 당시 청소년 교육에서 프로그램이 주도적 역할을 한 것은 '성호르몬의 공격을 받는 청소년기는 어떻게 할 도리가 없다' 는 초창기의 생물학적 견해의 영향이다. 청소년들을 통제하고 자제시킴으로서 사회적 안정을 촉진하는데 더욱 주안점을 둔 것이다. 그러면 과연, 오늘날 청소년 교육 수준은 어떠한가? 여전히 십대는 골치 아프고 힘든... 그래서 성호르몬, 성장 호르몬의 공격을 받은 이들의 에너지를 사용하도록 돕는 프로그램 만들기를 가장 효과적인 교육으로 보는 것은 아닐까? 청소년이 누구인지, 왜 그러는지 교육 대상에 대한 관심, 온전한 이해, 대화적 교육의 접근이 요청된다. 교육 대상에 대한 온전한 이해가 없다면 아무리 탁월한 교육프로그램을 시행한다 해도 학습자를 변화시키기 어렵기 때문이다.

〈생각해 봅시다〉

■ 오늘날 학교, 교회, 기독교 협회의 청소년 이해는 충분하다고 보는가?
■ 조지 알버트 코우와 스텐리 홀의 청소년 회심 개념의 공통점과 차이점은 무엇인가?
■ 청소년을 프로그램 위주로 교육한다면 장, 단점은 무엇인가?

2장

청소년의 **신체적** 발달

1. 급변하는 청소년의 몸

1) 점점 빨라지는 사춘기

사춘기는 빠르면 11세 늦으면 14.5세쯤 시작한다. 보통 여아는 남아보다 사춘기가 빨리 시작한다. 사춘기의 시작을 알리는 팔목할만한 변화는 2차 성징, 생식기의 발달을 꼽을 수 있다. 최근 2차 성징이 빨라지면서 아이들뿐 아니라 어른들도 당혹감을 경험한다. 김현림의 '아이의 사춘기' 라는 시에는 "아이는 열일곱이다. 그러나 늦 생일 이므로 만으로는 아직 열다섯 인데 벌써 사춘기라니? 너무도 빨리 다가온 사춘기에 우리는 당황할 수밖에...".32) 라는 구절이 있다. 시인은 여기서 '아이가 열다섯인데 사춘기가 온 것이 당황스럽다'고 말한다. 열다섯에 사춘기가 시작한 것이 놀랍다면 오늘날 10~11세에 2차 성징이 나타나는 것은 얼마나 황당하겠는가? 십대가 되기 무섭게 찾아온 2차 성징은 '빨라도 너무 빠른 셈' 이다. 영국에서 만난 A라는 친구가 처음 2차 성징을 만났을 때, 자신이 얼마나 무지하고 놀랐는지 이야기 한적 있다. 어머니를 일찍 잃은 그 친구는 열한 살 때 학교에서 2차 성징이 출현했는데, 너무 놀란 나머지 학교 선생님들을 붙들고 "나는 곧 죽게 되나 봐요" 외치고 다녔다고 한다. 만약 선생님의 친절한 설명이 없었다면, 계속해서 두려움에 떨었을 거라는 그 친구의 말이 웃픈-웃기면서도 슬픈-이야기로 들렸다. 여기서 의문이 드는 것은 사람들이 느끼는 것처럼 그 옛날에 비하면 요즘 아이들의 사춘기가 정말 빨라지고 있는 것인가 아니면 빠르다고 느껴지는 것인가? 하는 점이다. 2차 성징의 출현은 **'유전, 영양, 몸무게'** 와 밀접한 관계가 있다. 유전은 개별적 차이가 있지만 영양, 몸무게는 환경의 영향을 받는다. 과거에 비하면 현대 아이들의 영양 상태와 몸무게는 호전적이다. 따라서 영양 상태가 부실했던 시대 혹은 사회와 비교한다면 영양상태가 좋은 오늘날 빠른 사춘기는 어쩌면 당연한 일인지도 모르겠다.

---

32) 박아청, 『사춘기의 이해』, 65에서 재인용.

2) 전반적인 발달

'2차 성징'은 '청소년'을 꼬리표처럼 따라다닌다. 그런데 왜 2차 성징인가? 1차 성(性)의 징표인 신체적 형태는 출생 시에 이미 결정된다. 2차 성의 징표는 성호르몬 분비로 나타나는 생식기의 형태적, 기능적 성숙을 의미한다. 여아의 경우 유방, 자궁, 골반 확대, 초경이 시작되고 남아의 경우는 턱수염, 변성, 정자의 생산 증가와 몽정이 나타난다.33) 2차 성징의 출현은 아이와 부모 모두에게 생물학적 변화에 대한 심리적 부적응, 충동과 욕구 조절 실패에 대한 긴장과 불안, 두려움 등을 야기할 수 있다. 그 밖에도, 청소년기는 신장(키)을 포함한 근육과 골격, 체형, 체중 그리고 얼굴형 등 전체적으로 급격한 성장이 나타나는 시기이다. 사람이 살면서 가장 많은 성장을 경험하는 시기는 영아기와 청소년기라고 한다. 영아기 성장이 얼마나 놀라운지는 '5~6월 하루 빛이 어디냐'는 말에 담겨있다. 영아기 1~2개월 차이는 그야말로 엄청나다. 물론 영아기 만큼은 아니지만 청소년기도 괄목할만한 신체적 변화를 경험한다. 평균적으로 최종 성인키의 98%(전체키의 20~25%) 정도 성장하는데 여아는 평균 23~28cm, 남아는 26~28cm 정도 자라고 급성장기간은 여아가 12~13세 남아가 14~16세경이다.34) 남아의 급성장이 여아 보다 2년가량 늦기 때문에 뼈의 성장판도 늦게 닫힌다.35) 그러므로 남자 아이들이 늦게 까지 큰다는 말은 증명된 것이다. 골격 성장, 근육과 지방이 늘어나면서 체중도 증가하는데 남아의 경우 근육 량이 차지하는 비중이 크다면 여아는 피하지방이 차지하는 비중이 더 많다. 사춘기 동안 증가하는 체중은 이상적인 성인 몸무게의 약 50% 정도에 해당한다.36) 외형뿐 아니라 내부 기관들 역시 상당히 발달한다. 뇌는 10세 이전에 95% 발달하므로 큰 변화가 없지만 위장, 심장, 간, 신장 등이 발달한다. 내부기관의 발달은 눈에 보이지 않지만, 그 가운데 위장 발달은 누구나 눈치 챌 수 있다. 왜냐하면 청소년의 왕성한 식욕이 그것을 증명하기 때문이

---

33) 이복희, 유옥순, 『청소년 심리 및 상담』(서울: 유풍출판사, 2009), 63.
34) 홍창호, "청소년의 성장과 발달"『소아과』제46권 11호 부록 3호, (2003. 11), 468.
35) 위와 같음.
36) 위와 같음.

다. 십대들이 하는 유머 중에 '청소년기 7대 죄악중 하나는 식탐' 이라는 말이 있다. 그렇다고 해도 근육이나 뼈에 비하면 내부 기관의 발달은 그 폭이 좁은 편이다. 청소년기의 신체 발달은 어느 한부분이 아닌 전체적인 부분에서 일어난다. 따라서 신체적 급성장, 변화는 청소년 자신에게 상당한 스트레스가 되기도 한다. 호르몬 분비로 갑자기 늘어나는 비듬, 여드름, 얼굴 골격(코, 광대뼈, 턱)의 변화, 체모(털과 수염)의 증가 등은 상당히 신경 쓰이는 변화들이다. 말로 표현하지 않아도 아직은 '어색한' 나의 몸에 적응하느라 적지 않은 에너지를 쓰고 있다는 말이다. 한편, 청소년들은 지칠 줄 모르는 에너지를 갖고 있는 '에너자이저'이기도 하다. 여아들의 경우 '수다와 와자지껄한 웃음소리'로, 남아들의 경우 '뛰어다니기, 산만한 움직임'으로 에너지를 발산한다. 따라서 균형 잡힌 식단, 청결 유지, 적당한 체조와 운동은 신체발달을 촉진하는데 유익하다. 청소년기 초반의 급격한 성장은 중, 후반으로 가면서 안정세를 이룬다.

〈생각해 봅시다〉

■ 2차 성징이 출현했을 때 나의 느낌은 어떠하였는가?
■ 청소년기 신체적 발달 중 가장 신경 쓰이는 변화는 무엇인가?
■ 점점 빨라지는 사춘기를 대비하여 어떻게 성(性)교육을 하면 좋겠는가?
■ 급변하는 청소년의 신체적 발달에 대하여 주변 사람들이 조심해야 할 부분이 있을까?

2. 신체적 고민

1) 거울 보는 청소년

청소년은 자기 몸, 신체에 대한 고민이 많다. 신체적 고민은 잦은 거울보기, 오랜 시간 샤워하기, 옷차림에 신경 쓰기, 유행에 대한 민감성 등으로 나타난다. 마치 어린이 동화, 백설 공주에 나오는 왕비처럼 밤낮으로 '거울아〜거울아〜'를 외치면서 신체적 변화를 체크하고 있다. 청소년들이 갖고 있는 주요한 신체적 고민은 신장(키), 체형, 얼굴, 자기 이미지, 그리고 정상적 발달 상태 등이다. 그 가운데 으뜸 고민은 '신장', '키' 에 대한 염려이다. 여아 보다는 남아가 더 예민한 신장에 대한 고민은 키 높이 신발, 깔창 깔기, 다리가 길어 보이는 바지, 발뒤꿈치를 최대한 들어 주는 까치발 걸음 등으로 나타난다. 체형 변화 또한 청소년들에게 민감한 부분이다. 남자의 경우 어깨가 넓어지고 근육이 발달하는 역삼각형 체형을 갖는 반면 여자는 유방과 골반, 둔부가 발달하면서 둥글둥글한 체형을 갖게 된다. 물론 체형의 변화는 성장 호르몬, 성 호르몬 분비와 밀접한 관계가 있다. 『소나기』 라는 소설로 유명한 황순원 작가는 『학』37)이라는 단편 소설에서 '꼬맹이' 라 불리는 소녀의 체형을 주변 사람의 시선으로 표현하고 있다. 주변 남자 아이들이 꼬맹이의 둥글둥글해 지는 체형을 놀림감으로 삼았는데 "꼬맹이...하늘 높은 줄 모르고 땅 넓은 줄 알아 키도 작고 뚱뚱하기만 한 꼬맹이" 라고 부르는 것이다. 필자는 이 구절을 중학교 교과서에서 읽었던 것으로 기억하는데, 당시 나의 체형도 꼬맹이처럼 하늘 높은 줄 모르고 땅 넓은 줄 아는 지경에 이르고 있었기 때문에, 깊은 인상을 받았다. 이처럼 남자 청소년들에게 '키'가 민감한 문제라면 여자 청소년들에게 가장 민감한 문제는 '동글동글' 해지는 체형이다.

청소년은 얼굴의 이목구비, 피부, 헤어스타일에 관해서도 신장과 체형 못지않게 신경을 많이 쓰고 있다. 성적 호르몬, 성장 호르몬의 분비는 얼굴에 나타나는 여드름, 비듬으로 확인할 수 있다. 초기 사춘기 증상으로 흔히 나타나는 '비듬' 증가는 어깨 위로 하얗게 눈이 내리게 한다. 비듬이 갑자기 늘다 보니 고민이 되기도 하지만 어두운 빛깔의 옷을 입었을 때 지저분해 보이는 모습이 유쾌하지 않게 느껴진다. 얼굴 이목구비에도 변화가 나타난다. 코가 길어지거나 벌어지고 광대뼈의 출현, 턱선 발달 등은 제법 성인 티가 난다. 한두 가닥 보이는 턱수염과 굵어지는 체모 등 청소년들이 감추고 싶은 변화도 있다. 사

---

37) 한국 전쟁에서 이념의 갈등을 갖고 있는 두 친구가 어린 시절 '학'이라는 상징을 통하여 화해하게 되는 과정을 서술하고 있는 소설이다. 이 소설에서 어린 시절의 추억을 곱씹으면서 등장하는 '꼬맹이'의 이야기는 남자 아이들이 보는 여자아이의 신체적 변화, 특징 등을 보여준다. 1957년 『신천지』 지에 발간한 단편소설. https://m.blog.naver.com/PostView. 2020. 10. 10. 최종검색

실, 마스크나 모자를 쓰거나 앞머리를 만들기, 제모 등의 반응은 신체적 변화에 어떻게 대응할지 몰라서 일단, 감추고 보겠다는 뜻이다. 그러나 '내 몸에 대체 어떠한 일이 일어나고 있는 거야?' '나는 정상적으로 성장할 수 있을까?' '내 모습이 내 맘에 들지 않으면 어떻게 하지?' 하는 신체적 고민들은 비슷한 패션, 헤어스타일을 한 십대들의 와자지껄한 웃음소리, 소란스러운 수다, 산만한 동작 등에 파묻혀 버리는 경우가 많다.

2) 빨리 크기 vs 늦게 크기

청소년의 신체적 고민 중에는 남들 보다 빠른 성장-조숙(early maturation)과 남들보다 늦은 성장-만숙(late maturation)-에 대한 고민도 있다. 조숙과 만숙 중 어느 쪽이 더 고민거리일까? 서양에서는 남녀 모두 만숙 보다는 조숙이 유리한 것으로 나타났는데 그 이유는 조숙아가 사회적 영향력을 행사할 수 있는 기회가 더 많기 때문이다.[38] 반면 한국에서 여아의 경우는 조숙이 불리하고 남아의 경우는 만숙이 불리하다. 조숙 여아는 소녀티를 벗고 성숙한 여인의 체형이 나타나면서 남자 성인들의 주의를 끌 수 있다. 그렇기 때문에 동성 어른들로부터 경계 대상이 될 뿐 아니라 또래들 보다 일찍 이성교제에 노출될 확률이 높다. 반대로 만숙 남아는 친구들과 주변에서 어린 아이 취급을 받게 되므로 스스로 부적절한 대우를 받는다는 생각에 사로잡히면서 열등감을 가질 수도 있다. 흔히들 말하듯이 늦게 크는 아이가 더 많이 큰다는 이론은 확립되기 어렵다. 그러나 빨리 크고 늦게 크는 것이 문화적으로 다르게 수용, 반응되기 때문에 동년배들과 비교했을 때 유달리 빨리 크거나 늦게 크는 것은 스트레스가 될 수 있다.

3) 달갑지 않은 타인의 시선

전 생애적 관점에서 보았을 때 신체적 성장이 가장 빠른 시기는 영아기와 청소년기라고 하겠다. 영아는 자신이 얼마나 빠르게 변하는지 인식하지 못하지

---

38) 박아청, 『사춘기의 이해』, 77.

만 청소년들은 그것을 인지하고 있다. 급격한 성장, 변화에 대한 청소년들의 느낌은 '갑자기 커진 이상한 나라의 앨리스'에 비유할 수 있다. 자고 일어나 보니 커져버린 자기 몸을 보면서, '여긴 어디? 나는 누구?' 라는 생각을 할 수도 있다.

> 이럴 수가! 오늘은 정말 별난 일만 생기네! 어제만 해도 보통 때나 다름없었는데 하룻밤 사이에 내가 달라졌나? 응, 오늘 아침에 일어났을 때 뭔가 달랐나? 기분이 좀 달랐던 것 같기도 해. 하지만 내가 정말로 변했다면, 다음에 해야 할 질문은, '지금의 나는 누구지?' 아, 이건 대단한 수수께끼다!39)

앨리스는 커졌다 작아졌다 하는 자신의 몸을 보면서 '내가 변했을까?' '나는 누구일까?' 하는 질문을 한다. 이는 안정감을 찾고 싶다는 표현이다. 급변하는 신체는 청소년들을 불안하게 만든다. 더욱이 청소년의 신체적 성장은 울퉁불퉁한 모습으로 나타난다. 처음부터 균형 잡힌 상태로 자라는 것이 아니므로 비대칭과 불균형이 많다. 이런 청소년들에게 타인의 시선은 달갑지 않다. 주변 어른들은 청소년에게 "많이 컸다" 는 반응을 보일수도 있지만, "너, 점점 못생겨진다" 혹은 "어렸을 때의 얼굴을 찾아보기 보기 어렵다"는 등 애매한 반응을 보이기도 한다. 흔히 청소년들이 주고받는 말 중에 "할머니가 살쪘다면 진짜 뚱뚱한 거다"라는 말이 있다. 조부모는 가능하면 손주들의 신체적 변화에 너그럽다. 가령 체중이 늘었다거나 여드름이 나는 것에도 긍정적인 반응을 보인다. 그러나 친지, 주변 어른들은 청소년들의 신체적 변화를 놀림거리로 삼기도 한다. 주변 사람들의 다양한 반응은 아직 변화하는 몸에 적응중인, 때로는 그것이 혼란스럽게 느껴지는 십대들을 곤혹스럽게 만들 수 있다. 청소년기는 신체상, 자기 몸에 대한 이미지를 형성한다. 신체 이미지는 '남들이 나를 어떻게 보는가, 내가 보는 나와 남이 보는 나는 어떻게 다른 것인가' 하는 내면의 물음에 답해가는 과정에서 형성된다. 청소년의 신체 이미지 형성에 대하여 박아청은 다음과 같이 기술하였다.

---

39) 양윤정, 『황금빛 오후의 만남』 (서울: 열음사, 2006), 215에서 재인용.

사춘기는 마치 에너지의 근원이 되는 근원적인 자기와 겉껍질로서의 보여지는 자기, 그리고 이 둘 사이에서 자신을 발견하려고 하는 자기가 서로 얽힌 극의 무대이다. 자기애와 자기혐오, 자기 우월과 자기 열등, 자기 현시와 자기 은폐, 앙양(사기가 드높아짐)과 실의, 사랑과 증오, 내적 타자의 발견, 사춘기는 이와 같은 복잡하게 얽힌 자기의 샐러드(salad)이고 그 자체가 콤플렉스 인 것이다.[40)]

내가 보는 나와 남이 보는 나 사이에서, 우월감과 열등감 사이에서, 내적인 나와 외적인 나 사이에서, 감춤과 드러내기 사이에서 극단적 감정들을 오가면서 자기 이미지를 종합해 가기 시작한다. 그래서 무심하게 툭 던진 한 마디가 예민한 사춘기에 생각 보다 크게 작용 한다. 갑작스런 성장으로 적응이 잘 안된 상태에서 못생겨진다는 말을 듣는다면 자존감에 상처를 입게 될 것이다. 청소년기에 형성된 신체 이미지는 향후 오랫동안 영향력을 미치기 때문이다. 더욱이 시각적 문화가 강하고 신체적 이미지가 사회계층을 형성하는 시대를 살아가는 십대들의 외모에 대한 관심은 유별나고 기준이 높다. 기준이 높다보니 자기 신체에 대하여 부정적 평가를 내리는 성향도 짙다. 하지만, 상향 또는 하향 평가하는 것 보다 있는 그대로 수용하는 것이 건강한 자아 개념 형성에 도움이 된다. 청소년들은 몸이 급성장하는 것에 불안을 느끼면서 상대 성(sex)을 가진 성인들(부모, 교사 등)과의 접촉도 꺼리기 시작한다. 조그만 신체 접촉에도 신경질적으로 반응하는 딸의 민감함은 아버지의 작은 행복을 빼앗을 수도 있다. 이처럼 사춘기가 되면 이성 부모와 자녀의 관계에는 어색한 기운이 감돈다. 물론 오래 지속되지는 않을 것이다. 지나치게 외모에 집착하는 모습 역시 주변 어른들에게 더 중요한 가치를 잃어버리고 있는 것 아닌가? 하는 우려를 갖게 한다.

〈생각해 봅시다〉

■ 청소년기의 신체적 고민은 어떤 생활 습관, 행동으로 나타나는가?

---

40) 박아청, 『사춘기의 이해』, 81.

■ 청소년기의 신체적 고민 중 가장 공감이 되는 부분은 무엇인가?

■ 신체 이미지 형성중인 청소년에 대한 적절한 반응을 모색해 봅니다.

■ 시각적 문화가 발달하면서, 신체적 이미지에 대한 기준이 높아지고 있다. 청소년의 신체 이미지 형성을 도와줄 교육적 방안이 있는가?

3. 몸에 대한 다양한 관점

기독교는 오랜 세월 동안 몸에 대한 금욕주의적 입장을 고수해 왔다. 그러는 동안 사회는 빠른 속도로 성(性)과 신체에 대한 소비적 문화를 발달 시켰다. 이제 청소년들은 몸에 대한 사회의 소비적 관점을 비판 없이 수용하고 있다. 일명 '몸신', '몸짱', '헬창' 이라는 대중화된 표현은 인간의 몸이 숭배, 홍보의 대상, 값을 매기지 못한다면 가치 없음을 표방하고 있다. 그러나 아직 성장기에 있는 청소년들의 신체적 불균형과 비대칭은 소비적 기준에 미치기 어렵다. 몸에 대한 경제적 등급 매기기는 자기 모습 안에 있는 독특한 개인성을 발견하고, 수용하는 것을 방해 한다. 기준, 척도를 제공하고 그에 맞추라는 압력을 행사하는 것이다. 몸에 대한 다양한 관점, 해석을 살펴보면서 청소년의 몸에 대한 통전적 해석을 도울 수 있다. 영지주의, 진화론, 소비주의, 기독교의 몸에 대한 해석을 비교해 보면 다음과 같다.

	영지주의	진화론	소비주의	기독교
몸	타락의 근원, 감옥	진화된 생물체	몸값	하나님 형상의 일부
욕망	무시, 터부시(금욕적)	욕구 충족은 자연의 순리, 법칙	성적, 소비적 욕구 충족은 유희	욕구 이상의 존재, 네페쉬(שׁפֶנ)(생령, 영혼, 마음)를 지닌 존재
책임	책임 없음	유전자 보존	상품적 가치	하나님과 교제하는 성전으로 세워가기
추구	영혼의 해방	풍성한 생산력	쾌락 ↔ 영성	하나님의 형상 회복

표4〉 몸에 대한 다양한 관점

먼저, 영지주의(gnosis)는 신비한 지식과의 합일을 추구하는 초대 교회 이단이다. 영지주의는 물질과 정신세계를 구분하는 이원론적 세계관을 가진다. 그들은 물질은 악하고 정신은 거룩한 것으로 간주한다. 인간 몸에 대한 영지주의 해석은 몸이 타락의 근원이라고 본다. 물질세계와 육체를 터부시하기 때문에 뭔가 문제가 생겼을 때 그에 대한 책임 역시 간과한다. 인간 몸은 영혼을 가둔 감옥이므로 실수, 무책임한 행동은 당연한 결과이다. 영과 육체의 이원론적 관점으로 육체적, 실제적 삶에 대한 언급 자체가 아무 의미가 없다. 영적인 것만 중요할 뿐 육체를 경시하므로 실존적 생활에 도움을 받지 못한다. 그러나 창세기 1장 31절의 '하나님이 지으신 그 모든 것을 보시니 보시기에 심히 좋았더라'와 에베소서 5장 29절의 '누구든지 언제나 자기 육체를 미워하지 않고 오직 양육하여 보호하기를' 은 하나님이 주신 육체는 보기 좋고, 양육하고 보호할 책임이 있다고 말씀한다. 육체는 영혼의 감옥이 아니며, 죄의 근원도 아니고 하나님이 지으신 아름다운 것으로 소중히 지키고 보호, 관리해야 한다. 성경의 메시지가 아닌 영지주의를 따른다면 금욕주의에 빠지고 몸에 대한 경외감이나 감사함을 경험하기 어렵다.

다음으로 영지주의와 반대적 입장에 있는 진화론적 관점이다. 진화론은 인간이 동물, 물질과 동일한 근원을 가졌다고 해석한다. 곧 인간 몸이 진화된 생물체에 불과하므로 동물과 같은 원리를 적용할 수 있다. 생물학적 원리, 심리적 요인으로 인간의 몸과 삶을 해석한다. 따라서 모든 행동은 욕구 충족, 생존 본능의 동기로 귀결된다. 만약 성(sex)에 대한 결핍, 과잉 충족의 문제가 발생한다면 그것은 종족을 유지하고자 하는 종족 유지 본능으로 귀결될 수 있다. 인간이라는 종족은 생존과 유전자 보존을 위해서라면 이기적으로 또는 이타적으로도 행동할 수 있다. 이처럼, 동물과 마찬가지로 생존법칙이 우세하므로 인간은 동물 이상의 존재가 아니다. 인간의 몸과 물질적 삶에 대한 종교적 가치는 필요 없다. 다윈의 진화론은 현대 사회로 오면서 진화 심리학, 무신론으로 얼굴을 바꾸고 나타났다.

세 번째로 현대 사회에 가장 만연한 것은 소비주의 관점이다. 소비주의는 과거 물질주의의 변용으로 인간 몸을 상품, 소비 대상으로 본다. 그래서 '몸값'이라는 표현을 한다. 인간의 몸이 자동차처럼 값을 매기는 소비 대상이 될 수 있다. 따라서 재화, 이익을 얻을 목적으로 몸을 만드는 것은 선한 것이다. 반대로 전혀 매력적이지 않은 몸은 무책임하고 게으른 부도덕, 방치의 소산이다. 소비주의에서 인간 몸은 성적 이미지와 밀접한 관계가 있다. 간접적으로든 직접적으로든 성(sexuality)을 연상시키는 몸은 소비적 가치, 인격적 가치를 지니는 것으로 해석된다. 아이돌 그룹에서 소녀 그룹은 '섹시미, 청순미'가, 소년 그룹은 탄탄한 초콜릿 복근과 근육을 가진 '짐승돌'이 가치 기준이다. 성적 이미지가 상품 평가의 기준이 되는 것이다. 모든 감각을 자극하고 유쾌하게 만드는 데서 값이 매겨지기 때문에 성적 욕구 만족은 물질을 소비하는 것과 마찬가지로 쾌락, 즐거움을 주는 유희이다. 개인의 행복을 위하여 얼마든지 만족되어야 하는 것이다. 성을 단지 쾌락하고만 연결시킬 뿐 생명, 출산과는 연계하지 않는다. 그 결과, 책임의 부분에서 이원론과 마찬가지로 무관심하다. 그리고 개인에게는 자신의 몸을 상업적 등급, 가치를 매길 수 있도록 가꾸어야 할 책임이 주어진다. '헬창'들이 늘어나는 이유는 바로 여기에 있다. 상반되게도 이러한 문화 속에서 '영성'과 '명상'에 대한 추구가 높다는 것은 인간이 단지 육체적, 물질적 존재가 아니라는 것을 증명한다.

그러면 인간 몸에 대한 기독교적 해석은 무엇인가? 인간 몸은 생영, 영혼, 마음과 마찬가지로 하나님 형상의 일부분이다. 하나님은 여섯 째 날에 흙으로 인간(아담)을 창조하셨다. 땅의 물질인 흙으로 만들었기 때문에 인간의 몸은 동물과 유사성(운동력, 생식력, 호흡, 피)을 갖고 있다.[41] 그러나 '하나님의 형상'은 오직 인간에게만 주어진 특권, 축복이며 인간은 육체 그 이상의 존재이다.[42] 창세기 2장 7절에 "하나님이 생기를 그 코에 불어넣으시니 사람이 생령이 된 자라"는 말씀은 인간이 본래부터 몸과 영이 하나가 된 통합적 존재이며 이 둘은 별개가 아님을 나타낸다.[43] 따라서 하나님이 생령, 호흡을 불어넣으신

41) 윤철호, "빅 히스토리 시대의 기독교 자연신학", 온신학 아카데미 발표논문. (2018. 8), 12.
42) 위와 같음.

인간 몸은 하나님과 교류 할 수 있는 거룩한 성전이다. 기독교적 관점에서 몸은 영지주의처럼 타락의 근원도 아니고 진화론처럼 그저 욕구의 지배를 받는 그런 동물적 상태도 아니다. 인간 몸은 '하나님 형상(창1:27)'의 일부로서 하나님을 예배하는 처소, 성전이다. 아직 발달하고 있는, 공사 중인 청소년의 몸 역시 '하나님의 걸 작품'이다. 브라이언 왈쉬(Brian Walsh)는 창세기 1장 26∼28절이 바벨론 포로민이었던 유대인에게 그들이 부와 권력을 자랑하는 엘리트 집단의 노예가 아니라 하나님의 형상이며 피조세계를 다스리는 협력자라는 것을 증거 하는 급진적 성경 본문이라고 이야기 한다.44) 이 선포는 값싼 소모품이나 신들이 부리는 종이 아닌 축복의 삶과 은사를 부여받은 신적 형상의 담지자로서 책임적 삶으로 응답하라는 부르심이었다.45) 이 시대를 살아가는 십대들에게도 소비적 가치가 아닌 하나님을 예배하는 몸, 생영이 깃든 몸의 가치, 책임적 삶에 대한 응답을 요청하는 급진적 메시지가 선포, 공유되어야 한다. 미디어가 제시하는 소비적 기준에 맞지 않아도 하나님을 예배하는 거룩한 몸은 그 자체로 아름답고 가치 있다. 따라서 자기 생명과 인생의 가치 속에서 몸의 각 부위와 성적 기능을 해석하고 수용할 필요가 있다. 주의 거룩한 성전이 되어 가기 위하여 분별해야 할 삶의 습관, 태도 등의 기준도 함께 습득해가야 할 것이다.

〈생각해 봅시다〉

■ 몸에 대한 다양한 관점을 더 소개해 봅니다.

■ 영지주의와 진화론은 몸에 대한 기독교적 해석에 어떤 영향을 미쳐왔는가?

■ '몸짱', '헬창' 등의 용어는 몸에 대한 어떤 가치관을 보여주는가?

---

43) Celeste Snowber, 허성식 옮김, 『몸으로 드리는 기도』 (서울: IVP, 2002), 34.

44) Brian J. Walsh, 강봉재 옮김, 『세상을 뒤집는 기독교』 (서울: 새물결 플러스, 2015), 27.

45) 위의 책, 28∼29.

4. 몸을 살리는 교육

1) 스포츠의 교육적 효과

청소년의 몸과 마음을 살리는 교육으로 스포츠를 제안하고 싶다. 대개, 스포츠 하면 '경기', '게임' 등의 경쟁적인 구기 종목을 연상한다. 여아들과는 거리가 멀게 느껴지는 것이다. 그러나 스포츠, 'sports'의 어원, 'disportsms'에는 '같이 즐기기, 기분전환, 오락, 위로' 등의 뜻이 내포 되어 있다.[46] 경쟁이 따르는 야구, 축구, 농구, 배구, 테니스, 육상 경기 등의 경기도 포함하지만 경쟁 없이 그저 여가를 즐기는 캠핑, 낚시, 하이킹, 사이클링, 등산 등도 스포츠에 포함된다. 곧 스포츠는 일에서 해방된 상태에서 즐길 수 있는 모든 활동을 의미한다.[47] 더욱이 현대로 오면서 스포츠의 의미는 점점 더 폭넓게 해석되고 있다. 놀이, 경쟁, 신체 활동이라는 3대 요소를 가지고 대 근육을 움직이는 놀이, 게임, 무용, 체조, 레크레이션, 운동경기 등의 모든 활동이 스포츠에 포함이 된다.[48] 따라서 스포츠는 남아와 여아가 모두 즐기고 참여할 수 있는 신체 활동이다. 특히 신체발달이 활발하고 에너지가 넘치는 청소년에게 스포츠는 교육적 효과가 있다. 그리고 청소년의 건강한 신체발달을 체크, 촉진하는 것은 신앙 훈련만큼이나 중요한 일이다. 건강한 몸에 건강한 정신과 마음이 깃들기 때문이다. 스포츠와 예배, 신앙 교육, 선교를 접목하고 있는 사례들을 찾아보는 것은 어렵지 않다. 영국 해일스오웬(Halesowen)에 있는 '라이프센트럴 교회 (Life Central Church)'의 어린이 예배는 찬양과 말씀 선포를 놀이, 게임, 다양한 스포츠와 접목하고 있다. 그리고 주중 스포츠 프로그램도 있는데 교육과 선교적 목적을 가지고 진행된다. 매주 금요일 오후에 진행되는 '더 베이스 (The Base)'라는 프로그램은 5~6명의 스포츠 전문 간사들이 교회 안과 밖의 어린이, 청소년들을 대상으로 하는 놀이, 스포츠클럽 활동이다. 과도비만, 당

---

46) 김은식, "스포츠 선교를 통한 효과적인 교회성장 전략연구." 총신대학교 선교대학원 미간행 석사학위 논문. (2017, 2), 7.

47) 위와 같음.

48) 위와 같음.

뇨, 자폐 등 신체적, 심리적, 사회적 병리 증상을 가진 아이들을 대상으로 한다. 특별히 지역사회의 최하위 계층 십대들을 교육하기 때문에 정부로 부터 재정적 지원도 받을 수 있다. '더 베이스(The Base)'의 교육 공간은 소극장, 풋볼 경기장, 만남의 공간(놀이, 레크레이션)으로 구성되어있다. 5~6명의 스포츠 전문 사역자들이 레크레이션, 스포츠의 규칙을 조금씩 바꾸면서 창의적으로 운영하고 성경적 메시지와 연계시켜서 기독교적 메시지, 복음을 전하기도 한다. 스포츠의 유희성, 놀이적 성격은 청소년의 발달과제, 학업, 외로움, 사회적 갈등에서 오는 스트레스를 방출할 수 있는 기회를 제공하고 신체 성장과 발육을 촉진한다.

스포츠 교육은 청소년의 사회성을 관찰하면서 어떤 면에서 부족한지 체크하고 그것을 수정, 보완하도록 도울 수 있다. 신기하게도 몸동작과 팀 스포츠에서의 규율 엄수, 동료를 대하는 태도, 사물이나 기구를 다루는 모습을 살펴보면 비 활동성, 공격적 행동 등 신체발달과 사회성에 어떤 문제가 있는지 발견할 수 있다. 규칙 없는 풋볼경기를 진행 했을 때 공격적으로 변하는 인간 본성에 대한 성찰, 독주하고 싶은 영웅 심리, 시간 안에 미션을 달성해야 할 때 맹목적으로 팀워크를 무시하는 행동 등은 청소년의 가치, 우선순위 까지도 체크하게 한다. 대부분의 스포츠는 개별적 활동 보다 팀워크가 많다. 따라서 자연스럽게 낯선 타인과 만나고, 소통할 수 있는 장이 만들어진다. 팀 활동을 하다보면 상대팀과는 경쟁적이지만, 같은 팀 안에서는 협력하고 소통해야 하므로 협력, 타협, 경쟁 등 사회생활에 필요한 고도의 기술을 익히고 배울 수 있다. 특이한 것은 팀 활동을 하면서 각 개인의 개성, 문화적 특성이 반영된다는 점이다. 집단 문화가 강력한 아시아, 남미의 청소년이나 청년들은 개별성을 확보하기도 전에 한 집단의 리더가 되고 싶어 한다. 그래서 영웅적 행동, 자기 과시적 행동으로 자기가 리더 임을 증명하려 든다. 자신에 대한 성찰, 상황 파악 이전에 다른 사람들을 리드하려고 하니까 미성숙한 리더의 전형을 나타내기도 한다. 반면 개인성이 강한 유럽의 청소년과 청년들은 개인행동을 많이 한다. 타인에 대한 배려, 공동체성, 팀웍, 조화의 추구 보다는 자기가 원하는 것을 성취하는데 열정적이다. 그래서 동서양의 청소년, 청년들이 만나면 서로 팀웍을 만들어 가기가 쉽지 않다. 집단성과 개인성에 대한 강조, 우선순위, 가치, 시공간 개념, 문화적 토양이 다르다 보니 갈등이 발생한다. 그리고 이러한 차이는 스포츠, 팀 활동에서 확연하게 드러난다. '더 베이스'에서 스포츠 전문 간사들은 청소년들이 자율적으로 게임 혹은 스포츠 규칙, 활동을 변형시키고 창조할 수 있는 기회도 제공한다. 이렇듯, 스포츠 교육은 신체적 발육을 촉진하고 사회성을 개발할 뿐 아니라 청소년들의 '자율성' 과 '창의성'을 촉진한다.

그러면 기독교와 스포츠는 유의미한 관계가 있는가? 사실 기독교가 오랫동안 몸, 육체에 대하여 영지주의적 관점을 취하면서 신체 단련과 훈련에 대한 메시지를 적극적으로 전달하지 못하는 부분이 있었다. 그러나 성경에는 스포츠, 경기관련 비유들이 많다. 신앙인의 경건 생활과 훈련을 표현할 때 절제(고전9:25), 경주자의 목표(빌3:14, 고전9:24)와 옷차림(히12:1), 경쟁력(딤전6:12, 딤후4:7), 면류관(딤후4:8) 등의 비유를 사용한다. 이는 성경이 영적 단련만큼이나 육체의 단련도 중요한 것으로 다루고 있다는 것을 의미한다. 사실 스포츠를 통한 교육, 선교는 기독교 역사 속에서 오랜 전통을 갖고 있다. 한국 스포츠 선교의 시작은 갑오경장(1894)을 전후로 선교사들에 의하여 시작되었다.[49] 1901년 언더우드, 아펜젤러 선교사가 농구, 야구, 유도, 스케이트, 배구 등을 '황성 기독교청년회'(오늘날의 YMCA 전신)를 통하여 보급하였고 교회는 어린이와 청소년에게 복음을 전하는 교육, 선교 방안으로 스포츠, 레크레이션 등을 시행하였다.[50]

이와 같이 스포츠 교육은 기독교와 유의미한 관계가 있으며 청소년의 신체발달을 점검, 촉진할 수 있고 사회성을 점검, 성찰, 수정하는데 유익하다. 놀이, 유희적 성격이 강하기 때문에 발달적, 일상적, 학업의 스트레스를 해소할 수 있다. 그리고 에너지와 활력이 넘치는 청소년으로 하여금 자신의 몸과 에너지

---

49) 김은식, "스포츠 선교를 통한 효과적인 교회성장 전략연구," 11.
50) 위와 같음.

를 충분히 느끼면서, 협력 혹은 경쟁적 관계 속에서 다른 또래들과 어울릴 수 있는 기회도 제공한다. 더 나아가 사회성, 창의성, 자율적 활동으로 잠재된 가능성을 발견하고 개발시키는 기능도 가지고 있다.

2) 워십 댄스, 몸으로 드리는 예배

한류 열풍으로 유럽과 남미의 청소년, 청년들이 한국 아이돌의 댄스, 춤을 따라한다. 춤은 문화를 대표하는 아이템이 되었고, K-POP과 함께 한국 문화를 세계로 전달하는 대사의 역할을 톡톡히 하고 있다. 다이어트, 건강을 위한 춤부터 유머, 스포츠, 전통 문화 행사에서도 춤은 빠지지 않는다. 반면 기독교 역사 속에서 춤은 오랫동안 몸과 마찬가지로 터부시되었고 거룩이냐 세속이냐의 극단적 논리로 해석되어왔다. 초대 교회는 예배의 축하 춤, 성경과 교리를 설명하는 춤, 부활 주일 윤무 등을 인정하였으나 춤이 욕정을 자극하고 예의를 넘어설 위험이 있다고 보았다. 중세 교회 역시 이교적이라는 이유로 B.C 1200~1500년 사이에 춤을 금지하였다.[51] 하지만 지금도, 유대인들은 절기마다 춤을 춘다. 매년 중요한 절기가 되면 연령의 고하를 막론하고 윤무를 춘다. 남자들끼리, 여자들끼리 그리고 혼성으로, 성인들끼리, 아이들끼리 그리고 연합하여 다함께 찬미와 기쁨의 춤을 춘다. 유대교에서 기독교로 개종한 유대인들도 춤을 통하여 하나님을 찬양, 예배하는 것을 기뻐하고 워십 개발을 독려하고 있다.

구약 성경에는 다양한 형태의 춤이 등장한다. 이스라엘 백성이 홍해를 건넌후 추었던 감사의 춤(출15:20), 전쟁을 축하한 춤(삿11:34;삼상18:6), 언약궤 앞에서 온 힘을 다해 흔들었던 다윗의 춤(삼하6:14-16), 기도 응답을 감사한 춤(시30:11) 등. 춤은 노래와 마찬가지로 하나님을 찬양하고 예배하는 표현이다. 성경에는 육체가 갈망하고 호흡이 찬양하며, 내장이 생각하고 간이 애통하며, 뼈가 선포하고 기뻐하며 전율한다는 표현들이 있다(시35:10;욥4:14;렘23:9).[52] 몸의 각 부분, 기관들이 하나님을 생각하고, 하나님 앞에서 떨림과 호

---

51) 문용식, "워십 댄스와 영성." 『기독교 언어문화 논집』, 국제 기독교 언어문화 연구원,. (2008, 11집), 166~167.

흡으로 찬양 한다. 몸의 각 부위는 몸 전체를 상징하므로 각 부위가 하나님을 찬양한다는 것은 몸 전체의 찬양과 예배를 상징한다. 곧 신체, 몸의 각 부위는 악기와 같이 하나님을 찬양하고 예배할 수 있다. 하나님은 춤을 통하여 기쁨을 표현하도록 명령하였다(렘31:4, 13). 이렇듯 기쁨의 춤도 있지만 아론이 금송아지를 만들 때 광야에서 이스라엘 백성이 뛰놀던 배신의 춤(출32:6)도 있다. 신약에는 세례 요한의 목을 구했던 헤로디아의 세속적인 춤과 아들을 되찾은 아버지의 거룩한 기쁨의 춤(마11:17, 막6:22, 눅7:32, 15:25)이 있다. 이와 같이 춤은 성경 안에서도 거룩함과 세속성을 모두 반영한다. 춤은 하나님을 향하기도 하고 하나님을 거스르기도 한다.

춤은 예술의 한 분야로서 하나님에 대한 열정, 하나님과의 교류를 표현하는 상징으로 사용되어 왔다. 하나님에 대한 앎, 찬양, 교류로 초대하고 중재하는 소통 방식으로 하나님의 진선미(眞善美)를 표현하는 예술이다. 하나님께 목적을 둔다면, 그리스도인의 몸은 하나님이 거하시는 거룩한 성전으로 하나님과의 교제, 사귐이 일어나는 자리(고전6:17)이다. 곧 춤은 받은 은혜를 몸으로 표현하는 감사와 찬양의 제사이자 복음의 통로가 될 수 있다. 그러나 광야 이스라엘 백성의 금송아지 춤과 헤로디아의 춤처럼 하나님을 거스르고 다른 신을 숭배할 때, 춤은 세속적인 통로로서 상당한 힘과 전파력을 갖는다. 유진 피터슨(Eugene Peterson)은 요한복음 1장 14절 "말씀이 육신이 되어"를 메시지 성경에서 "그 말씀이 육체와 피가 되셨다(The Word became flesh and blood)"로 번역하였다.53) 육신을 '육체와 피'로 상세하게 기술한 것이다. 이는 예수님이 인간과 동일한 육체와 피의 연약함을 공유하셨으며, 연약한 육체성이 하나님을 예배하는 매체가 될 수 있다는 것을 의미한다.54) 그러므로 어떠한 몸이 되어야 한다는 소비적 가치와 기준을 떠나서 그리스도인이라면 자신의 몸 그 자체를 기뻐하고 즐거워할 수 있다. 또한 내 몸에 속한 그 어떤 부분도

---

52) Celeste Snowber, 『몸으로 드리는 기도』, 35~37.
53) Eugene Peterson, 김순현 외 옮김, 『메시지 영한 대역 성경』 (서울: 복 있는 사람, 2016), 321.
54) Richard Villadesau, 손호현 옮김, 『신학적 미학』 (서울: 한국 신학 연구소, 2001), 187.

하나님의 성전(고전3:16-17)에 속하지 않은 것이 없음을 알게 된다. 생물학적으로 시작되는 사춘기적 징후들은 청소년들을 혼란스럽게 만든다. 인지적 이해를 통하여 혼란을 잠재울 수도 있지만, 잘 승화 시킬 수 있는 기독교적 예술, 문화적 컨텐츠(contents)가 개발되어야 한다. 그 가운데 하나로 워십 댄스를 제안하고 싶다. 노래할 때 몸 전체가 악기가 되는 것처럼, 춤을 출 때 몸 전체가 찬양과 예배의 도구가 될 수 있다. 일명 몸으로 드리는 찬양과 예배는 이스라엘의 절기를 지키는 전통 문화 가운데 하나이다. 마치 오늘날 워십은 춤에 달란트가 있는 사람들을 위한 전문 분야인 것처럼 인식되어 왔다. 예배와 경배의 춤, 워십 댄스는 기쁨, 슬픔, 우울함, 연민, 괴로움 등 정서적 순화를 돕는다. 춤은 하나님께 자신의 내면을 표현하는 기도 양식 가운데 하나로서 작동한다. 워십 댄스를 통하여 몸에 대한 긍정적 해석, 즐거움, 아름다운 사용을 경험할 수 있다. 빠른 템포, 칼 군무, 섹시 댄스 같은 춤만이 아니라 느림, 함께함, 창조 등을 경험할 수 있는 워십 댄스의 개발도 요청된다. 획일적인 워십 장르에 대한 고정관념에서 벗어나서 워십의 다양한 장르를 탐색, 개발함으로서 하나님 체험의 또 다른 길을 열어줄 수 있다.

〈생각해 봅시다〉

■ 스포츠 교육은 청소년에게 어떤 측면에서 유익한가?
■ 워십 댄스에 대한 편견이 있다면, 그것을 어떻게 타파할 수 있을까?
■ 이스라엘의 절기 워십을 미디어에서 찾아보고 느낀 점을 나누어봅니다.

3) 3차원적 성(性)교육

인간의 생물학적 특징을 연구한 아놀드 겔렌(Arnold Gehlen)은 인간 몸, 신체의 특징으로 '생물학적 결핍과 비전문성'55)을 꼽았다. 자연 속에서 인간은

---

55) 생물학적 결핍이란 동물과 달리 스스로 생존하는 능력이 부족한 인간의 신체적 조건을 말한다. 작은 머리와 턱, 긴 성장기, 충동구조의 불완전함은 다른 동물에 비하여 긴 양육기간을 요구한다. 인간은 지구상의 모든 생물체 중에서 다른 누군가에게 의존하는 기간이 길다. 다음으로 충동 구조의 불완전성은 욕구의 무차별적 과잉현상을 말한다. 진교훈 외, 『인격』 (서울: 서

'생물학적 결핍', 생존 능력의 부족을 경험한다. 반면, 현대 사회에서 인간은 '생물학적 비전문성' 곧 통제되고 다스려지지 않는 욕구의 과잉 현상으로 도전을 받는다. 그렇다면 '생물학적 결핍과 비전문성' 중 청소년에게 더 도전적인 것은 무엇일까? 아마도 비전문성, 충동 욕구의 통제되지 않음일 것 이다. 특히 식욕과 성욕의 무차별적 과잉 현상은 청소년을 좌절하게 만들 수 있다. 2차 성징의 출현은 청소년에게 성적 욕구의 해석, 조절, 해소, 승화의 고민을 갖게 한다. '결핍과 과잉'이라는 양 극단적 연약성은 그 자체로 문제가 되지는 않는다 (히4:15)56). 그러나 결핍, 충동 욕구 과잉에 적응, 조절하도록 도와야 할 교육, 종교, 문화가 그 역할을 감당하지 못한다면 그것은 문제가 된다. 청소년기 경험하는 성적 욕구의 과잉 현상은 특정 개인이 아닌 인류 보편의 문제이다. 청소년에 대한 기독교적 성(sex)교육은 혼전 순결, 이성교제의 위험성 등을 지적해 왔을 뿐 실제적 교육방침을 제공하지 못하였다. 그래서 그 대안으로 3차원적 성교육을 제안하고 싶다. 청소년을 위한 성교육은 1차원의 생물학적 성의 발달에 대한 정보 교육, 2차원의 사회적 성 교육으로 성역할과 정체성, 건전한 이성교제에 대한 교육, 3차원의 성의 태도와 가치, 결정권에 대한 교육으로 구성된다.

〈그림1〉 3차원적 성교육

울대학교 출판부, 2007), 324~325.
56) 우리에게 있는 대제사장은 우리의 연약함을 동정하지 못하실 이가 아니요 모든 일에 우리와 똑같이 시험을 받으신 이로되 죄는 없으시니라(히4:15), 개역개정 성경.

(1) 1차원적 성교육: 생물학적 발달의 정보 교육

성교육의 1차원은 생물학적 발달에 대한 정보 교육이다. 청소년기 성 호르몬, 성장 호르몬, 성적 기능과 성숙에 대한 정보를 제공한다. 독일에서는 초등학교 때부터 놀이와 퀴즈 대회, 만화, 토론, 역할 놀이를 통하여 성에 대한 질문쪽지, 성에 대한 감정 표현 등을 배운다.[57] 1차원적 성교육은 청소년 초기에 공교육에서 이루어지는 것이 바람직하다. 신체적 발달에 대한 정확한 이해를 제공할 수 있고 성에 대한 정보 오류 혹은 왜곡, 확산된 이해를 확인, 체크할 수 있다. 간혹 친구들, 웹툰, 동영상으로 생물학적 발달에 관한 왜곡된 정보를 획득하는 경우가 많다. 생물학적 발달에 대한 정확한 정보 제공은 정보 부족과 왜곡으로 인한 과도한 상상이 유발하는 성적 성숙에 대한 불안과 두려움을 해소하도록 돕는다. 그러나 1차원적 성교육은 성교육의 기본, 시작일 뿐 끝은 아니다.

(2) 2차원적 성교육: 사회적 성 교육

성교육의 2차원은 사회적 성(gender) 교육이다. 성역할과 정체성, 그리고 건전한 이성교제에 대하여 교육한다. 먼저 성 역할은 남성 혹은 여성으로서의 태도, 행동, 표정, 옷차림새 등 일련의 사회문화적 기대를 말한다. 성 정체성(sexual identity)은 자신을 성적 존재로서 어떻게 평가 하는가 하는 성적 자아개념이다.[58] 성 역할과 정체성은 사회 문화적 평가와 밀접한 관계가 있다. 청소년은 사회, 문화의 성에 대한 고정관념과 편견 등에 민감하다. 전통사회에서 남성의 성역할은 용기, 강인함, 경쟁심, 힘, 통제력, 지배력, 공격성 등이고 여성의 성역할은 온유함, 표현력, 감수성, 민감함, 순응성 등이다.[59] 현대 사회에서 이것은 더 이상 매치되지 않는다. 남성도 감수성을 갖고 있고 여성도 용기와 경쟁심을 가지고 있다. 사회, 문화적 성역할에 대한 개념은 특히 세대적, 지역적, 계층적, 개인적 차가 크다. 또한 성에 대한 정체성 즉 성적으로 매력적

---

57) 2018년 1학기 청소년 교육 강의를 수강한 김동현, 김현진, 박찬, 박혜원 학생의 발제 참조.
58) Jack O. Balswick, Judith K. Balswick, 홍병룡 옮김, 『진정한 성』 (서울: IVP, 2002), 21.
59) 위의 책, 21.

인 사람으로 평가하는 기준도 문화 별로 다양하다. 문화권 마다 섹시미를 표출하는 신체 부위가 다르고 그에 대한 반응도 상이하다. 예를 들면 남미와 유럽에서는 여성이 가슴을 드러내는 것이 지극히 자연스러운 일이다. 반면 한국, 아시아 여성들은 자신의 아름다움을 표출하기 위하여 가슴 보다는 아름다운 다리의 각선미를 자랑한다. 이처럼, 아름다움에 대한 개념이 문화적으로 다양하다. 다양한 사회, 문화적 '성 정체성' 교육은 청소년들의 성역할과 정체성에 대한 정의와 수용의 폭을 넓혀줄 수 있다. 건전하고 진정성 있는 이성교제에 대한 교육도 사회적 성교육에 포함된다. 영국은 14세가 되면 부모의 동의 없이도 성관계를 할 수 있고 그래서 길거리에서 임신한 십대들을 흔히 볼 수 있다. 미혼모에 대한 법적 책임 역시 부모가 아닌 국가가 갖는다. 그러다 보니 가족 문제가 심각하다. 영국에서 한 중년 여인이 청소년들을 위한 '기독교적 성교육'을 사명감으로 알고, 십대의 딸과 딸의 친구와 함께 중, 고등학교에서 '성교육 캠페인'을 하고 있었다. 이들의 '성교육 캠페인'은 청소년들에게 성 관계를 갖기 이전에 자신의 자존감을 먼저 체크하고 그 다음에 상대방, 이성에 대한 감정이 우정, 사랑, 애착 중 어디에 속하는지 분류하도록 요청한다. 우정과 애착을 사랑으로 착각하지 않도록, 그리고 단지 즐기기 위한 성적 교제를 충동적으로 선택하지 않도록 하려는 데 목적이 있다. 그리고 무엇 보다 먼저, 친밀감 형성이 이성친구와의 관계에서 우선 되어야 한다는 것을 강조한다. 친밀감 없는 성교는 왜곡된, 남용된 성으로 분류한다.

(3) 3차원적 성교육: 성에 대한 가치 태도, 결정권 교육

성교육의 3차원은 성의 가치, 태도, 결정권에 대한 교육이다. 성의 가치는 출생 시의 성적 특징에 대한 가치관 교육이다. 1차 성징은 이미 결정된 부분이므로 확인하고 수용하게 하는 데 남성이든 여성이든 하나님 형상의 일부이므로 어떤 성이 더 우월하거나 열등하지 않다는 것을 일깨운다. 만약 그렇게 느낀다면 그것은 단지 문화적 차원일 뿐 진리가 아니다. 자기의 일차적 성을 수용하는 것은 다른 성에 대한 존중을 낳는다. 성에 대한 태도를 세대별로 '성을 언급하지 않는 세대', '성을 토론하는 세대', '성을 경험하는 세대'로 구분할 수 있다.

여기서 현대 청소년, 청년은 '성을 경험하고, 즐기는 세대'로 분류된다. 이들에게는 혼전 순결의 기준도 알려야겠지만, 상대 성(sex)에 대한 존중, 사랑과 성적 교류의 선택 기준 등 성을 욕구 충족 도구가 아닌 관계성으로 바라보게 하는 태도 교육이 필요하다. 각 나라와 사회에서 진행되고 있는 성교육의 형태는 다양하다. 교구를 사용하는 체험 형 성교육, 놀이와 연극, 토론을 통하여 진행되는 성 평등, 성 소수자 배려 교육 등도 있다. 국외에서 진행하는 '육아 시뮬레이션'은 성교의 결과는 출산이므로 그것을 직접 경험해보게 함으로서 '성관계'에 대하여 진지하게 고민해 볼 것을 촉구한 교육이다. 1970년부터 네덜란드에서 시작된 "No means No" 캠페인은 어떤 상황에서도 상대방이 싫다고 하면 싫다고 받아들이도록 하는 '성적 자기 결정권' 교육이다. 청소년기는 성의 가치, 아름다움, 태도, 결정권을 교육하기에 적절한 시기이다. 혼전 순결에 대한 입장과 교육 역시 여기에서 진행될 수 있다. 가톨릭에서 시행하고 있는 성 교육 중에는 대중문화와 미디어의 성에 대한 암묵적 메시지를 해체시키기 위하여 디지털 미디어 읽기(Literacy)를 한다. 성을 상품화 시키는 광고 및 미디어의 거짓 메시지 일곱 가지를 폭로한다.

성에는 즐거움과 로맨스만 있다.
성에서 생명과 책임에 대한 메시지를 배제시킨다.
성교가 아닌 임신과 낙태가 문제인 것으로 해석한다.
성을 절제가 아닌 소비적 차원에서 다룬다.
성적 절제는 억압이고 성적 자유는 해방이라고 한다.
인간을 하나님의 영이 없는 그저 육체적, 생물학적 존재로 해석한다.
부적절한 성교가 가져다 줄 수치심에 대하여 침묵한다.[60]

성에 대한 미디어의 거짓말을 폭로 하는 이유는 미디어와 피임 산업의 연결이 그만큼 심각하기 때문이다. 대중문화가 강조하는 성에 대한 잘못된 연결고리, '성-섹스-쾌락-낙태'를 깨고 기독교적 생명과 책임의 가치를 일깨우는 교육이

---

60) http://pds.catholic.or.kr/pdsm/bbs_view.asp?num=8&id=158304&menu=4826.
2018. 9. 18. 최종 검색.

진행되어야 한다. 콘돔을 지갑에 넣고 다니면 돈을 번다는 웹툰을 모방 하는 청소년들에게 전인적, 전 생애적 관점에서 기독교적 성의 가치와 태도를 교육해야 한다. 이것은 당면한 문제이다. 전체 인생 주기에서 청소년기의 성(sex)을 해석, 분별하는 능력을 개발해 주어야 한다. 말씀이 살과 피가 되어 성육신 하신 예수 그리스도 안에서, 모든 하나님의 자녀는 단지 육체적이기만 한 존재가 아니다. 육체 그 이상의 존재라고 하는 통전성 속에서 '성'을 해석할 필요가 있다. 그러므로 온전성(integrity)과 전체성(totality)을 소유한 영적 인격체, 참된 자아가 되어가도록 일깨워 줄 필요가 있다.61)

이제까지, 성교육은 생물학적 성에 대한 정보교육, 성폭력과 임신을 예방하는 예방적 차원에 머물러 있었다. 사회적 성 곧 성역할과 정체성, 건전한 이성교제, 성의 가치와 태도, 성적 결정권에 대한 교육은 여전히 미흡한 부분이 아닐 수 없다. 청소년의 발달에 맞는 다양한 성교육의 시도와 접근이 요청된다. 문학 독서, 운동과 놀이, 건전한 취미 생활을 즐기고 습득함으로서 온전한 삶을 살아가도록 돕는 기독교 문화 교육도 유익하다. 또한 성에 대한 '진정성' 있는 고민을 통하여 건전한 이성교제, 성에 대한 주체적 태도와 결정권을 갖도록 교육해야 할 것이다.

⟨생각해 봅시다⟩

■ 성교육의 3차원 중 가장 간과되고 있는 영역은 무엇인가?
■ 성(sex)을 말 못하는 세대, 토론하는 세대, 경험하는 세대 중 나는 어디에 속하였는가?
■ 성의 2,3차 영역에서 추천하고 싶은 성교육이 있다면 소개해 봅니다.

---

61) Eugene Peterson, 『메시지 영한 대역 성경』, John1:9-13.

3장

생각하는 청소년

1. 청소년의 인지발달

사춘기(思春期)의 한자적 의미는 '생각이 봄처럼 피어나는 시기' 라고 한다. 자기 생각이 형성되기 시작한다는 뜻이다. 자기 생각이 형성되면 어떤 변화를 보이기 시작할까? 유아기에 언어를 배우기 시작하면 가장 먼저 '아니야, 싫어' 라는 말을 한다. 인간의 자율성은 거부, 거절을 통하여 표출되나 보다. '혹성 탈출-진화의 시작'이라는 영화는 유인원과 인간의 우정이 금이 가면서, 유인원이 인간을 반격하는 이야기로 구성되어 있다. '시저'라는 유인원이 두뇌가 발달하면서 언어를 구사하는데, 가장 먼저 내뱉은 단어는 'No' 이었다. 자기 생각이 형성된다는 것은 '자율성'을 갖는 것이고 '자율성'은 거부와 거절을 통하여 표출된다. 순순하고 만만했던 아동의 모습은 점차 빛을 잃어 가는 것이다. 장 피아제(Jean Piaget)는 인지 발달 단계를 감각운동기, 전 조작기, 구체적 조작기, 형식적 조작기의 네 단계로 구분하였다.

연 령	발달 단계	특 징
0~2세	감각운동기	감각, 운동으로 자기 자신, 사물, 세계 인식, 사고 일어나지 않음
2~7세	전조작기	언어 출현, 직관, 상상력, 물활론, 애니미즘, 논리이전의 단계
7~11세	구체적 조작기	논리적 사고와 문제 해결 가능, 구체적 사물과 사실에 한정됨
12~성인	형식적 조작기	논리적적 사고, 추상적 사고, 가능적 사고, 가설적 사고, 비례감각, 평형감각, 이론 확립

표5〉 피아제의 인지발달 단계

피아제의 인지발달 단계에서 청소년기는 가장 상위 단계인 '형식적 조작기'에 속한다. 형식적 조작기가 되면 추상적 사고, 비례와 평형감각 인식, 자기 이론 확립, 메타인지가 가능해 진다. 가장 높은 단계의 인지적 특징은 생활 속에서 어떻게 표출될까? 데이빗 엘킨드(David Elkind)는 청소년의 인지발달이 성격, 사회성 변화에 영향을 미친다고 보았다. 그의 주장은 신체적 변화가 청소년의 성격 변화에 주요 원인이라고 보았던 생물학적 입장과는 상반된다.

1) 추상, 가능, 가설적 사고와 융통성

형식적 조작기가 되면 추상적 사고가 가능해진다. 눈에 보이지 않는 성질을 추측할 수 있다. 예를 들면 "나무, 컵, 숟가락, 강철 솜, 돌, 공 등이 왜 물에 뜨지?" 질문하면 전조작기의 유아는 "내가 물을 뿌려서" 라고 자기중심적으로 대답한다. 구체적 조작기의 아동은 "그것이 무거워서 혹은 길어서, 동그래서..." 라고 대답한다. 추상적 성질을 파악할 수 없기 때문에, 구체적으로 눈에 보이는 성질로 부터 답을 찾는 것이다. 그러나 십대가 되면 "공이 물에 뜨는 이유는 공기로 부풀어있기 때문" 이라고 대답할 수 있다. 곧 사물이 내포하고 있는 성질, '공기'를 고려하기 시작한다. 이처럼, 형식적 조작기가 되면 추상적 사고가 가능해지면서 사물에 여러 가지 속성이 있다는 것을 파악할 뿐 아니라 사물과 사물이 만났을 때 나타나는 상호성도 파악할 수 있다. 공과 벽의 상호성, 공과 벽이 만났을 때 생기는 각도 그리고 물과 빛의 상호성, 물과 빛이 만났을 때 나타나는 굴절 현상을 고려할 수 있다. 또한 추상적 사고는 사물 뿐 아니라 단어 혹은 말, 문장에 담긴 속뜻 곧 비유, 은유, 풍자를 이해하거나 사용할 수 있게 한다. 그래서 청소년들이 '신조어', '암호'를 만들고, 단어를 결합하거나 생략함으로서 친구와 '말장난'을 치기도 한다. 그리고 사람 혹은 사물의 가능성을 추측하는 가능적 사고도 할 수 있다. 실재에 얽매이지 않고 추상적이고 융통성 있는 사고를 할 수 있다.

구체적 조작기의 아동은 현실과 실재에 얽매인 사고를 많이 한다. 그 예로 신체의 한 부위에 눈을 하나 더 그리라는 주문에 대하여 구체적 조작기의 아동이 현실을 기반으로 눈 옆에 눈을 하나 더 그려 넣은 반면 형식적 조작기의 아동, 청소년은 눈을 머리위에 그려 넣었다.[62] 구체적 조작기가 눈에 보이는 논리, 사고에 얽매여 있는 반면 형식적 사고는 현실과 실재를 넘어서 융통성 있는 사고를 할 수 있다. 가능적 사고가 가능해지면 '만약에(if)' 라는 가설적 사고도 할 수 있다. 중고등학교 역사시간에 가장 인기가 있는 이야기는 '만약 신라가 삼국을 통일하지 않았다면' 이라는 가설을 포함한 이야기였다. 사실 그대로가 아닌 무엇이 가능한지, 가설을 추측하면 이야기는 더 흥미롭게 느껴진다. 가설

---

62) 위와 같음.

적 사고는 어떤 선택이 좋은지, 선택의 결과가 어떻게 달라지는지 '선택'을 가늠해 볼 수 있게 한다. 진로를 선택할 때 '만약 내가 A가 아닌 B를 선택한다면, A도 B도 아닌 C를 선택한다면' 등의 가설을 세워볼 수 있다. 중, 고등학교 때 친구들 사이에 인기 있었던 영화로 '슬라이딩 도어(Sliding Door)'가 있다. 이 영화는 지하철을 놓쳤을 때와 탔을 때 한 여인의 삶이 어떻게 달라지는지 구성하여 보여준다. '만약 5분 일찍 지하철을 탔더라면' 이라는 가설을 전제로 어떻게 인생이 달라졌을까? 라는 물음은 누구나 한번쯤 해 보았을 것이다. 5분 일찍 혹은 5분 늦게 라는 두 개의 가설로 나누어지는 여자의 운명을 다룬 이 영화의 구성은 '가설 세우기' 매력에 빠져있는 중고등학생들에게 인상적이다. 추상적, 가능적, 가설적 사고를 하면 눈에 보이는 현실과 사물에 매여 있던 사고에서 벗어나 현재의 시공간을 뛰어넘는 판타지, 종교적 체험에 대한 호기심도 풍부해진다. 눈에 보이는 현상 보다 그 이면의 의미에 초점을 맞추다 보면 틀에 박힌 듯 반복되는 관습, 의례, 형식에 흥미를 느끼지 못한다. 반면 눈에 보이지 않는 존재, 세계에 대한 호기심이 높아져 판타지 소설이나 영화, 종교적 현상, 기적 등에 대하여 관심을 갖는 종교적 시기가 도래한다.

2) 비례감각, 평형감각이 불러온 이상주의

형식적 조작기가 되면 거리, 무게, 크기에 대한 비례감각과 평형감각의 인식, 조절이 가능하다. 물론 구체적 조작기에서도 '무게와 거리'의 비례 법칙, 양팔 저울의 균형 상태 등을 파악할 수 있다. 그러나 형식적 조작기는 그것을 설명할 수 있고, 불균형을 균형으로 조정할 수 있는 능력도 생긴다. 이것을 파악한 실험이 양팔 저울, 시소게임이다. 양팔저울은 무게와 거리의 반비례로 균형을 맞춘다. 그래서 시소에서 무게가 더 나가는 아이가 적게 나아가는 아이와 균형을 맞추려면 거리를 조정해야 한다. 비례감각과 평형감각의 인식은 단지 수학, 과학이라는 분야에만 국한되지 않는다. 비례, 평형, 균형 감각을 익히면서 사회적 정의, 궁극적 선과 같은 비례 개념이 포함된 추상화된 관념들을 이해할 수 있게 된다. 그러나 궁극적 선, 정의에 대한 이상을 앎으로서 비판적 태도도 갖게 된다. 가장 이상적이고 아름다운 것이 무엇인지 알기 때문에 그 이상에 도달하지 못하는 현실에 대하여 비판적 태도를 보인다. 소속된 가정, 학교, 교회, 사회, 세계를 가장 이상적이고 완벽한 가능성의 세계와 비교하는 이상주의는 때로 무자비하다. 물론 청소년 혹은 청년의 이상과 현실에 대한 비교에서 나오는 비판은 비현실적일 수밖에 없다. 엘킨드는 청소년의 이상주의를 바탕으로 한 사회 비판, 개혁의 의지를 **'법관적 사고, 판단자적 사고'** 라고 이름 붙였다.63) '법관적 사고'를 가진 청소년이 기성세대와 사회에 대한 비판이 정확하다고 해서 그것을 실천하고 개혁에 동참하는가? 질문한다면 꼭 그렇지만은 않다. 청소년들은 거친 비평, 감상적 반항, 끊임없는 논쟁으로 정신적 혼란을 감추면서 성인들이 타협적이고 최고의 이상을 따라 살지 못한다고 경멸하고 비판한다.64) 이들의 사고는 인지발달 단계에서 가장 높은 수준에 속하지만, '이상과 현실의 괴리'가 깊다. 사회에 대한 개혁의 열망이 강렬하지만 그것은 비판을 위한 비판, 논쟁을 위한 논쟁에 머물 가능성이 크다. 그렇다고 이를 '어설픈 이상주의자의 궤변'으로 간주하기보다, 자신의 사고를 잘 연마하고 성찰하도록 토의, 토론, 대화의 장을 마련해 줄 수 있다. '비판' 이면에 숨겨진 '정의', '궁극적 선'에 대한 열망은 존중하되 큰 열정을 작은 실천으로 옮기도록 조언하는 것도 필요하다.

3) 자기 이론의 확립, 일명 말대꾸

이론 확립은 보통 학자들만 가능하다고 생각하지만, 사회적 공증을 받지 않았을 뿐 대부분의 사람들은 자기만의 이론을 가지고 있다. 이론(theory)의 어원은 'theosis' 인데 이는 'theoria' 묵상과 같은 어원을 갖는다. 'theosis' 의 뜻은 '자기의 마음을 깊이 보는 것' 이다.65) 청소년들은 자기만의 고유한 생각과 주장을 세워가려고 노력하는데 이를 '자기 이론 확립' 이라고 부른다. 그러나 '이론'은 타인들의 공감, 동의가 있을 때, 힘을 갖는다. 따라서 청소년들은

---

63) 위의 책, 92.

64) Gabriel Moran, 사미자 옮김, 『종교교육 발달』 (서울: 대한예수교장로회 총회출판국, 1989), 90.

65) 배철현, 『인간의 위대한 질문』 (서울: 21세기 북스, 2015), 47.

자기 이론을 확립하려고 노력하는 과정에서 강력하게 자기주장을 펼쳐 공감, 동의를 얻고 싶어 한다. 강력한 자기주장의 어필은 다소 거칠고 맹목적으로 비추어질 수밖에 없다. 성인의 입장에서, 청소년의 강력한 자기주장은 말대꾸와 황당한 궤변, 억지스런 주장에 지나지 않는다. 신체적으로도 울퉁불퉁 자라지만 인지적 능력을 연습하고 활용하는 과정에서도 좌충우돌의 모습이 그대로 재현된다. '강력한 자기주장'은 주변 사람들과 충돌을 일으키지만 청소년의 자기 이론은 아직 확신이 부족한 상태이다. 자기 생각을 절대적으로 맹신하는 것처럼 보이나 실상 그렇지 않다. 초등학교 다니는 아이들이 덧셈, 뺄셈, 곱셈, 나눗셈을 할 수 있다는 것을 자랑하듯이 청소년들은 새로 생긴 인지능력을 연습하고 자랑하고 싶어 한다. 따라서 청소년기 자녀를 마치 초등학교 아이처럼 '시키는 대로 할 것'을 요청하는 것은 적절하지 않다. 또 어쩔 때는 대화하고 설득하는 것 자체가 아무 소용이 없는 것처럼 느껴지기도 한다. 고통스럽더라도 부모는 '청소년기 자녀의 말대꾸'가 새로운 자기주장 능력을 연습하는 것임을 수용할 필요가 있다. 의견을 듣고 질문, 공감하면서 스스로 사고하도록 '열린 결론'을 갖는 대화가 유익하다. 청소년기가 되면 자신의 생각을 하나의 객체로서 파악하고 인식하는 '메타인지', '사고에 대한 사고'가 가능해 진다. 자기가 생각하는 바가 무엇이며, 이러한 생각의 근원, 배경이 무엇인지 파악하는 반성적 사고를 할 수 있게 된다. 그들이 전적으로 맹신하는 것처럼 보이는 강력한 생각이 옳지 않다는 것을 입증하려고 애쓰는 것 보다 스스로 사고 과정을 기록하기, 평가하기, 행동의 결과를 추론하기, 반성하기 등을 통하여 개선의 기회를 마련해 주는 것이 보다 바람직하다. 이는 자기 생각이 절대적인 것이 아닌 상대적인 것임을 깨닫게 할 뿐 아니라 메타인지가 더욱 활성화되도록 인도한다. 자율적으로 자기 문제, 타인 문제, 공동체와 사회 문제를 인식하고 그에 합당한 대안을 탐색하는 동시에, 기성세대의 한계만 보는 것이 아니라 자기 생각의 한계도 성찰하도록 함으로서 메타 인지의 발달을 촉진할 수 있다.

4) 인지 발달에 적응 중인 청소년

인지발달은 신체 발달과 마찬가지로 청소년에게 적응이라는 과제를 부여한다. 급격하게 변화, 발달하고 있는 사고체계에 적응하면서, 자기만의 생각을 형성하는 청소년들도 쉽지 않은 시간들을 보내고 있다. 엘킨드는 청소년들의 인지발달 적응상태에 대하여 다음과 같이 서술하고 있다.

> 청소년이 새로운 사고방식에 적응하는 것은 당면한 가장 어려운 과제 중 하나인데, 이는 명백한 사실로 받아들여지는 것이 아니다. 마치 갑자기 커진 키, 체형, 안면구조(코가 턱 보다 먼저 자람)에 적응해야 하는 것처럼 인지발달 역시 적응하는데 어려움이 따른다. 그리고 그들의 새로운 지적 능력은 신체변화와 사회적 관계에 대처하는 방법을 변형시키고 다채롭게 만든다.66)

청소년이 신체적 변화에 적응할 필요가 있다는 것은 누구나 알고 있는 사실이다. 그러나 인지발달에 대한 적응이 필요하다는 인식은 보편적이지 않다. 엘킨드는 청소년기의 '말장난, 비판을 위한 비판, 말대꾸 등'의 사회성 변화는 인지적 발달의 결과라고 보았다. 또한 인지발달에 적응하는 것은 신체적 발달에의 적응만큼이나 쉽지 않다고 말한다. 따라서 청소년의 인지적 좌충우돌을 어떻게 도와줄 수 있을까? 하는 중요한 교육적 과제가 남는다. 그저 황당한 궤변이나 말대꾸로 치부하는 것은 쉽지만 건설적이지 않다. 새롭게 등장한 인지 능력을 연습, 활용하도록 촉진하는 방안을 모색해 보아야 할 것이다.

〈생각해 봅시다〉

■ 청소년의 인지적 특징은 무엇인가?
■ 청소년의 인지적 변화는 생활 속에서 어떻게 표출되는가?
■ 말대꾸, 비판, 논쟁적인 청소년을 교육할 수 있는 방안은 무엇인가?

---

66) David Elkind, 『다 컸지만 갈 곳 없는 청소년』, 27, 33.

2. 자기중심성의 재등장

청소년기가 되면 '과도한 자의식'이 출현한다. 엘킨드(David Elkind)는 인지발달이 '과도한 자의식' 출현의 원인이라고 보았다. 청소년기 갈등, 스트레스의 원인이 생물학적 변화에 있다고 본 스탠리 홀, 문화적 요인에 있다고 본 미드와 달리 엘킨드는 심리적, 사회적 변화의 원인이 '인지발달'에 있다고 보았다. 그러면 과도한 자의식이란 무엇인가? 과도한 자의식이란 자신에 대하여 정도 이상의 관심을 갖는 것을 말한다.67) 다른 사람과 구별된 존재로서의 '자기인식'은 청소년기 이전에도 있었지만 청소년기가 되면 신체, 감정, 생각의 급격한 변화에 몰입된 나머지 주변 사람들을 잘 인식하지 못하는 '자기중심적' 성향이 재등장한다. '재등장' 이란 그 이전에 출현했던 적이 있다는 뜻이다. 그러면 자기중심성의 첫 번째 출현은 언제인가? 첫 번째 자기중심성은 유아기에 출현한다. 유아기와 청소년기는 여러모로 비슷한 특성을 갖고 있다. 유아기에 출현한 자기중심적 성향은 아예 타인의 존재나 관점을 '모름', 인식의 부재이다. 타자의 관점이 자기와 다르다는 것을 알지 못한다. 반면 청소년의 자기중심성은 타인의 관점이 자기와 다르다는 것을 인식하지만, 자기에게 몰입되어 있는 자기중심성이다. 타인의 관점을 간과하는 것이다. 그만큼 자기 자신에게 몰입되어 있다. 이렇게 자기 중요성에 사로잡힌 '자기중심성'이 청소년기 사회적 특성이다. 청소년기의 자기중심성을 '형이상학적 자기중심성' 이라고 부르는데, 이는 자기 세계에 몰입, 비현실적 문제나 공상적 장면의 예상, 현실 보다 미래에 대한 이상적 구성 등 세계를 재구성할 정도로 강력하다.68) 대부분의 사람들은 자기중심적인 사람을 기피한다. 그 이유는 다른 사람에 대한 배려가 부족하고, 그것은 불쾌함과 불편함을 가져다주기 때문이다. 그러나 청소년기 출현하는 '자기중심성'은 발달적 속성으로 정상적 범주에 속한다. 자기중심성은 11~12세쯤 시작하여 15~16세경에 절정에 도달한다. 그리고 대인관계에서 충돌을 경험하면서 서서히 완화되기 시작한다. 만약 자기중심적 성향을 강하

---

67) 위의 책, 40.
68) 오인탁 외, 『기독교교육론』, 108.

게 띤 성인이 있다면 다 큰 어른임에도 불구하고 청소년처럼 보일 수 있다. 청소년의 자기중심성은 '개인적 우화'와 '상상적 청중'의 두 가지 형태로 나타난다.[69]

1) 개인적 우화

개인적 우화는 '자기 존재의 중요성, 영속성 그리고 불멸성에 대한 비합리적 확신'이다. 자기를 '무적의 방패'로 둘러싸는 개인에 대한 '우화적' 사고로서 무모함과 희망을 동시에 갖게 하므로 다소 허황되고 위험하다. 자기 존재의 불멸성에 대한 근거 없는 확신은 청소년들을 과격한 행동으로 몰아갈 수 있다. 곧 '음주 운전, 폭주, 마약, 문란한 성적 행동' 등 과격하고 파괴적인 행동을 할 수 있다. 그 이유는 자기는 특별한 존재이므로 그러한 행동이 가져다 줄 부정적 결과가 미치지 않을 것이라고 가정하기 때문이다.[70] '다른 사람들은 나이가 들고 죽겠지만 나는 그렇지 않을 것이다', '다른 사람들은 인생의 야망을 실현하지 못하겠지만 나는 실현할 것이다', '심각한 병은 다른 사람의 부모나 가족에게 일어나는 것이지 내 가족에게는 생기지 않아야 한다' 등의 생각이다. 개인적 우화는 헬멧 없는 오토바이 운전, 파도가 높은 날 파도타기, 무면허 운전 등 개인의 한계를 무시하고 위험성이 수반되는 행동을 하게 만든다. 그래서 개인적 우화가 나타나면 주의 깊은 자기 보호를 놓칠 수 있다. 또한 개인적 우화는 로맨스에 치중하는 모습으로도 나타난다. 자기 경험이 고유하고 특별한 것이라고 믿기 때문에 "나의 사랑이 어떤 느낌인지 너는 모를 거야"라고 자기 사랑의 '유일성'을 표현한다. 그러나 '우화적 성향'이 강하기 때문에 대상 보다는 자기감정과 로맨스에 몰입하여, 정작 상대가 무엇을 원하는지 잘 모르는 경우가 많다. '500일의 썸머'라는 영화를 보면 남자 주인공 톰이 회사에서 만나 연인이 된 썸머와의 관계에서 '로맨스'에 집중하는 모습이 나온다. 처음부터 남자의 시각으로 보여지던 영화는 이들이 헤어지고 난 후에야 '운명', '로맨스'에 취해서 여자 친구의 취향, 생각, 감정을 놓친 남자의 모습을 보여준다. 그는 상

---

69) 권이종, 김용구, 『청소년 이해론』, 101.
70) 위의 책, 102.

대와 적절히 교류하지 못했던 것이다. 그리고 영화는 이를 '썸머 효과' 라 부르며, 누구에게나 썸머는 있다고 말한다. 영화의 마지막은 어우텀(autum), 가을이라는 여자를 만나면서, 성숙한 사랑을 하게 될 톰을 암시하는 장면이다. 보통, 개인적 우화는 여아 보다는 남아에게 더 강력하게 나타나는 경향이 있다. 개인적 우화에도 긍정적 측면이 있다면 자신에 대한 과신 혹은 희망으로 빈곤퇴치, 환경 운동, 시민운동에 적극적으로 가담할 용기가 생기면서 기성세대가 이루지 못했던 가능성들을 실행에 옮길 수 있다는 점이다.[71] 현실검증능력, 자신과 타인의 실체에 대한 객관적 인식, 타인과 친밀한 관계 정립이 가능해지면 개인적 우화는 점차 사라진다.[72] 성인이라도 감각적 경험 또는 위험 행동에 몰입하는 정도가 크다면, 개인적 우화가 남아 있다고 보아야 할 것이다.

2) 상상적 청중

자기중심성의 또 다른 형태는 '상상적 청중(imaginary audience)'이다. 이는 자기가 청중, 회중의 집중적 관심과 주의 대상이 되고 있다고 상상하는 것이다. 자기는 언제나 무대 위에 있으며 주변의 모든 사람들이 그들의 외모와 행동을 인식하고 관심을 보인다고 느끼기 때문에 마치 무대 위의 배우처럼 행동한다. 과도하게 타인의 시선을 의식하고 모두 자기를 보고 있다고 생각한다. 그래서 상상 속의 청중을 즐겁게 해 주려고 많은 힘을 들이며 눈치 채지도 못하는 작은 실수에 번민할 뿐 아니라, 자기 위신을 손상시킨다고 생각되는 작은 비난에도 심한 분노감을 표출할 수 있다.[73] 거울 앞에서 외모에 대한 관객의 반응을 상상하면서 몇 시간을 보내기도 하고 자기 외모에 대한 다른 사람들의 평가에 민감하게 반응하기도 한다. 예를 들어 헤어스타일을 바꾸었는데 조금 마음에 들지 않을 경우 전교생이 나의 바뀐 헤어스타일이 이상하다는 것을 눈치 챘다고 확신한다. 상상적 청중은 부모님과의 애착 불안, 부정적 자아개념, 대인관계에서 사회적 기술이 부족한 청소년들에게 높게 나타나고 오랫동안 지

---

71) 위와 같음.
72) 위와 같음.
73) 위의 책, 102~103.

속되는 것으로 밝혀졌다.[74] 상상적 청중은 14~15세쯤 가장 높게 나타나고 이후부터 서서히 감소하는데 상상적 청중에 기여하는 과도한 자의식은 성인기에도 지속 되는 특성이므로 대학생, 청년들에게도 나타날 수 있다.[75] 서구의 청소년들은 15~16세에 상상적 청중에서 벗어나는데 반해 우리나라의 청소년은 상상적 청중이 청소년 중기 이후에도 일관성 있게 증가하여 대학교 1학년 시기까지 높은 수준으로 지속될 수 있다. 이는 중, 고등학교 시기 동안 적절한 대인관계 경험을 가질 수 없고, 사회적 교류가 불충분한데서 기인한 것으로 보인다. 상상적 청중은 개인적 우화와 더불어 청소년들이 자신에게 과도하게 몰입하고 있음을 나타낸다. 자신의 이미지를 찾고 '내가 누구인지' 정의하는데 몰두하고 있기 때문에 실제적인 관계를 형성하는데 취약하다. 누군가를 짝사랑하지만 사실 그 대상과 교류하기 보다는 상상 속의 인물, 이상형에 도취되어 있다. 상상과 현실이 결합되거나 상상이 현실 속에 투영되어있는 경우가 많다. 만약 성인들이 청소년의 개인적 우화나 상상적 청중을 정면으로 반박한다면 더욱 자신의 입장을 공고하게 만들 수 있다. 자신이 특별하고 가치 있다는 것을 인정하면서도 다른 이들의 존귀함과 개별적 독특함을 존중하도록 격려할 필요가 있다. 타인과 관계를 맺으면서 자신에 대한 견해, 타인에 대한 상상이 상대적이라는 것을 알게 되면 상상적 청중은 서서히 감소된다.

〈생각해 봅시다〉

■ 인지 발달은 청소년의 사회적 특징에 어떤 영향을 미치는가?
■ 유아기와 청소년기의 자아중심성은 어떻게 다른가?
■ 청소년기에 상상적 청중과 개인적 우화를 어떻게 경험하였는지 나누어 봅니다.

---

74) Kristine M. Kelly, Warren H. Johes, Jeffery M. Adams, "Using the imaginary audience scale as a measure of social anxiety in young adults", *Educational and Psychological measurement*. V. 62, no. 5, (2002, 10), 901.
75) 권이종, 김용구, 『청소년 이해론』, 103.

3. 종교적 사고가 가능한 청소년기

추상적 사고 능력의 발달은 청소년으로 하여금 감각적 세계를 초월하는 데 관심을 갖게 한다. 이 세계를 뛰어넘는 '초월적 세계' 혹은 '영적인 영역'이 있는가? 하는 호기심부터 인생에서 가장 가치 있고 의미 있는 것이 무엇인가? 하는 '궁극성'에 대한 물음 까지. 청소년들은 호기심을 갖고 종교, 신앙을 살펴보기 시작한다. 로널드 골드만(Ronald Goldman)은 영국의 공립학교 종교 시간에 '요리문답'이나 '윤리'를 가르치는 것을 보면서 어린이와 청소년에게 적합한 종교 교육적 접근이 필요하다고 느낀다.76) 종교적 진리를 이해하려면 종교를 이해할 수 있는 사고 능력이 전제되어야 하다고 본 것이다.77) 연령대와 인지구조에 적합한 종교교육을 할 때 신앙 교육의 큰 효과를 얻을 수 있다는 말이다.78) 그는 13, 14세 추상적 사고가 가능할 때부터 비로소 종교에 대한 사고가 가능하므로 14세 이상이 종교 교육이 가능한 연령대라고 주장한다. 그리고 그것을 증명하기 위하여 성경 본문에서 다섯 개의 질문을 뽑아서 다양한 연령대의 아이들에게 질문을 하였다. 다섯 개의 질문은 다음과 같다.

〈질 문〉
- 모세는 왜 하나님 보기를 두려워했나요?
- 모세가 서 있는 땅이 왜 거룩하다고 생각하나요?
- 불타는 떨기나무는 타고 있지 않은 건가요? 어떻게 설명하겠어요?
- 홍해의 물이 갈라진 것을 어떻게 설명할 수 있나요?

---

76) 골드만이 '종교적 사고의 발달'을 외치던 시대와 비교하면, 오늘날 영국 공립학교의 종교교육은 이전과 상당히 다르다. 기독교(성공회)는 더 이상 영국의 국교가 아니다. 영국(United Kingdom)이 다문화, 다종교 사회가 되면서 종교시간은 다양한 종교와 문화를 교육하는 시간으로 변형되었다. 물론 이러한 종교교육 형태는 다양한 문화, 종교를 가진 이들과 융합하기 위한 사회적 정책의 일환이다. 더 이상 학교의 종교 과목이 기독교만을 위한 종교 교육은 아닌 것이다. 그래서 독실한 그리스도인의 경우 신앙을 배척하는 자녀가 아닌 하나님을 아는 자녀로 키우기 위하여 홈스쿨링을 선택한다.

77) Ronald Goldman, *Relgious Thinking from Childhood to Adolescence*. (London and Henley: Routedge and Degan Paul, 1965), 3.

78) 위의 책, 67.

• 예수님은 왜 돌을 빵으로 만들지 않으셨을까요?[79)

　위의 다섯 가지 질문에 대하여 유치원에 다니는 6세 아이들은 자기중심적 관점에서 대답하기, 질문 바꾸기, 전혀 관계없는 것과 연결해서 대답하기 등 단편적이고 단순화된 모습을 보였다. 초등학교 저학년 아이들은 '무서워서, 교회처럼 거룩해서 살살 밟아야 한다' 혹은 '빵을 좋아하지 않는다'는 물리적 개념으로 대답하는 등 구체적 논리를 사용하였다.[80) 청소년의 대답은 조금 다른데, 청소년의 대답을 사고 능력과 연계하면 다음과 같다.

〈청소년의 대답〉
• 모세가 하나님 보기를 두려워한 것은 원초적 죄에 대한 두려움과 공포 때문이다. 하나님의 전능하심 앞에서 인간은 자기가 벌레처럼 느끼게 되었을 것이다.⇒인간의 내면, 추상적 사고
• 모세가 서 있는 땅이 거룩한 이유는 화산처럼 위험요소가 있었기 때문이다. 하나님을 예배하는 모든 자리는 자기장처럼 거룩하지만, 극(pole)이 하나인 것처럼 주의 산은 하나님이 집중적으로 임재 하시는 곳이다.⇒ 추론, 인과관계
• 불타는 떨기나무가 타고 있었던 것은 하나의 내적 현상이거나 모세의 상상이었을 것이다. 합리적 근거가 없으므로 설명할 수 없다.⇒ 논리적 설명 요청
• 홍해의 물이 갈라진 것은 아마도 1년에 한번 바다가 갈라지는 특별한 날이 있었을 것이다. 정확히 그 시기에 이스라엘 백성을 내보내셨다.⇒ 초자연적 현상을 자연적 현상으로 설명, 가설 세움
• 예수님은 돌을 빵으로 만들지 않은 이유는 "예수님은 자신의 생각을 정돈할 필요가 있어서 사막에 갔고, 하나님은 그 일을 할 수 있는지 알아보기 위해 시험을 주셨다." ⇒ 모든 이에게 시험을 줄 수 있다는 일반화[81)

　13~14세 이후 아이들의 대답은 현실, 물리적 개념을 넘어서 추상적 사고, 인과관계, 논리적 설명, 가설 세우기, 일반화 등의 사고 능력을 보여 주고 있

---

79) 위의 책, 52~53.
80) 위의 책, 52~60.
81) 위와 같음.

다. 성경 이야기에 대하여 관찰, 사고하려는 특성을 보인다. 골드만은 피아제의 인지발달을 토대로 종교적 사고 발달을 연구하였다. 그의 종교적 사고 단계는 피아제의 인지발달 단계 보다 2~3년 정도 늦게 진행된다.[82] 다른 종류의 사고는 아니지만 사고대상이 다르기 때문에 더 고차원의 조작능력이 요청되는 것이다. 골드만의 종교적 사고 발달 다섯 단계는 직관적 종교적 사고단계, 직관적 사고와 구체적 사고의 중간단계, 구체적 종교적 사고단계, 구체적 사고와 추상적 사고의 중간단계, 추상적 종교적 사고 단계이다.

질 문	사고 발달단계	대 답	특 징
모세는 왜 하나님 보기를 두려워했는가?	직관적 종교적 사고 단계	하나님의 얼굴이 무섭게 생겨서	자기중심성 단편적, 단순 비체계적
어째서 떨기나무가 타지 않았는가?	중간 단계	하나님 얼굴의 수염이 무서워서	도약, 실패
모세는 왜 하나님 보기를 두려워했는가?	구체적 종교적 사고 단계	하나님이 쇠 같은 것을 가져다 놓고 타지 않게 덮었다.	물리적 이해 구체적 이해 일반화 못시킴
	중간 단계	모세가 나쁜 일을 해서 하나님이 무섭게 보이기 때문이다.	연역적 사고 귀납적 사고
	추상적 종교적 사고 단계	하나님은 거룩하고 인간은 죄로 가득 차 있기 때문이다. 하나님 앞에서 모세는 벌레처럼 느꼈다.	가설적 사고 추상적 사고 지속적 사고

표6〉 골드만의 종교적 사고 발달 단계[83]

위의 표를 보면 구체적 사고와 추상적 사고의 중간단계부터 모세의 내면, 인간 심리를 보려고 한다. 그리고 추상적 종교적 사고단계에서는 하나님과 모세의 속성을 둘 다 추측하면서 가설을 세우기 시작한다. 골드만은 청소년기가 되면 종교적 사고가 가능하므로, 그 이전에 종교 교육을 하는 것은 의미가 없다고 보았다. 하지만 골드만 이후 종교는 단지 사고의 영역이 아니며, 어린이도

---

82) 오인탁 외, 『기독교교육론』, 109.

83) 위의 책, 52~58, 110~111.

'직관적' 형태로 하나님을 예배하고, 교육할 수 있음을 알게 되었다. 그러므로 이제는 청소년기가 되어야 '종교적 사고와 교육'이 가능하다는 골드만의 논점은 '청소년을 어떻게 신앙 교육해야 하는가?'의 논점으로 전환되어야 마땅하다. 신앙, 신적 존재에 대한 회의와 비판, 인간의 내면에 대한 추상적 사고가 가능한 청소년, 그리고 현실적 문제에 대한 신앙적 대안을 고민하는 청소년의 신앙 교육은 아동기와 어떻게 구분되면 좋겠는가?, 청소년의 사고, 종교적 사고를 촉진하려면 어떻게 교육하는 것이 좋은지 고민할 필요가 있다.

〈생각해 봅시다〉

■ 종교적 사고가 가능할 때 종교교육이 시행될 수 있다는 골드만의 주장에 동의하는가?
■ 골드만이 제시한 다섯 가지 질문에 대한 나의 대답은 무엇인가?
■ 우리나라 기독교 학교의 종교교육은 청소년에게 적합한가?

4. 사고를 촉진하는 질문 형 교육

1) 청소년이 질문하는 이유

청소년들은 궁금한 것이 많다. 인지적 발달이 가져오는 특성 가운데 하나가 '물음'이다. 미국 조지아 주립대 언어 연구소에 있는 천재 원숭이 보노보칸지는 생후 9개월부터 언어를 배웠고 렉시그램이라는 소통 도구로 200개 이상의 단어를 익혀 600가지가 넘는 과제를 수행하는 능력을 보였다고 한다.[84] 그런데 이렇게 놀라운 능력을 보여준 칸지가 못하는 것이 하나 있는데 그것은 '왜?'라는 질문 능력이었다. 청소년기는 인생의 어느 시기보다 궁금한 것이 많다. 물론 청소년기의 궁금증은 아동기의 궁금증과는 구별되는 실존적 물음들이다. '내가 왜 살아야 하는가?', '나는 누구인가?', '나는 어디서 와서 어디로 가는가?' 등의 실존적 물음들은 청소년의 인지 능력이 발달, 도약했다는 것을 나타

---

84) KBS 명견만리 제작팀, 『명견만리』 (서울: 인플루엔셜, 2017), 234.

낸다. 청소년의 인간과 인생의 유한성에 대한 물음들은 대부분 신의 존재와 연계된다. '하나님은 정말 있는가?', '하나님이 있다면 왜 사회는 부조리한가?', '하나님은 왜 인간의 고통과 타락을 방조하시는가?' 등 개인과 사회의 문제에 대한 물음들은 신정론으로 흘러간다. 이렇듯 개인적 문제 뿐 아니라 사회적 문제에서도 신을 찾는 이유는 청소년들이 '전능하신 하나님, 절대적으로 선하신 분'이 완벽한 정의와 사랑으로 자기를 보호해주기를 기대하는 데 있다. 그런데 자신의 바람과 어긋나는 현실을 직면할 때 마다, 비판적 태도와 신앙적 회의가 일어난다. 신앙에 대한 회의는 실재적으로, 아동기까지 배워온 하나님에 대한 신앙이 나의 삶과 어떻게 연결되어야 하는지 잘 모르겠다는 뜻이다. 그리고 자기 삶의 궁극적 의미를 갖고 싶다는 열망의 다른 표현이기도 하다. 이렇듯 청소년기 대부분의 의문, 궁금증은 자기 인생에 대한 의미 있는 해석을 필요로 하므로 철학적, 실존적, 그리고 종교적이다. 따라서 십대들의 내면에서 일어나고 있는 물음들을 따라 가다보면 그들을 진리의 문으로 인도할 수 있다.

2) 질문 형 교육의 유익

세계 모든 민족 가운데서도 탁월함을 자랑하는 히브리인들의 교육 방식은 많은 이들의 호기심을 자극한다. 히브리인들은 오랜 방랑 생활에도 민족적, 신앙적 정체성을 유지해 온 것으로 알려져 있는데, 그런 히브리인들이 선호하는 교육 방법은 '질문 형' 교육이다. 그들은 질문으로 다음세대의 민족적, 신앙적 정체감을 형성, 유지하도록 도왔다.[85] 신명기 6장 7절의 "이 말씀을 강론할 것이며"[86]에서 '강론(講論)'은 '가르치고 토론하다'는 뜻이다.[87] 신적 명령을 토대로 히브리인들은 3400년 전부터 자녀에게 말씀을 강론하는 교육을 실시하였는데 이를 '하브루타' 교육이라고 한다.[88] 하브루타는 '짝을 지어 질문, 대화,

---

85) 고수진, "AI시대, 청소년을 기독교 창의 인재로 키우는 질문형 교육", 『신학논단』 V. 93, (2018. 9), 15.

86) 네 자녀에게 부지런히 가르치며 집에 앉았을 때에든지 길을 갈 때에든지 이 말씀을 강론할 것이며, 개역개정 성경.

87) 전성수, 이익열, 『교회 하브루타』 (서울: 두란노, 2016), 41.

88) 위와 같음.

토론, 논쟁하는 교육'으로 가정에서 잠들기 전 자녀에게 성경을 들려주는 이야기(bedtime Story), 안식일 식탁에서 약 3시간 동안 진행되는 대화 그리고 회당에서 공식적으로 진행되는 교육으로 계승되어왔다.[89] 히브리인들이 방랑 생활 속에서도 민족의 정체성을 유지해 온 비결은 이처럼 가족, 회당, 학교에서 질문으로 대화와 토론을 이끌어내는 교육이다. 이와 같이 서로 질문하는 교육방식은 이스라엘 역사 속에서 가장 권위 있는 교육의 형태이었다. 그렇다면 자기 인생에 대한 의미 있는 해석을 필요로 하는, 그래서 실존적 질문이 많은 청소년들에게 질문 형 교육은 어떤 유익이 있는가? 청소년에게 질문형 교육이 유익한 이유를 다음과 같이 세 가지로 제안할 수 있다.

첫째 질문형 교육은 청소년의 마음을 열고, 유대감을 형성하도록 도와준다. 청소년을 경험해 본 사람은 그들이 개방적이지 않다는 것을 알 것이다. 특히 청소년 초기는 관계 속으로 초대하는 데 어려움이 따른다. 질문은 마치 악수와 같이 상대방을 관계로 초대하고 상호 주관적 교류를 가능케 하는 기능이 있다.[90] 자기만의 경계와 인격을 형성해가면서 까다롭고 대하기 어려운 십대들을 좀 더 쉽게 교사와의 관계, 텍스트와의 관계로 초대한다. 대상이나 상황을 통제하는 질문, 의도된 답을 유도하는 질문, 애매모호한 질문 등의 부적절한 질문이 아니라면, 질문은 상대의 마음을 열고, 더 깊이 서로를 알아가도록 안내하는 환대의 성격을 갖고 있다.

둘째 질문형 교육은 의구심이 많고 비판적인 청소년들이 자기만의 생각을 형성하도록 돕는다. 의문, 의구심은 감정이 뒤엉켜 있는 상태이다. 질문은 의문을 감정과 분리시켜서 이성적, 논리적 형태로 바꿔주는 역할을 한다. 문제를 이성적 방식으로 직면하면서, 무엇이 문제인지, 내가 왜 그것을 문제 삼는지 생각할 기회를 제공한다. 더 나아가 문제로부터 변화를 원한다면 어떻게 참여할지 선택, 결정할 수 있도록 한다. '생각할 이슈'를 제공함으로서 청소년으로

---

89) 위의 책, 41~42.

90) James O. Pyle, Maryann Karinch, 권오열 옮김, 『질문의 힘』 (서울: 비즈니스 북스, 2017), 39.

하여금 '자신과 대화하면서' 생각을 정리하게 한다. 강의법이 주입(input)하는 교수법이라면 질문법은 끌어내는(output) 교수법이다. '질문'을 받으면 그에 맞는 답을 내놓기 위하여 어떻게든 머릿속에 든 생각을 정리해야 하고, 내면의 갈등 속에서 생각은 젤리처럼 형태를 갖게 된다.91) 이처럼 질문하고 답하는 대화적 방식은 일방적 수렴이 아닌 자율적 사고를 가능케 한다.

셋째 질문형 교육은 청소년들로 하여금 문제와 직면하는 태도를 갖게 한다.92) 어떤 문제를 만났을 때 사람은 마비되는 것 같은 증세를 보인다. 이를 무응답효과(No-Reply effect)라고 한다. 무응답효과는 자기 문제를 인정 혹은 대면하지 못하는 상태이다. 질문은 거부감 없이 자신의 문제와 직면하도록 돕는다. 적극적으로 자기 상태를 직면하고 그 상황을 극복할 수 있는 전환점을 마련해 주는 것이다. 문제와 직면함으로서 세상이 알려준 답에 적당히 끼워 맞추는 것이 아니라 '자신만의 지혜'를 찾아가도록 도전할 수 있다. 곧 질문은 청소년이 문제를 회피하지 않고 직면하도록 용기를 불어넣어 준다.

3) 네 가지 유형의 탐색 질문

강의법과 달리 질문법은 상호 주체적 대화, 토의와 토론(논쟁)으로 이어지는 교수법이다. 필자는 청소년 목회를 경험 하면서 대다수의 교사가 교육대상과 무관하게 주입식으로 교육하는 모습을 보아왔다. 질문 형 교육을 아무리 강조해도, 교사가 질문에 익숙하지 않기 때문에, 어떻게 질문을 만들고, 질문해야 하는지 잘 모른다. 알지 못하는 것, 익숙하지 않은 것을 실천하기는 어렵다. 청소년 교육에 질문을 활용하려면 교사들이 먼저 질문에 익숙해야 하고, 질문으로 대화와 토론을 이끌어 가는데 익숙해져야 한다. 그래서 교사들이 응용하여 사용할 수 있도록, 네 가지 유형의 탐색 질문을 다음과 같이 제안해 보고자 한다. 93)

---

91) 모기 겐이치로, 박재현 옮김, 『좋은 질문이 좋은 인생을 만든다』 (서울: 샘터, 2017), 173.
92) 위의 책, 218.
93) 고수진, "AI시대, 청소년을 기독교 창의 인재로 키우는 질문형 교육", 15.

(1) 자기 발견 질문

자기 발견 질문에는 자기를 알리는 정보 질문과 자기를 성찰하는 반성 질문이 있다. 정보 질문은 '성명, 거주지, 나이, 혈액형, 가족 관계' 등 기본 이해를 돕는 질문부터 감정과 관점을 파악하는 '~에 대하여 어떤 기분이 드니?', '~에 대해 어떻게 생각하니?' 등의 질문이 사용될 수 있다. 반성 질문에는 '문제를 어떻게 해결하여 왔는가?', '~한다면 어떻게 할 것인가?' 등 과거와 미래의 습관적 행동을 점검하여 성격과 태도를 파악하는 질문도 있다. 정보 질문과 달리 반성 질문은 자기 성찰을 격려, 도전하게 하는 질문들로 구성된다. 청소년이 소속된 생태적 환경의 맵(map)에서 자기 위치와 역할을 발견하게 하는 질문은 '나는 어떤 사람들과 중요한 관계를 맺고 있는가?', '나를 향한 그들의 기대는 무엇이었는가?', '나는 어떤 이들에게 영향을 받았는가?', '만약 내게 어려운 일이 생긴다면 누가 지지해 줄 것이라고 보는가?' 등 이다. 반성 질문은 청소년으로 하여금 '자기 생각에 대한 생각', 메타인지를 유도하는 성찰의 기능이 있다. 가계도 파악, 자기 모습을 찾는 도화 · 도표 그리기, 상태를 체크하는 척도 질문지, 성격유형 검사 등도 반성 질문으로 사용할 수 있다.

(2) 텍스트 해석 질문

텍스트 해석 질문에는 텍스트에 대한 이해를 돕는 기술 질문과 해석 질문이 있다. 성경본문, 책 본문, 이야기, 사례를 함께 읽고 그 텍스트를 잘 이해할 뿐 아니라 상호적으로 대화하도록 만들어주는 질문이다. 먼저 기술 질문은 성경 본문이나 사건, 사례에서 '어떤 일이 진행되고 있는가?' 라는 사실적 묘사를 묻는 것이다. 비교적 가볍지만 주의 깊은 관찰을 요구 한다. '언제, 어디서, 누가, 무엇을, 어떻게, 왜' 라는 여섯 개의 의문사로 질문을 만들 수 있다. 여섯 개의 의문사로 텍스트에 대한 구체적이고 입체적인 이해를 갖게 한다. 기술 질문에서 좀 더 깊은 사고를 요청하는 것이 해석 질문이다. 해석질문은 단어와 문맥에 나타나는 문법과 어휘의 대조, 반복, 비슷한 어휘와 반대 어휘 등을 연구하면서 공통점과 차이점, 강조, 특징, 내용의 핵심 메시지를 발견하게 한다. 여기에는 비교 · 대조 질문, 원인과 결과를 파악하는 인과관계 질문도 들어있다. 텍스트의 배경, 역사, 문화 등을 탐구하는 질문도 해석 질문에 속한다. 역사적, 문화적 배경과 맥락에 대한 통시적 연구가 없이는 해석의 통전성을 담보하기 어렵다. 본문에 대한 역사, 문화, 어원적 해석으로 학습자는 본문과 대화할 수 있고 주관적, 주체적 의미를 탐색하도록 인도받는다. 텍스트를 읽고 난후 학습자의 감정, 관점, 태도, 생각이 어떠한가? 질문하는 것도 해석 질문이다. 이러한 질문을 하는 이유는 텍스트를 대하는 학습자의 선 이해-맥락, 편견, 기본 전제-가 혹시 있는 것은 아닌지 파악함으로서 자신에 대한 이해를 돕고자 한다. 그리고 본문, 저자의 의도와 자신의 견해를 구별하도록 돕는다.

(3) 의미 탐색 질문

의미 탐색 질문은 텍스트인 성경, 이야기, 의례, 상징과 청소년기 삶의 문제를 연계하는 실존적 질문이다. 텍스트를 청소년의 삶과 연계하려면, 먼저 그들이 당면한 과제를 알아야 한다. 따라서 청소년의 발달 과제를 신체, 인지, 사회성, 종교성의 네 가지로 분류하고, 각 영역에서 발생하는 스트레스를 여덟 가지로 나열해 볼 수 있다. 그림3은 청

〈그림2〉 청소년의 발달 과제 영역

소년기 발달 과제 영역을 구분한 것이다. 신체 발달 영역은 자기 신체 이미지와 성적인 욕구의 출현에 대한 스트레스가 있다. 인지 발달 영역에는 자신의 주관(이론) 세우기와 그로 인하여 발생하는 가족 간의 충돌에서 오는 스트레스가 있다. 사회성 영역에는 또래관계와 SNS(Social Network Service)의 관계 확장에서 오는 스트레스가 있다. 삶의 의미를 추구하는 종교영역에는 진로와 신앙적 스트레스가 있다. 진로 영역은 삶의 의미와 이유를 묻는 문제이기 때문에 신앙적 영역, 종교성에 속한다고 볼 수 있다. 신앙적 스트레스는 '과연 신은 존재하는가?', '주일을 꼭 지켜야 하는가?' 하는 종교적 물음도 되지만 네 가지 영역에서 발생하는 물음과 연계해서 '신앙은 과연 답을 제시해 줄 수 있는가?' 라는 질문을 할 수도 있다. 위의 네 가지 영역에서 청소년은 '나는 누구인가?',

'다른 사람들은 나를 어떻게 보는가 혹은 기대하는가?', '나의 문제, 장벽은 무엇인가?', '나는 어떻게 해결해 가야 하는가?', '중요한 것과 덜 중요한 것은 무엇인가?', '나는 어떻게 우선순위를 분별하고 선택해야 하는가?', '나는 현재 어떤 지점에 있으며 어디로 나아가야 하는가?' 등의 의문을 갖는다. 빅터 프랭클(Victor E. Frankl)은 인간이 삶의 의미를 찾는데 보다 위대한 존재들을 믿고 의지할 필요가 있다고 하였다.[94] 청소년은 자기 삶의 의미를 찾기 위하여 궁극적 존재를 의지한다. 신, 신앙, 종교와 자기 삶의 연계성에 대하여 질문한다. '신앙은, 종교는 내 삶의 문제에 답을 줄 수 있는가?', '하나님은 이 세계 어디에 계시되고 있는가?', '살아계신 하나님은 내 삶의 자리 어디에서, 언제, 어떻게 개입하시는가?' 등 자기 삶과 세계 속에서 하나님의 성품, 능력, 섭리가 어떻게 나타나는지 질문한다. 사실 자기 삶의 궁극적 의미를 알고 싶은 것이다.

(4) 소명 탐색 질문

소명 탐색 질문은 실천과 적용에 대한 질문이다. 본문에 대한 이해와 자기 삶과의 연계성을 탐색하고 나서 '그래서 앞으로 어떻게 살 것인가?' 묻는 것이 소명을 탐색하는 질문이다. 삶의 가치와 우선순위에 대한 분별, 선택, 판단, 실천으로 초대하는 질문들이 소명 탐색 질문에 속한다. 이는 '가정, 학교, 친구관계, 소셜 네트워크(SNS), 교회 등 모든 영역에서 어떻게 실천, 행동하면 좋겠는가?' 하는 실천, 적용의 문제를 다룬다. 소명 탐색 질문에는 순종, 뒤따름, 계승의 '예(yes)'를 요청하는 질문과 '그러면 어떻게 할 것인가?' 를 묻는 변혁의 질문이 포함된다. '어떻게 내 삶이 변화하기를 원하는가?', '내 삶이 변화하기 위하여 결단해야 할 부분은 무엇인가?', '나에게 특별히 감동과 결단을 주는 부분은 무엇인가?', '어떻게 하면 좀더~할 수 있겠는가?', '개인과 공동체가 절제, 헌신해야 할 부분은 무엇인가?' 등 개인의 실천과 적용을 다룬다. '만약~한다면 어떻게 할 것인가?'의 아직 아니지만 발생할 수 있는 일들에 대한 예측형 문제들도 있다. 예측 형 문제는 삶에 대한 창조적 응답과 지혜를 요청하게 될 것이다.

---

94) Victor Franckle, 이시형 옮김, 『삶의 의미를 찾아서』 (서울: 청아, 2016), 148.

〈생각해 봅시다〉

■ 질문 형 교육은 청소년에게 어떤 측면에서 유익한가?
■ 청소년과 유대감을 형성할 때 필요한 질문 유형은 무엇인가?
■ 청소년의 발달과제 영역 그림을 좀 더 세분화 시켜봅니다.

4장

부모와 청소년의 거리두기

1. 청소년의 가면 쓴 우울증

자녀가 성장하면서 어느 날 문득 "사실 그때 많이 힘들었는데...엄마랑 아빠는 모르셨죠?"라는 말을 꺼내는 순간이 있다. 이때 참 난감하다. 아이가 힘든 시간을 보내고 있을 때 부모가 그것을 인식하지 못하고 지나쳐 왔다면, 정상적인 부모는 죄책감을 느낀다. 부모가 바쁘거나 혹은 무심해서 자녀의 아픔을 눈치 채지 못하는 경우도 있지만, 대부분은 아동 혹은 청소년이 그것을 충분히 표현할 줄 모르는 데도 원인이 있다. 부모의 죄책감에 대한 면죄부를 주려는 것이 아니라 왜 이런 일들이 발생하는지 이해할 필요가 있다는 말이다. 유아, 아동은 정서적으로 부모와 분화가 덜 되어 있다. 그래서 어디까지가 자기감정이고 어디까지가 부모의 감정인지 구별하기가 어렵다. 자기감정을 분명하게 인식하지 못하므로 그것을 읽고 표현하는 것도 서툴다. 물론 감정을 표현하는 언어적 한계와 가족의 분위기도 한몫 할 것이다. 따라서 부모는 자녀를 키울 때 아이의 행동이나 얼굴 표정을 유심히 관찰해야 한다. 동화책을 읽을 때 어떤 인물(character)에 아이가 공감하는지, 어떤 그림을 그렸는지 살펴보고 아이의 마음을 읽어야 한다. 아이들은 보통 '슬프다, 우울하다, 낙심이 된다, 비참하다' 와 같이 세부적으로 감정을 표현하지 못한다. 아이의 우울함은 짜증 혹은 신경질적 행동으로 나타내기 때문에, 부모는 오히려 야단을 쳐서 아이를 통제하려 든다. 이처럼 어린이와 청소년의 우울증은 다른 얼굴을 하고 나타나기 때문에 '가면 쓴 우울증' 이라고 부른다.[95] 청소년의 우울함은 신경질, 인터넷 중독, 거짓말, 등교 거부, 잦은 조퇴, 잔병치레, 친구 괴롭히기 등의 유사비행으로 나타난다. 이처럼 가면을 쓰고 나타나니까 눈치 채기 어렵다. 아들이 고등학교 때 다양한 이유로 자주 조퇴하면서 언제나 '합당한 이유'를 댔다. 사실 표면적 이유 뒤에 다른 이유가 있었을 것이다. 가벼운 우울증은 성인도 감기처럼 지나가는 경우가 많고 아직 발달 중인 아동과 청소년은 성인에 비하면 탄력성이 좋아서 주변에서 충분한 관심을 쏟아주기만 하면 잘 극복하고 넘어갈 수 있다.

---

95) 신민섭, 한수정, 『영화 속의 청소년』 (서울: 서울대학교출판부, 2006), 19.

청소년기는 외부적으로 큰 사건이 발생하지 않아도 발달적으로 갖고 있는 우울함의 요인들이 있다. 그러면 청소년을 우울하게 만드는 발달적 요인은 무엇인가? 어린 시절의 포기에서 오는 상실감이 우울함의 원인 가운데 하나이다. 온 세계가 나를 위하여 만들어졌으며 나를 위하여 돌아간다고 믿었던 아동기의 자기중심적 세계(ego-centric world)가 사라지면서 청소년은 상실감을 경험한다.[96] 헤르만 헤세는 『수레바퀴 아래서』에서 어린 시절을 떠나보내는 소년의 슬픔을 다음과 같이 기술한다. "푸른 강물을 바라보며 그는 우울한 상념에 사로잡혔다. 생각하면 아름답고 제 마음대로 뛰놀던 어린 시절의 기쁨은 멋 옛날 일이 되어버렸다."[97] 제 멋대로 뛰놀던 어린 시절을 떠나보내는 소년은 아름다운 시절이 아득히 멀어지는 것을 슬퍼한다. 이것은 우울한 상념이다. 그저 현재에 집중하는 놀이적 존재로서의 모습을 상실하는 아쉬움은 피터팬이라는 동화에도 반영되어 있다. 피터팬은 마치 상상과 낭만의 세계는 영원하지 않다는 것을 예고하는 듯하다. 그래서 어린 시절의 낭만과 상상적 유희를 포기 못하고 어른들의 세계에 적응하기를 거부하는 심리적 상태를 '피터팬 증후군'이라고 부른다. 천진했던 어린 시절을 이제 잃어버렸고 떠나보내야 한다는 아릿한 슬픔은 청소년을 고독하게 만들 수 있다. 청소년을 우울하게 만드는 또 다른 원인은 부모로부터 분리되지 않으면 안 된다는 것이다. 아이들은 청소년기가 되면 부모와 인지적, 정서적으로 분리되어 스스로 생각하고 느끼는 존재로서 살아가기를 바란다. 그러나 거기에 수반되는 소외감, 불안감이 있다. 이는 특별한 외부적 요인 없이 발달 그 자체가 가져오는 위기이므로 정상적 우울감이다. 부모로 부터 정서적으로 분리되기 시작하는 청소년기도 감성을 표현하는 데 아동만큼 능숙하지 못하다. 그래서 우울함은 공격적 행동으로 표출되기도 한다. 이때 나긋한 질문과 대화로 감정을 표현하고 이해하도록 지지한다면 아이는 자기감정에 좀 더 친절한 사람으로 성숙해 갈 것이다.

---

96) 권이종, 김용구, 『청소년 이해론』, 297~298.

97) Hermann Hesse, 송영택 옮김 『수레바퀴 아래서』 (서울: 문예출판사, 2004), 14.

■ '가면 쓴 우울증' 이란 무엇인가?

■ 청소년은 왜 우울, 고독하다고 느끼는가?

■ 청소년의 고독, 우울, 소외감은 어떻게 표출 되는가?

■ 청소년기에 고독을 경험한 적 있다면, 그것을 어떻게 극복했는지 나누어 봅니다.

2. 애착과 분리

C.S 루이스가 근심에 빠진 부모에게 쓴 편지 중에 이런 내용이 있다고 한다. "산에서 10마일쯤 떨어져 있을 때만 그 산이 푸르게 보이는 것처럼 가정은 그 사정을 잘 모를 때만 평범해 보이는 것 같습니다"[98] 사춘기가 찾아오는 순간, 가족들은 갑작스럽게 적응해야 하는 많은 일들을 경험하게 된다. 그렇기 때문에 푸르고 아름답게 보이던 숲은 가까이 들어가 보면 가시덤불이 무성한 야산일 수도 있다. 청소년기가 되면 자녀는 불규칙한 시계의 진자 운동처럼 부모와 떨어지기, 붙기를 반복한다. 이 불규칙함 속에서 부모는 야속하고 속상하며, 혼란스럽다. 이렇게 떨어졌다 붙었다 하는 이유는, 청소년기 자녀가 부모로부터의 분리를 시도하기 때문이다. 분리 과정은 청소년을 불안하게 만들기 때문에 멀어지고, 가까워지는 불규칙한 진자 운동이 반복된다. 부모와의 애착이 건강하다면, 분리는 좀 더 원만하게 진행된다. 곧 건강한 애착이 분리의 근간이 되는 것이다. 그러나 건강한 애착이 있는 반면, 그렇지 않은 애착도 존재한다.

1) 애착 형성에 중요한 요소

애착은 무엇이며, 언제, 어떻게 형성되는가? 애착이론을 연구한 존 보울비 (John Bowlby)는 어린 시절 엄마 보다 유모와 함께 지내는 시간이 많았다고

---

98) Eugene Peterson, 양혜원 옮김, 『거북한 십대, 거룩한 십대』 (서울: 홍성사, 2009), 13에서 재인용.

한다. 그런데 어느 날 깊게 정든 유모가 갑자기 떠나버리는 아픈 경험을 하였다. 친밀함을 느꼈던 유모와의 분리는 다른 사람들과의 친근한 관계 형성을 방해하였을 지도 모르겠다. 후에 의사가 된 보울비는 병원에서 부모와 떨어져서 생활하는 15~30개월 걸음마기 아이들을 관찰하면서, 신체적으로 건강한 유아들이 사람에 대하여 냉담하고 사회적으로 위축되어 있으며, 신체적으로도 이상한 징후를 보이는 것을 발견하였다. 애착 관계가 형성되는 15~30개월 사이에 부모와 정서적 친밀감을 형성하지 못한 아이들이 신체적으로도 그 징후를 나타낼 뿐 아니라 다른 사람과 친밀감을 형성하는데 곤란을 겪는다고 느낀 것이다. 이는 인생 초기에 양육자와 '정서적 친밀감의 형성과 교류'가 이후에 사회성 형성에 주요한 영향을 미친다는 뜻이다. 애착은 두 사람 사이의 밀접한 정서적 관계로 상호간 애정과 근접성을 유지하려는 욕구가 특징이며 생후 초기부터 18개월 사이에 주로 형성 된다.[99] 물론 부모와의 애착이 건강할 수도 있고 건강하지 않을 수도 있는데, 애착이 잘 형성되지 않으면 분리가 불안정하다. 애착은 영아기 부터 차곡차곡 형성되지만, 청소년기가 되어야 비로소 빛을 발하기 시작한다.

그러면 양육자와의 애착 형성에서 가장 중요한 요소는 무엇인가? 정신분석학의 창시자 지그문트 프로이드(Sigmund Freud)는 애착 형성의 주요 요인으로 음식에 대한 욕구 충족을 들었다. 영아기에 어머니가 수유를 충실히 해준다면 건강한 애착이 형성될 수 있다는 뜻이다. 반면 심리 사회학자 에릭 에릭슨(Erik H. Erikson)은 신체적 욕구를 충족시키는 것 외에도 양육자의 일관된 정서적 돌봄이 애착 형성에 더 지대한 영향을 미친다고 주장하였다. 누구의 주장이 더 타당성 있는지는 1959년 해리 하로우(Harry Harlow)와 로버트 짐머만(Robert Zimmerman)의 원숭이 실험으로 살펴볼 수 있다. 실험자들은 철사로 만든 어미 원숭이 모형과 헝겊으로 만든 어미 원숭이 모형을 같은 케이스 안에 두었다. 그리고 철사로 된 원숭이 모형과 헝겊으로 된 원숭이 모형 모두에서 젖병이 나

---

99) David R. Schaffer, 송길연, 이지연 옮김, 『사회성격 발달』 (서울: CENGACE Learning, 2011), 181.

올 때, 철사로 된 어미 원숭이만 젖병이 나올 때로 구분하여 실험하였다. 둘 다 젖병이 나올 때는 헝겊으로 된 어미 원숭이 모형을 선호하고, 오직 철사 원숭이 모형만 젖병이 나올 때는 아기 원숭이가 먼저 철사어미에게 가서 젖을 충분히 먹은 다음 헝겊 어미 원숭이에게로 이동하는 모습을 보였다.100) 이 실험을 통하여 아기 원숭이가 어미 원숭이와 애착을 형성할 때 음식을 통한 욕구충족도 중요하지만, 그에 못지않게 신체접촉, 따뜻하다는 느낌(감성)이 주는 효과를 무시할 수 없다는 것을 발견하였다.

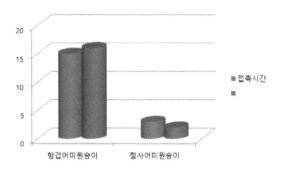

그림3〉 원숭이 애착관계 실험101)

그림3은 철사 어미와 헝겊 어미 둘 다 젖병이 나올 때 아기 원숭이가 어디에 더 가있는지를 비교한 표이다. 철사 어미 보다 헝겊 어미에게 가 있는 시간이 탁월하게 많다. 사람도 마찬가지이다. 신체적 양육, 발육에 필요한 양분을 주는 것도 필요하지만 정서적 친밀감이 애착에 중요한 역할을 한다. 부모와의 애착 관계가 안정적으로 형성되면, 심리적 안정감을 얻고 건강한 사회적 교류를 할 수 있다. 예를 들면 유아기에 엄마가 아이를 데리고 친구 집에 놀러갔다고 하자. 아이는 엄마가 옆에 있는지 눈에 보이는 거리에 있는지 확인하면서 그 집에 있는 놀이감과 다양한 사물들을 탐색한다. 그리고 조금씩 부모에게서 가까운 것부터 멀리 있는 것 까지 탐색해 간다. 만약 부모와의 애착이 안정적이지 않다면 아이는 부모에게서 떨어져 다른 사물을 탐색하는 것을 두려워할 것

---

100) 위의 책, 187.
101) 위의 책, 187, 189 참조.

이다. 불안하기 때문에 자유로운 탐색이 불가능하다. 청소년도 부모와의 애착이 건강하면 심리적으로 안정되어, 자유롭게 탐색하고 사회적 교류가 원만할 수 있다.

2) 애착의 네 가지 유형

동물에게도 애착이 있다. 보울비는 동물 행동 연구를 통하여 새에게도 애착이 있다는 것을 밝혔으며 그것을 '각인'이라고 불렀다. 놀랍게도 새의 경우는 어미 새뿐 아니라 사람에게도 각인이 된다. 그러면 사람은 어떠한가? 사람은 동물과 달리 사람의 양육 없이는 생존할 수가 없다. 요즘 애착인형도 많이 나와 있지만 인간의 애착 대상은 주로 '양육자'이다. 그 양육자는 부모가 되기도 하고, 유모가 되기도 한다. 사람의 애착은 다음과 같이 네 가지 유형으로 분류된다. 자신과 타인에 대한 관점, 태도라는 두 가지를 기준으로 보았을 때 안전, 저항, 회피, 해체 혹은 혼란 애착으로 분류할 수 있다.[102]

		자기(나)	
		긍정적	부정적
타인(너)	긍정적	**안전 애착** "나는 사랑하고 사랑받을 것이다"	**저항 애착** "아무리 애써도 나는 사랑받을 수 없을 것이다"
	부정적	**회피 애착** "사랑을 원하지 않는 편이 좋겠다"	**해체, 혼란 애착** "사랑은 나를 두렵고 혼란스럽게 만든다"

표7〉 애착의 네 가지 유형

(1) **안전애착**: 안전 애착은 가장 바람직한 유형이다. 부모와 안정적으로 애착이 형성된다. 이들은 자신과 타인 모두에게 긍정적인 태도를 취한다. 주변의 충성스러운 지지가 있다면 원활하고 적극적인 탐색이 가능하다. 내면의 소리는 "나는 사랑하고 사랑받을 것이다"이다.

---

102) 위의 책, 193.

(2) **저항애착**: 저항 애착은 자기에게 부정적이고 타인에게도 부정적이다. 이들은 타인에게 열정 또는 무관심, 둔감 등의 극단적 태도를 보인다. 애착을 형성하려고 많은 노력을 하지만 부모의 비 일관적 양육태도에 실망한 상태이다. 정서적 편안함을 얻으려고 노력하면서도 그럴 수 없다고 단정해 버린다. 그리고 그 원인이 자신에게 있다고 확신한다. 경계심이 많아서 탐색이 잘 일어나지 않는다. 내면의 소리는 "나는 아무리 애써도 사랑받을 수 없을 것이다" 이다.

(3) **회피애착**: 회피 애착은 자기에게 긍정적이고 타인에게 부정적이다. 자녀에게 둔감한 부모에게서 양육 받았을 확률이 높다. 자녀가 원하지 않는데도 끊임없이 잔소리하고 평균 이상의 자극을 제공한다면 자녀는 애착 형성을 포기한다. 이들은 타인과의 관계에서 참을성이 부족하고 무시하거나 회피하는 성향이 있다. 내면의 소리는 "사랑을 받으려고 하지 않는 편이 좋겠다" 이다.

(4) **해체, 혼란 애착**: 해체, 혼란 애착은 자기에게도 부정적이고 타인에게도 부정적이다. 이들은 부모 때문에 놀랐거나, 신체적으로 학대받은 경우에 해당한다. 사람들의 접근을 회피할 뿐 아니라 누군가의 관심을 받게 되었을 때 심한 혼란을 경험할 것이다. 따라서 타인에 대하여 저항하거나 회피하는 태도를 취한다. 내면의 소리는 "사랑은 나를 두렵고 혼란스럽게 만들뿐이다" 이다.

애착은 영, 유아기부터 형성되는 것이지만 청소년기의 분리를 원만하게 한다. 애착은 안전기지의 역할을 하는 정서적 특징이며, 정서적 안정감을 갖고 사물, 세계, 다른 사람과의 관계를 탐색할 수 있게 한다. 부모와 안전 애착이 형성된 청소년이라면 안정적이고 자유롭게 타인과 사회, 세계를 탐색해 갈 수 있다. 분리와 개별화 과정이 원만하게 진행될 수 있다는 말이다. 안정적인 애착관계는 청소년기에 마주하는 불안, 우울, 정서적 혼란 등을 완화시켜 줄뿐 아니라 가족 외 타인과의 관계 형성을 지지하고 새로운 환경에 잘 적응하게 한다. 곧 안전 애착은 안전기지 확보를 의미하고 넓은 사회를 탐색할 수 있는 사회적 힘을 부여한다. 반대로 부모와 애착 관계가 불안하다면 청소년기는 더욱 불안해질 것이다. "우리가 느끼는 불안은 인간이 지닌 사회성과 분리될 수 없으며, 이 두 가지 모두 감정적 애착과 결부되어 있다"는 장자크 루소(Jean J. Rousseou)의 말은 불안정한 애착이 불안을 조장할 뿐 아니라 관계형성을 방해할 수 있다는 뜻이다.103) 부모와의 안정적인 애착관계는 또래 친구들과의 공고한 유대 관계를 형성하는 기초가 된다. 옛 속담에 '집안에서 사랑받는 강아지가 밖에서도 사랑 받는다'는 말은 자녀를 키워 본 오랜 경험에서 나오는 선인들의 지혜이다. 그러므로 안전 애착을 형성한 청소년이라면 부모로부터의 분리 그리고 자기만의 고유한 개성을 형성해 가는 '개별화' 과정을 좀 더 안정적으로 경험할 수 있다. 청소년기의 '개별화'는 자신이 부모 혹은 다른 이들과 별개의 존재라는 것을 인식하면서 스스로 자기 삶을 선택하고 결정해가는 과정이다. 이 과정에서 '반항', '대들기', '말대꾸' 등의 현상이 나타나는데 이는 '개별화' 과정이 불안정하다는 것을 의미하지 않는다. 오히려 개별화가 진행되고 있는 중임을 나타낸다. 자기만의 인성과 개성을 형성하겠다는 서투른 표현으로 보는 것이 좋겠다.

〈생각해 봅시다〉

■ 나의 애착은 위의 네 가지 유형 중 어디에 속하는가?
■ 양육자와 애착 형성이 방해받았다면 그 원인이 무엇이라고 보는가?
■ 청소년에게 안전 애착이 주는 유익은 무엇인가?
■ 만약 애착 형성이 안전하지 못하다면, 청소년기에 그것을 회복할 수 있을까?

3. 독립을 열망하는 청소년

청소년은 독립하고 싶어 한다. 그러나 청소년의 '독립'을 대하는 기성세대의 태도는 문화적 차이가 있다. 영국의 경우 만 14세가 되면 부모의 동의 없이도 남자 친구와 성적 성년식을 할 수 있다. 그들은 자녀가 만 19세가 되면 대학을

---

103) Martha C. Nussbaum, 조계원 옮김, 『혐오와 수치심』 (서울: 민음사, 2015), 24~25.

가는 동시에 집을 떠나는 것을 당연하게 생각한다. 그리고 다 큰 자녀와 한 집에 사는 것만큼 불편한 일은 없다고 느낀다. 자녀가 부모의 눈치를 보는 것이 아니라 부모가 다 큰 자녀의 눈치를 보는 것이다. 자녀를 빨리 독립시키는 만큼 일찍 외롭고, 또 외로운 시간을 길게 보내지만 그들은 그것을 당연하게 여긴다. '이 대학에 가라 저 대학에 가라'고 지시하는 한국 부모들을 보면 놀라움을 금하지 못한다. 그리고 다 큰 자녀에게 부모가 '이래라 저래라' 하면 안 된다고 흔히들 말한다. 반면 한국에서 부모들은 오랫동안 자녀에게 간섭하고, 자녀 역시 부모를 오랫동안 의존한다. 어떻게 보면 인간은 모든 생물체 중에서 가장 의존적인 존재라고 할 수 있다. 출생에서 시작된 인간의 여정은 **의존, 분리, 또 다시 의존**하는 여정을 갖고 있다. 자녀는 부모에게 의존하지만 청소년기에는 분리되기 원하고 부모에게서 분리된 듯 보이지만 사실 의존 대상이 부모가 아닌 또래 그룹이나 친구, 이성 친구 혹은 다른 권위자로 이동했을 뿐이다. 곧 부모로 부터 분리되기를 갈망하는 순간부터 여타의 다른 의존 대상을 찾는 셈이다. 청소년기부터 시작된 독립의 열망은 청년 초기에 절정에 이르면서 '자유를 노래하는 독립적 투사'에 가까운 모습이 되어간다. 요즈음 청년들이 자주 쓰는 말 가운데 "알아 하께!"가 있다. 내가 알아서 할 테니 간섭하지 말라는 뜻 이다. 그러나 청소년의 분리를 '독립'이라고 표현하기 어렵다. 또한 과연 인간은 독립적 존재인가 반문해 볼 필요도 있다. 독립과 자율을 강하게 주장하는 서구 사회에서 오랫동안 외로운 삶을 살아가고, 젊은이들을 보면 열광하는 성인기, 노년기의 삶을 볼 때 정말 독립이라는 것이 있는가? 독립을 외치는 순간 고독한 인생과의 싸움이 시작되는 것 아닐까? 하는 생각이 든다.

인간은 하나님 같은 독립적 존재가 되고 싶어 한다. 아담과 하와가 선악과를 먹을 때 그 동기가 무엇이었는지 살펴보면 '하나님 같은' 존재가 되고 싶었기 때문이다. 그래서 유진 피터슨(Eugene peterson)은 모든 인간에게는 '조물주 지위 욕구'가 있다고 말한다.104) 특히 청소년들의 위대함에 대한 욕구, 인간 이상의 존재가 되고 싶은 욕구는 성, 음식, 권력, 약물 등에 대한 탐닉으로 인도한

---

104) Eugene peterson, 『거북한 십대, 거룩한 십대』, 172.

다. '조물주'처럼 혹은 '성인'처럼 겉보기에 무한히 자유하고 스스로 모든 것을 해결하고 판단하는 존재가 되려는 욕망이 표출되는 것이다. 청소년기의 독립, '위대성'에 대한 추구로 나타나는 비행적 행동은 대부분 신성을 주겠다는 '거짓되고 허황된 약속'과 결부되어 있다. 인간은 진정 독립적 존재인가? 애니메이션 '이집트 왕자'로 유명한 구약성경의 영도자-영적 지도자-'모세'는 광야에서 목자로 양을 치다가 불타는 떨기나무를 본다. 타지 않는 떨기나무가 신기했던 모세는 호렙산으로 가고 그곳에서 하나님의 '부르심'을 듣는다. 호렙산에서 하나님이 모세를 이스라엘을 애굽에서 구하여 낼 '영적 지도자'로 부르실 때 모세는 선뜻 대답하지 않는다. 그리고 하나님의 이름이 무엇인지 묻는다.

> 모세가 하나님께 아뢰되 내가 이스라엘 자손에게 가서 이르기를 너희의 조상의 하나님이 나를 너희에게 보내셨다 하면 그들이 내게 묻기를 그의 이름이 무엇이냐 하리니 내가 무엇이라고 그들에게 말하리이까 하나님이 모세에게 이르되 **나는 스스로 있는 자니라** 또 이르시되 너는 이스라엘 자손에게 이 같이 이르기를 **스스로 있는 자가** 나를 너희에게 보내셨다 하라 (출3:13-14).

모세는 애굽의 노예로 살고 있는 이스라엘에게 하나님을 어떻게 소개하면 좋겠습니까? 질문한다. 그리고 하나님은 모세에게 "**...나는 스스로 있는 자**이니라...너는 이스라엘 자손에게 이같이 이르기를 **스스로 있는 자**가 나를 너희에게 보내셨다 하라(출13:14)" 고 대답하신다. 곧 하나님은 '나는 스스로 있는 자' 라고 자신을 소개하신다. 여기서 '스스로 있는 자' 라는 이름의 의미는 무엇인가? '스스로 있는 자'란 시공간적 제한을 받지 않고 어떤 존재나 원인으로부터 지배당하지 않는 유일하게 독립적인 존재라는 뜻이다.105) 어떤 관계나 상황으로 부터 영향을 받지 않고, 어떤 힘으로부터 지배당하지 않으며 독립적으로 존재할 수 있는 유일한 분은 바로 '창조자, 섭리자' 하나님이다. 인간은 관계와 상황에 의존적이고 영향을 받는 존재로서 이 땅에서 살아갈 수밖에 없다. 곧 자존성, 독립성을 강조하는 '스스로 있는 자' 라는 존칭은 오직 하나님만 사용할 수 있는 이름이다. 성경은 인간이란 하나님의 피조물로서 하나님과

---

105) 제자원 기획편집, 『옥스퍼드 원어성경 대전: 출애굽기』 (서울: 제자원, 2013), 165.

타인, 사회에 의존적 존재이고 협력, 보완 받아야 하는 존재일 뿐 스스로의 완전한 독립성을 보장할 수 없음을 암시한다. 그렇다고 청소년의 독립, 자율에 대한 의지를 '쓸데없는 짓'으로 치부하는 것은 건강한 방안이 아니다. 독립에의 의지를 존중하면서 자녀, 학생으로서 본연의 자리와 위치가 무엇인지 일깨워줄 필요가 있다. 독일 철학자, 피터 비에리(Peter Bieri)는 자유의 행사보다 더 중요한 것은 자신이 자율을 행사할 수 있는지, 참된 자율을 실천하기 위하여 필요한 것은 무엇인지 깨닫는 것이라고 말한다.

> 자율성은 사회적 규범 없음, 자기 이익만 추구함으로 타인에 대한 배려 없음, 감정에 이리저리 튕겨나가는 고무공이 되는 것을 뜻하지 않는다. 자신에 대한 온전한 이해가 없이는 자율을 행사하기 어렵다. 따라서 참된 자율을 행사하려면 자기 가능성을 파악하고 자신의 경험을 스스로 평가할 수 있어야 하는데, 온전한 이해를 위해서는 기억의 오류가 없는지 재평가하는 과정도 필요하다. 내가 나 자신을 이해할 때 자기스스로 선택, 결정하는 삶이 가능하다. 자신에 대한 올바른 인식이야 말로 바른 자율, 선택, 결정 가능케 하며 문제 상황에서 자기를 기만하지 않도록 인도한다.106)

참된 자율은 자기 가능성과 한계를 정확히 가늠하는 것부터 시작한다. 자율의 행사에 대한 훈련 과정이 생략된 무제한적 자유와 가능성 발견이 무모함, 도덕적 비행을 가져올 수 있다. 반대로 '자율'에 대한 무지는 양말 하나도 스스로 선택하지 못하는 미숙한 청소년을 만들 수 있다. 자율성 추구가 단지 타인을 부인하고 비평하는 차원, 금기를 깨는 데서 느끼는 카타르시스의 경험에 머문다면 그것은 '이유 없는 반항'이다. 청소년의 개별화는 부모와 기성세대를 부정하는 데서 출발하지만, 거기에 그치지 않고 '자율'의 참된 의미를 탐색하고 배워가는 그래서 성인의 인성을 창조하는 생산적 과정이 되어야 한다.

〈생각해 봅시다〉

■ 자율에 대한 청소년들의 욕망은 어떻게 표출되고 있는가?

---

106) Peter Bieri, 문항심 옮김, 『자기 결정』(서울: 은행나무, 2015), 24

■ 자율에 대한 자신의 견해를 한 문장으로 정의해 보자

■ 청소년의 자율에 대한 동서양의 평가는 다르다. 우리 가족은 어떤 견해를 취하고 있는가?

■ 독립을 외치는 청소년, 청년기 자녀를 대하는 부모의 적절한 태도는 무엇이겠는가?

4. 부모로부터 분리되는 청소년기

1) 애착과 분리의 상관관계

청소년기는 부모로부터 분리-개별화되는 시기이다. 그러면 분리-개별화란 무엇인가? 청소년기 자녀가 부모로부터 분리되어 하나의 인격체로서 '나'라는 개인의 인성, 개별성을 형성해 가는 것이다. 생활 영역뿐만 아니라 신체적, 인지적, 정서적 등 전인적 측면에서 자기만의 경계선을 탐색하고 인격, 개성을 형성해 간다. 그러나 멀어지는 자녀를 보는 부모는 아쉽고 서운하다. 그래서 부모와 청소년기 자녀 사이에 필요한 것은 적절한 거리감이다. 멀지도 가깝지도 않은 '거리두기'가 절대적으로 필요한 시간이다. 이처럼 청소년이 부모로부터 벗어나려 하고, 멀어지려 하는 것을 '분리 혹은 분화'라고 한다면, 그러면서도 부모에게 여전히 의존적이고 안정감을 얻기 원하는 것을 '애착' 이라고 한다. 분리가 일어나지 않으면 개별화가 진행될 수 없다. 여기서 용어를 잠깐 정의하고 가면 다음과 같다.

• 분리 혹은 분화: 청소년이 정서적, 인지적, 신체적으로 부모로 부터 이탈하는 것이다. 분리 혹은 분화 과정은 유아기 걸음마를 배울 때 첫 번째로 나타난다. 두 번째로 분리가 일어나는 시기가 청소년기이다. 유아기의 분리가 신체적 분리라면 청소년기의 분리는 정서적, 인지적 분리이다. 분리가 일어날 때 자신의 경계선이 형성되기 때문에 충돌이 발생할 수 있다. 애착은 건강한 분화의 토대가 된다.

• 개별화, 개성화: 개성화는 하나의 인격체로서 자기만의 개성을 형성하는 것이다. 애

착과 분리 사이에서 줄다리기 하는 것은 개별화 과정의 일부이다. 심리적 관점에서는 개별화, 개성화가 이루어지면 청소년기가 종결되었다고 본다.

청소년기는 애착과 분리 사이에서 갈등하는 시기이다. 분리-개별화 과정은 문화권 마다 조금씩 차이가 있다. 청소년기 자녀가 독특한 인격체가 되어가는 것은 부모에게 축복하고 격려할 만한 일이다. 그런데 아시아 국가 중에서 일본 어머니들은 아마애(amae), 어머니에 대한 전적인 의존을 더 강조하고 탐색하고 분리되는 것은 덜 강조한다고 한다.[107] 아마애를 건강하게 형성했을 때 공동체를 강조하는 일본 사회에, 잘 적응할 수 있다고 보기 때문이다. 반면 서구 사회에서는 독립적, 자율적으로 자신을 분리하도록 격려한다. 의존 보다 탐색과 분리를 강조한다. 그렇다면 한국은 어떠한가? 일본처럼 의존적인 것을 더 강조하는가 아니면 서구 사회처럼 분리, 개별화를 강조하는가? 문은희는 우리나라의 부모와 자녀 관계를 조명하기 위하여 '포함이론'을 소개한다. '포함이론'이란 아시아, 특히 한국의 어머니가 자신의 경계선 안에 남편, 자녀, 가족 등 중요한 사람들을 모두 포함 시키는 것을 말한다.

그림4〉 부모의 포함단위[108]

위 그림은 서양과 동양의 어머니가 아이를 보는 태도를 비교하고 있다. A는 서구 사회의 어머니이다. 어머니는 자녀를 독립된 개체로 인식한다. 자녀에게 무슨 일이 발생했을 때 자녀의 표정과 상태를 살피면서 어떻게 대처할지 고민

---

107) 위의 책, 197.
108) 문은희, 『한국 여성의 심리구조』 (서울: 도서출판 니, 2011), 13에서 인용.

한다. 자녀의 문제를 자녀의 문제로 인식하는 것이다. B는 동양의 어머니이다. 어머니는 자녀를 독립된 개체가 아닌 자신의 인격 단위에 포함시킨다. 그래서 자녀에게 문제가 발생했을 때 그것을 '자기 일'로 받아들인다. 아이와 함께 혹은 아이보다 더 놀라면서 그런 문제가 발생한 것은 모두 부모의 탓이라고 여기며 자책한다. 자녀의 문제를 자신의 문제로 인식하는 것이다. 이렇게 자녀를 독립된 개체로 인식하지 못하기 때문에 자녀가 부모와 다른 특성, 생각, 방향성을 갖고 행동할 때 그것을 수용하기가 어렵다. 이것에 대하여 문은희는 '포함'이라는 행동단위에서 기인한다고 보았다. 서양 사회의 행동 단위는 개인인 반면, 동양사회는 중요한 사람들을 포함시키는 집단적 행동단위를 가지고 있다. 곧 한국의 부모들은 자녀를 포함시키기 때문에 청소년기가 되면서 갑자기 '독립'을 선포하는 자녀의 행동이 납득할 수 없는 것이다. 부모는 은연중에 자녀를 자신의 연장, 피조물로 보는 경향이 있다. 그러나 청소년기에 자녀는 자신이 부모의 연장이 아니라는 것을 증명하고 싶어 한다. 그것은 '청개구리 심보'로 나타난다. 뭐든지 반대로 하고 싶어지는 것이다. 부모가 그들의 사생활을 엿보려고 과도히 침투하거나 간섭한다고 느끼는 순간 자녀는 반대적으로 행동한다. 그러니 부모는 지금까지 손아귀에 있다고 믿었던 자녀가 부모를 배신하는 것 같은 서운함을 느낄 수밖에 없다. 아동기 까지 부모에게 의존적이었는데 이제는 반대되는 견해를 피력하고, 좀 내버려 두라고 할 때 부모는 당황스럽다. 사실, 청소년기가 된 자녀로부터 낯섦을 경험하면서도 막상 어떻게 대해야 할지 잘 모른다. 그래서 방치, 갈등 혹은 협상 중, 여전한 간섭 등의 태도를 취한다. 자녀 문제를 해결하기 위하여 교사와 상담가, 부모 교육 등을 열심히 찾아다니는 부모들도 있다. 청소년기는 한 사람의 인성을 잘 형성하는 창조적, 생산적 시간이므로 왜 이런 묘한 일들이 발생하는지, 어떻게 조절하고 적응해야 하는지 이해가 필요하다.

2) 분리-개별화 과정

분리-개별화 과정은 청소년기에만 진행되는 것은 아니다. 훨씬 그 전 부터 시작된다. 부모와 자녀의 관계는 융합, 결합, 분리(분화)의 과정으로 진행된다.

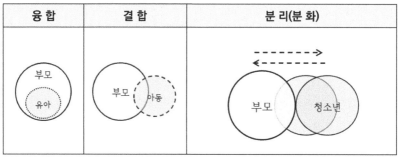

융합	결합	분 리(분 화)
부모 유아	부모 아동	부모 청소년

표8〉 부모와 자녀의 관계 발달

유아기 부모와 자녀의 관계는 융합이다. 융합은 자녀의 인격적 경계선이 아직 형성되지 않았기 때문에 부모에게 포함되어 있는 모습이다. 영, 유아기의 자녀와 부모는 신체, 인지, 정서적으로 융합되어 있다. 유아가 걸음마를 배우면서 신체적 분리가 점차 진행된다. 아동기 부모와 아동의 관계는 결합이다. 아동기는 자녀의 경계선이 조금씩 형성되고 있지만 여전히 부모와 결합되어 있다. 아동기 자녀와 부모는 신체적으로는 분리되었지만 인지적, 정서적으로 결합되어 있다. 아직 분리되기 전이다. 청소년기 자녀와 부모의 관계는 분리이다. 분리는 이제 자녀는 부모와 마찬가지로 독립된 하나의 개체, 인격체가 되면서 자기만의 삶과 인격을 책임져 가려고 하는 것이다. 이 과정에서 부모도 청소년도 불안하기 때문에 분리는 다소 변덕스런 거리 조절의 과정이 진행된다. 이때 부모에게는 어느 정도의 자기 축소, 제한이 요청된다. 밴연(banyan) 나무 아래에서는 아무것도 자라지 않는다는 속담이 있다. 그 거대한 나무는 높이 치솟고 가지를 넓게 뻗어, 햇살이 그 두꺼운 잎사귀를 뚫고 그 아래에 있는 작은 묘목들에게 비치지 못한다.[109] 부모의 존재감이 너무 크면 그 그늘에 가려 자녀는 본연의 모습을 찾아 성장하기 어렵다. 부모의 통제가 지나치고, 경계선 의식이 희박하면 청소년기 자녀는 자기 자신과 세계를 탐색할 기회를 얻지 못한다. 부모는 안정적이고 통제 가능했던 자녀의 아동기에 대한 추억을 뒤로, 자녀에게 '자율성'을 양도 할 필요가 있다.

---

109) Ted Engstorm, Paul Cedar, 이득선 옮김, 『긍휼의 리더십』 (서울: 쉐키나, 2011), 13.

그러면 부모는 분리-개별화의 과정에서 울퉁불퉁한 청소년기 자녀를 어떻게 대하면 좋을까? 부모는 자녀의 '동질성'의 축을 견고히 하면서도 개별성의 축을 수용할 필요가 있다. 곧 안정된 애착관계를 유지하면서도 자녀의 자율성 추구를 허용하는 것이다. 청소년의 개별화는 부모의 개별화를 초래하고, 이전에 관계 맺던 방식으로부터 떠나야 한다는 것을 암시한다. 이를 보다 높은 개인화의 단계를 향해 움직이는 부모와 자녀 사이의 상호의존이라는 의미에서 '동반 개인화'110)라 부른다. 곧 청소년 자녀가 개별화되려면 부모와 자녀의 관계성이 변해야 한다. 여기서 부모의 수용성, 정서적 성숙함이 요청된다. 부모는 청소년기 자녀가 도움을 요청할 수 있을 만큼의 거리감을 두고 자녀의 불안한 자립을 인내심을 가지고 지켜볼 수 있어야 한다. 걸음마를 배우는 과정에서 분리-개별화를 지원했던 것과 마찬가지로 용기를 북돋고, 보상을 주면서 삶의 길목에서 만나는 장애물과 실패를 주목하는 것이 아니라 부모가 언제라도 지원과 격려를 아끼지 않을 것이라는 신뢰를 가질 수 있게 해야 한다. 중국계 독일 디자이너인 양 리우가 펴낸 픽처 북 '동양, 서양을 만나다'(East Meets West)에는 동서양의 문화적 차이가 그림으로 나타나 있다. 그 가운데 어른, 노년이 되면 사회적 위치가 어떻게 달라지는가? 하는 그림이 있는데 서양에서는 나이를 먹어갈수록 존재감이 작아지는 반면, 동양에서는 반대로 존재감이 커진다. 나이를 먹어갈수록 자신을 확장해 가려고 하고, 다른 사람의 경계선을 침투하는 것을 당연하게 생각한다. 결정도, 권리 행사도 온전히 '성인들', '노인들'의 몫이다. 이렇다 보니 '젊은이를 존중'하는 것은 기대하기 어렵다. 문화적 차이는 '하나님'에 대한 이미지도 다르게 만든다. 서양에서 하나님은 정말 '친구' 같은 분이다. 동양에서 하나님은 '전지전능하신 분'이라는 호칭이 늘 따라 다닌다.

---

110) Herbert Anderson, Kenneth R. Mitchell, 강정욱, 김형준 옮김, 『떠나는 자녀 보내는 부모』(서울: 죠이 선교회, 2011), 121.

5. 하나님을 닮아가는 부모

1) 창조주 하나님의 자기 제한

부모의 성장이 멈추는 시간에 자녀의 청소년기가 시작된다. 아이러니하게도 청소년기 자녀가 급격한 내외적 발달과 변화를 다루는 시기에 부모는 조그만 변화도 받아들이기 어려운 중년이 된다. 그래서 자녀의 사춘기는 부모로 하여금 멈추지 말고 계속 성숙의 길을 가라는 메시지로 받아들이라는 누군가의 조언이 지혜롭게 생각된다. 그리고 보면, 인생의 어느 시기이든 내외적 성숙은 그다지 자연스럽게, 자발적으로 일어나지 않나보다. 청소년기 자녀를 키우는 부모가 배워야 할 하나님의 속성 가운데 하나는 '하나님의 자기 제한' 이다. 위르겐 몰트만(Jürgen Moltmann)은 "하나님의 창조가 어디로부터 시작되었는가?" 질문하면서 유대교의 '카발라' 이론을 소개한다. 성 어거스틴 이후 기독교 신학은 창조주 하나님이 자기 바깥에 세계를 창조했다고 해석해 왔다. 그러면 하나님에게 안과 밖의 세계가 있을 수 있는가? 하나님 밖에 공간, 세계가 있었을까? 바깥의 세계를 만들기 위해서는 무소부재 하신 하나님이 자기를 제한하는 길 밖에 없다. 하나님은 온통 자기 자신으로 가득 차 있던 세상에서 자신의 영역을 내어줌으로 세상을 창조하셨다. 이것을 '창조적 퇴진' 이라고 한다. 세계 창조를 위하여 하나님이 물러나신 것이다. 자기 속에 있는 공간을 유한성에 양보하고 자기 자신 속으로 물러나신 하나님의 자기 제한과 위축이 없었다면 신비적인 원초의 공간이 생겨날 수 없었다. 하나님이 자신의 공간을 내주심으로 피조세계는 비로서 자리를 마련할 수 있었다. 하나님의 겸손한 자기 단념과 제한이 먼저 있은 후에 세계 창조가 실현될 수 있었던 것이다. 보통 하나님의 전능성을 확장, 강함에서 발견하나 '카발라 이론'은 창조주 하나님의 전능성은 오히려 자신을 제한하고 물러나시는 지극한 겸손에서 발견될 수 있다고 본다. 몰트만은 "만물은 창조자의 자기 단념의 사랑으로부터 영광스럽게 등장하였다"[111]는 단테의 문장을 인용하면서 창조는 무한한 능력이 아닌 침춤

---

111) Jürgen Moltmann, 김균진 옮김, 『창조 안에 계신 하나님』 (서울: 대한 기독교서회, 2017), 140.

(zimzum)-물러나심-이라는 사랑의 결단이었다고 기술 한다. 구원의 창조인 예수 그리스도의 구속 역사도 '성육신'으로 시작되었다. 성육신은 하나님의 아들로서의 영광의 자리를 내어준 것이었다. 그리고 성육신하신 예수 그리스도의 자기비하와 내어줌은 십자가에서 살과 피를 내어준 인류 구원의 성취에서 절정에 이르렀다. 빌립보서 2장 6~11절은 예수 그리스도의 겸손한 자기비하, 하나님의 아들로서의 영광을 포기한 숭고한 사랑을 노래한다.

> 그리스도 예수께서 자기 자신을 생각하셨던 방식으로 여러분도 자기 자신을 생각하십시오. 그분은 하나님과 동등한 지위셨으나 스스로를 높이지 않으셨고, 그 지위의 이익을 고집하지도 않으셨습니다. 조금도 고집하지 않으셨습니다!...그분은 특권을 주장하지 않으셨습니다. 오히려 사심 없이 순종하며 사셨고, 사심 없이 순종하며 죽으셨습니다. 그것도 참혹하게 십자가에서 죽으셨습니다.112)

그리스도는 자기를 제한하고 비우셨다. 자기를 제한한다는 것은 '자기의 이익에 매달리지 않는 것(cling to advantage)이다. 그리고 비운다는 것은 사회적 위치로부터 발생하는 특권(privileges)을 주장하지 않는 것이다. 그리스도의 자기 비움, 제한은 창조주 하나님의 자기 제한과 상통한다. 천지를 창조한 하나님의 자기 제한은 자기를 비우신 성육신으로, 참혹한 십자가에서 자기를 내어준 희생으로 절정에 달한다.

2) 부모의 창조적 자기 제한

탈무드에는 이러한 수수께끼가 나온다. "만일 사람이 빵으로 살게 되어 있다면, 왜 하나님은 빵 나무를 만들지 않으셨을까?" 수수께끼의 답은 하나님이 인간을 창조의 동반자로 삼기 원해서이었다.113) 같은 질문이겠지만 "하나님은 왜 오늘날 직접 사람을 만들지 않고 부모에게 출산의 고통을 더하고 양육의 책

---

112) 빌2:6~8 : Eugene Peterson, 『메시지 영한 대역성경』, 717.
113) Michael Frost, 홍병룡 옮김, 『일상, 하나님의 신비』 (서울: IVP, 2002), 33.

임을 맡기셨는가?" 그 대답 역시 인간을 창조의 동반자로 삼기 위함이다. 하나님은 인간에게 피조 세계를 관리하는 청지기 직분을 맡겼고, 가장 나중에 맡긴 생명체는 바로 인간, 자녀이었다. 하나님은 오늘날에도 사람을 창조의 동역자로 부르고 있다. 자녀의 사춘기는 부모가 창조의 동역자로서 다시금 그 소명을 재확인해야 하는 제2의 창조과정이다. 부모가 하나님의 창조행위의 동역자라는 것은 자녀양육이 하나님의 창조활동이라는 것을 뜻한다. 하나님은 지금도 피조세계 속에서 창조활동을 계속적으로 진행 하고 있으며 자녀의 잉태와 양육은 이 창조과정에 청지기로 동참하는 일이다. 부모의 자기 제한은 자녀에게 살과 피를 내어주는 것으로 시작한다. 시간과 공간을 내어주는 돌봄, 수면과 노력을 내어주는 돌봄, 영광의 시간을 양육의 시간으로 내어주는 희생 없이는 자녀가 잘 커갈 수 없다. 그렇게 키운 자녀가 청소년기가 되면 이제 삶의 주도권과 주도성을 갖겠다고 주장한다. 자녀의 청소년기는 성인이 되는, 제2의 창조가 시작하는 시기이다. 부모에게는 자기 확장과 강함이 아닌 자기 위축과 제한, 물러남이 요청된다. 부모는 공간을 내주고, 시간적 기준을 양보하고, 삶의 선택과 주체성을 양도해야 한다. 청소년기 자녀가 결정을 하려면 부모는 '결정'하려고 들지 말아야 한다. 또한 청소년기 자녀가 '시공간'을 획득하려면 부모는 자기가 계산하는 '시공간'의 계산을 단념하지 않으면 안 된다. 자녀가 하나의 개별적 존재로서 자신의 개성을 창조하기 위해서는 부모의 '창조적 퇴진과 물러남'이 요청된다. 창조주 하나님의 겸손한 자기 단념이 피조 세계의 창조가 시작되는 출발점이었다. 분리-개별화의 과정에 있는 자녀에게 과도히 충돌하고 돌진한다면 갈등이 발생할 뿐 아니라 자녀가 자신을 발견하고 형성해 가는데 방해가 될 수 있다. 청소년의 개별화 과정이 방해를 받으면 유아기와 마찬가지로 수치심이 등장한다. 유아, 청소년은 부모로부터 정서적 분리, 독립을 추구하면서 의존과 자율 사이에서 변덕스러운 태도를 취하는데 이때 부모들이 통제와 방임의 양극단으로 치닫는 경우가 많다.114) 부모가 적절한 거리두기의 훈련을 계속하지 않으면 자녀는 거리를 조정하고 경계선을 세우는데

---

114) 고수진, "청소년 혐오발언을 예방하는 가족의인화 교육" 『기독교교육 논총』 V. 52. (2017. 12), 299.

혼란을 경험할 것이고, 자율성이 방해받으면서 자기 존재에 대한 회의감, 곧 수치심을 갖게 된다. 따라서 자녀의 청소년기는 이전까지와는 다른 사랑의 방식을 부모에게 요청한다. 말하기보다 들어주기, 기대하기보다 기다려 주기, 알려주기보다 알아주기, 몸이 아닌 마음으로 안아주기 등. 이는 자녀를 포기하라는 것이 아니라 하나님께 믿고 맡기는 용기를 가지라는 것이다. 자녀가 부모의 연장이 아닌 하나의 독특한 개체라는 사실을 수용하는 것이다. 열아홉 소녀가 주인공인 영화 레이디 버드(Lady Bird)는 새로운 존재가 되고 싶은 십대 소녀의 '이름 바꾸기'가 들어있다. 십대 소녀 크리스티안은 부모님이 지어준 이름 '크리스티안'이 아닌 자신을 새로운 이름 '레이디 버드(My name is lady-bird)'로 불러달라고 요청한다. 부모가 붙여준 이름이 아닌 자기만의 특별한 이름을 갖기 원하는 '이름 바꾸기'에는 부정하고 싶은 옛 모습과 덧입고 싶은 새로운 존재로서의 정체감에 대한 요청이 들어 있다. 자기의 이상과 맞지 않는 것을 요구하는 엄마의 잔소리가 더 이상 듣기 싫어서 차에서 뛰어내리는 괴상한 행동을 보이기도 한다. 자기 마을에서 좀 떨어진 대학에 가기 원하는 크리스티안과 가까운 대학에 가기를 원하는 엄마, 엄마가 원하는 딸로 남기를 원하는 '부모의 기대'와 자기만의 특별한 존재로 살고 싶은 크리스티안의 별난 존재감 사이에는 충돌, 갈등이 있다.

딸(크리스티안): 나는 엄마가 나를 좋아했기를 바래요.
엄마: 물론 나는 너를 사랑해.
딸(크리스티안): 엄마가 나를 사랑한다는 것 정도는 나도 알아요,
　　　　　　　그런데 나를 좋아하느냐구요?

　사실 크리스티안은 그동안 엄마가 자기 모습을 좋아하지 않는다고 느낀 것이다. 자기도 자기 모습이 마음에 들지 않지만 매일 잔소리하는 엄마도 자기가 맘에 들지 않는 거라고 생각하고 있었다. 청소년기는 자기만의 독특한 인성, 개별성을 형성하는 기간이다. 이런 자녀를 보는 부모는 근심이 많다. 그러나 부모가 원하는 어떤 아이가 되지 못하는 청소년기 자녀도 우울하기는 마찬가

지이다. 자녀를 사랑하고 있다는 신호를 계속 주면서, 부모의 복사본이나 개선된 모델로 주조할 수 없다는 사실을 직시할 필요가 있다. 신체적, 심리적, 공간적 거리를 두고 자녀의 불안한 자립을 인내심을 가지고 지켜볼 수 있어야 한다. 청소년기 자녀의 낯섦을 발견할 때, 부모는 자녀가 자신의 연장이나 확장이 아닌, 분리된 개별적 존재, 새로운 창조물임을 인식하지 않으면 안 된다.

〈생각해 봅시다〉

■ 하나님의 창조적 자기제한에 대한 나의 생각과 느낌은 어떠한가?
■ 하나님의 자기 제한이 부모에게 주는 통찰(insight)은 무엇인가?
■ 하나님의 창조적 자기제한과 빌립보서 2장 '예수님의 자기비하'는 어떻게 연결될 수 있을까?
■ 하나님의 자기제한을 본받으려면 부모에게 어떤 노력이 필요할까?

6. 부모의 권위 있는 사랑

청소년기 자녀를 둔 부모는 권력이 아닌 권위를 가져야 할 필요가 있다. 권력과 권위를 구분하는 것은 쉬운 일이 아니나, 청소년기 자녀를 둔 부모에게 필요한, 권위적 사랑은 '거리두기 사랑' 이라고 말하고 싶다. 마틴 부버(Martin Bubber)는 "대화로의 초대는 일정한 거리 밖에 있는 사람에게서 오기 때문에, 극단적 융합을 추구한다면 대화의 양극성이 파괴될 수밖에 없다"[115] 고 하였다. 일정한 거리감은 부모와 자녀가 독립적 인격체로서 대화할 수 있게 만든다. 만약 부모가 자신을 제한하지 않는다면, 자녀와 부모는 적정선의 거리감을 갖기 어렵다. '내가 왜 내 속으로 난 자녀에게 거리를 두어야 하는가?' 묻는다면, 이제 자녀를 좀 더 인격적으로 대할 필요가 있기 때문이다. 보통 비인격적 대우는 일정한 거리감을 두지 않는 사람에게서 올 때가 많다. 일명 한국 사회에서 '자식 같다' 는 핑계로 청소년, 청년들을 비인격적으로 대우 한 예들은 얼마든지 찾아볼 수 있다. 청소년기 자녀와 거리를 두는 것은 애정이 없거나 무

---

115) Ruel Howe, 김관석 옮김, 『대화의 기적』 (서울: 대한 기독교교육협회, 2004), 91~92.

관심해서가 아니라, 관심을 조절하여 다른 방식으로 표현하는 것이다. 적절한 거리두기를 할 때 자녀일지라도 부모와 다른 피조물임을 인식할 수 있고, 비로소 인격적 대화가 가능하다. 부모의 거리두기는 자녀의 개별화 과정, 인격체의 창조를 존중하는 태도로 신체적 거리두기, 인지적 거리두기, 정서적-사회적 거리두기, 신앙적 거리두기로 세분화시킬 수 있다.

1) 신체적 거리두기

신체적 거리두기는 급격한 신체적 성장, 2차적 성징이 출현하면서 청소년기 자녀가 부모와 같은 공간에 있지 않으려하고, 신체 접촉을 꺼리는 것을 그저 존중해 주는 것이다. 개인의 공간을 갖고 싶어 하고 울퉁불퉁 자라고 있어서 스스로 적응이 덜 된 신체를 부모가 보거나 터치하는데 부담을 느낀다. 남자 청소년들은 에너지가 많아서 힘 조절이 잘 되지 않는다. 그냥 가만히 서있는 것도 어려울 만큼 에너지가 넘치기 때문에 어느 정도 거리를 확보하지 않는다면 본의 아니게 얻어맞는 경험을 할 수 있다. 넘치는 에너지로 활발하게 움직이다가 반경 안으로 들어온 사람을 못보고 툭툭 치게 되는 것이다. 또한 2차 성징이 나타나는 딸과 아빠의 신경전도 만만치가 않다. 사랑스럽던 딸은 아버지의 신체적 접촉에 민감하게 반응하고 심한 거부감을 표현함으로서 아버지를 민망하게 만든다. 그 이유는 딸이 성적인 민감성을 가지면서 아버지 안에서 '남성'의 특성을 발견하기 때문이다. 따라서 딸에 대한 아빠의 거리두기, 아들에 대한 엄마의 거리두기는 성숙해 가는 자녀의 신체적 모습을 보호하고 존중하는 태도이다. '나도 적응되지 않은 나의 몸'에 누군가가 손을 댄다면 더욱 민감해 질 것이다. 이제 신체적 경계선이 생기고 있기 때문에 조심스러운 거리두기로 지지해 주는 것이다.

2) 인지적 거리두기

인지적 거리두기는 서툴게 나타나는 청소년의 생각과 주장을 인정해 주는 것이다. 이제 막 자기 생각이 형성되기 시작하면서 청소년은 부모의 생각보다 자기 생각이 우선되기 시작한다. 어렸을 때는 부모의 말을 따르고 집에서 받는 교육이 옳다고 생각하지만, 이제는 다른 생각, 사상을 인식하고 피력한다. 가장 이상적인 것이 무엇인지 알고, 옳고 그름을 구별, 판단하기 시작하므로 부모에게 말대꾸하고 불편한 감정을 유발할 수 있다. 부모는 갈등을 고조시키기 보다는 완화시키는 쪽으로, 꾸준히 인내하면서 자녀의 생각 만들기를 돕기 위하여 지속적으로 소통해야 한다. 말하기 보다는 듣기를 선택하고, 자녀의 툴툴거리는 말 속에서 마음을 살피는 세심한 주의가 요청된다. 그러나 아무리 조심해도 서툰 청소년의 자기주장은 갈등을 조성한다. 크고 작은 소동과 말다툼 속에서 자녀도 성장하고 부모도 성숙해 가는 길을 찾아야 한다. 가정에서 중요한 일이 있을 때 의사결정에 참여시키고, 자녀들의 생각과 표현에 관심을 보일 때 청소년기 자녀의 인지적 능력은 더욱 발달된다. 작게는 사소한 문제부터 크게는 사회의 이슈에 이르기 까지 청소년기 자녀의 견해를 묻고, 듣고 대화하려는 노력이 필요하다. 좀 더 수평적 관계 속에서 대화하려면 부모는 자녀의 이야기를 들어주어야 한다. 들어주기는 그 자체로 치료의 능력을 가지고 있다. 스콧 펙(Scott Peck)은 듣는 것은 사랑과 관심의 가장 평범한 표현이지만 쉽지 않기 때문에 훈련이 필요하다고 역설한다.

> 사랑의 행위가 요구하는 주요한 형태는 관심이며, 관심을 실천할 수 있는 가장 평범하고 중요한 방법은 들어주는 것이다. 우리는 듣는데 막대한 시간을 사용하지만 대부분의 시간을 낭비한다. 왜냐하면 대체로 우리는 잘 듣지 못하기 때문이다...잘 듣는다는 것은 쉬운 일이 아니며 관심의 훈련이고 힘든 일이다.116)

듣는 것은 전적인 관심을 요구하기에 모든 감각을 사용해서 들을 때 가장 잘 들을 수 있다. 사람들은 내용만으로 말하는 것이 아니라 말하는 방법으로도 말한다. 말하지 않으려고 선택한 것과 말하기로 선택한 것 사이에 고통스러운 것이 있다. 만약 진실로 듣고자 한다면 말로써 전달되지 못한 메시지, 숨겨진 것을 듣기 위해 마음을 기울여야 한다.117) 청소년이 '권위자'에게 반항할 때 그

---

116) Rich Van Pelt, 오성춘, 오규훈 옮김, 『사춘기 청소년들의 위기상담』 (서울: 한국 장로교 출판사, 1995), 51~52에서 재인용.

것은 '나의 목소리 곧 권위(authority)'를 갖겠다는 뜻이다. 청소년이 자기의 권위를 형성하려면 그동안 권위자로서 목소리를 높여온 부모가 목소리를 낮추고 들어야 한다. 경청은 상대방에게 시간과 관심을 나누어주겠다는 마음의 표현이며, 가장 좋은 선물이고 특권이다.118) 상대방이 허락해 주지 않는다면 누구의 이야기도 들을 수 없다. 자녀가 허락하지 않으면 부모는 자녀의 이야기를 들을 기회조차 갖지 못한다.

3) 정서적, 사회적 거리두기

정서적 거리두기는 부모와 다른 감정을 느끼고, 사회적 관계를 시작하는 자녀에 대한 존중이다. 부모가 슬퍼도 자녀는 슬프지 않을 수 있다. 감정적으로 부모와 분리되고 있다는 것을 의미한다. '나는 부모와 다른 사람' 이라는 것을 강조하기 위하여 청소년들은 일부러 부모와 반대적 감정과 생각을 표현할 때가 있다. 그런 반항의 표시를 눈치 채지 못하고 굳이 공감을 표현하기 위하여 부모가 자녀의 감정을 따라다니면서 일체감을 표현한다면 오히려 마찰이 발생할 것이다. 청소년기가 되면 이제 부모가 아닌 다른 대상과의 일체감을 보이고 싶어 하는데 그 대상은 유명 스타, 동성 혹은 이성 친구, 교사가 될 수도 있다. 부모의 입장에서 자녀가 친구와 더 오랜 시간을 지내고 비밀을 공유하는 것을 보면 귀가 시간, 용돈 사용, 불복종, 형제관계, 청결, 정리정돈, 집안 일 등 사소한 문제로 시비를 걸어 다툼을 일으키기도 한다. 자녀와의 일체감이 사라진 것에 대한 공허함은 모든 갈등의 원인이 될 수 있다. 사회적 거리두기는 자녀의 사회적 관계들-또래, 다른 권위자, 팬 클럽 등-을 인정하고, 관계의 영역을 확장 해가도록 인정해 주는 것이다. 또한 가족 안에서의 규범, 역할에 대하여 융통성을 갖고 조정하는 것이다. 가족도 하나의 사회이므로 가족 구성원들의 역할에 대한 합리적 조정이 필요하다. 청소년기 자녀는 보다 자율성을 요청하므로 자녀의 성장에 맞추어 융통성 있게 귀가 시간, 용돈 사용, 집안일에 대한 규율을 조정할 필요가 있다. 또한 가족에 문제가 발생했을 때 그것을 알리고,

---

117) 위의 책, 52.
118) 위의 책, 54~55.

문제 해결에 동참시키는 민주적 의사소통 과정도 요청된다. 청소년기 자녀가 자율적으로 조정, 통제할 수 있는 능력을 갖게 하고, 가족의 구성원으로서 자신의 위치를 파악할 수 있는 기회를 제공해 주는 것이다.

4) 신앙적 거리두기

신앙적 거리두기는 부모의 신앙을 반대하거나 부모와 다른 색깔의 신앙을 갖는 자녀의 '신앙 내면화'를 기다리고 믿어주는 것이다. 청소년은 신앙에 대하여 '확신과 의심' 사이에서 고민하기 시작한다. 이는 자기만의 신앙을 갖겠다는 의지를 표출하는 것이다. 어릴 때 그저 듣고 따르기만 했던 신의 존재에 대하여 "신이 있는가?" "교회는 나에게 어떤 의미가 있는가?" "나는 교회에 가야 할 필요가 있는가? 부모가 원하기 때문에 가는 것인가?" 자문하기 시작한다. 부모님이 신앙에 대하여 조언하거나 교훈하려고 들면 그것이 불편하게 느껴지면서 어려서부터 가져온 신앙에 대한 회의와 반항이 나타난다. 이러한 고민을 통하여 신앙을 버리는 경우도 있지만 반대로 자신의 하나님을 만나면서 자기만의 신앙을 갖게 되는 경우도 있다. 부모는 신앙을 강요하기 보다는 대화함으로서 청소년의 신앙에 대한 이해가 어떻게 다른지 파악하고, 하나님과의 관계를 스스로 만들어 가도록 방향성을 제시할 수 있다. 부모가 인정하는 신앙이 아닌 자신의 신앙 갖도록 지지하고 격려하는 것이다.

〈생각해 봅시다〉

- 만약 부모가 '거리두기'를 하지 않는다면 청소년에게 어떤 일이 일어날까?
- 위의 네 가지 거리두기 중에서 가장 힘든 거리두기는 어떤 것일까?
- 정서적, 사회적 거리두기에서 부모에게 가장 힘든 부분이 있다면 무엇일까?

5장

친구가 좋은 청소년기

1. 감정이 불안한 아이들

청소년기는 정서적으로 불안정하다. 극단적 기쁨, 슬픔, 흥분, 우울함 사이를 오고간다. 잘 웃지만 울기도 잘한다. 청소년 초기부터 중, 후반 까지 감정 기복이 심하지만 그것에 대한 자제력은 부족하다. 강렬한 감정을 경험하고 분위기를 잘 타면서도 반대로 안정적이고 편안한 모습을 원한다. 청소년의 정서가 불안정한데는 여러 가지 원인이 있다. 스텐리 홀은 생물학적 변화가 정서 불안의 원인이라고 보았다. 성호르몬, 성장 호르몬 분비의 영향으로 감정 기복이 심해진다. 감정 선이 롤러코스터를 타는 것이다. 그러나 마거릿 미드는 문화인류학적 관점에서 선택에 대한 문화적 압력이 청소년기 감정 기복의 원인이라고 보았다. 선택에 대한 사회적 압력 때문에 질풍노도의 스트레스를 겪는 다는 것이다.

심리적 관점은 청소년기의 정서적 불안이 의식 내 갈등 때문이라고 보았다. 정신분석은 인간 의식이 원초아(id), 자아(ego), 초자아(superego)로 구성되는 것으로 분석한다.[119] 그런데 청소년기가 되면 성호르몬의 분비로 본능적 욕구인 원초아(id)가 강해진다. 강력해진 본능적 욕구를 제어하는 것이 현실감각인 자아(ego)의 역할이지만 역부족이다. 원초아가 강해지고 자아가 약화되면서 의식 내 균형이 깨어진다. 이 깨어진 균형을 회복하고 원초아를 제어하기 위하여 도덕성을 주관하는 초자아(superego)가 막강한 힘을 얻는다. 결국 원초아(id)와 초자아(superego) 사이에 심한 갈등과 충돌이 발생하고, 그것은 폭풍 같은 스트레스를 유발한다. 온갖 욕구간의 충돌로 청소년기 감정의 격변이 유발된다는 것이다.[120] 이렇듯 격심한 스트레스에도 불구하고, 성적 욕구는 쉽게 통제되지 않기 때문에 자아(ego)의 무력함을 느끼는 청소년들은 수치심을 갖기도 한다.[121] 수치심은 신체적 변화에 부정적 인식을 갖게 만드는 역기능도 있지만 반대로 성적 욕구를 통제하는 순기능도 가지고 있다.

---

119) 박아청, 『청소년과 아이덴티티』 (서울: 교육과학사, 2008), 29.
120) 위의 책, 38~39 참조.
121) 임홍빈, 『수치심과 죄책감』 (서울: 바다 출판사, 2014), 199~200.

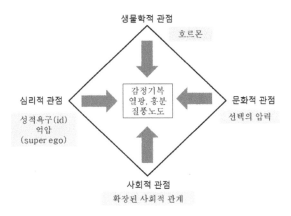

생물학적 관점
호르몬

심리적 관점
성적욕구(id)
억압
(super ego)

감정기복
열광, 흥분
질풍노도

문화적 관점
선택의 압력

사회적 관점
확장된 사회적 관계

그림5〉 감정적 불안에 대한 네 가지 관점

    사회적 관점은 청소년기 감정 불안과 스트레스는 확장되고, 복잡해진 사회적 관계가 그 원인이라고 보고 있다. 청소년에게는 부모로부터 분리되는 데서 오는 고독, 소외감 그리고 가족에 비하면 안전하지 않은, 비슷한 연령의 또래 그룹에서 승인 받아야 한다는 긴장과 불안감이 있다. 친구와의 친밀감 추구 배후에는 배척, 따돌림, 놀림 등에 대한 불안이 늘 존재한다. 청소년기 등장하는 주요한 욕구는 친밀감, 성적 욕구, 안전 욕구인데 세 가지 욕구는 상호충돌 또는 조정하는 역할을 한다. 대인관계 이론의 창시자, 해리 스택 설리반(Harry Stack Sullivan, 1892-1949)은 청소년기 발생하는 폭풍 같은 스트레스는 '이성에 대한 친밀감 욕구' 와 '성행동에 대한 사회적 제약' 사이에서 일어난다고 해석하였다.122) 청소년은 이성 친구와 친근감을 추구하지만 만약 성적 욕구를 충족시키려 든다면 '사회적 평판, 지위'가 위협을 받을 것이다. 곧 친근감, 성적욕구, 안전 욕구 사이에 긴장감이 발생하는 것이다. 사회적 범주가 확장되면서 겪는 다양한 갈등, 예측하지 못한 일들에 대한 두려움도 청소년기 감정적 격변의 요인이다. 확장된 사회적 관계로부터 겪게 되는 내외적 갈등이 청소년의 정서를 변화시킨다. 그러나 또래 관계는 작은 사회를 경험하는 일이며, 성인이 되어 겪어야 할 많은 사회적 갈등을 미리 준비할 수 있게 한다. 설리번은 아동기까지 부모와의 관계에서 문제가 있었던 아이들이-부모로부터 과도한 참

---

122) 김청송, 『청소년 심리학의 이론과 쟁점』, 239.

견을 받았거나 외로운 아이-청소년기에 교사, 또래 관계에서 수정되지 않는다면, 사회성 발달이 정지 될 것이라고 보았다.[123] 그만큼 청소년기 대인관계가 사회성 발달에 중요한 영향력을 행사한다. 청소년기 복잡한 사회관계의 갈등 해결은 성숙한 인격으로 성장해 가는데 중요한 역할을 한다.

〈생각해 봅시다〉

■ 청소년기 감정 상태는 어떠한가?
■ 정신분석은 청소년의 감정 불안을 어떻게 해석하는가?
■ 대인관계 이론은 청소년의 감정적 불안을 어떻게 해석하는가?

2. 사회적 관계의 확장

1) 새로운 권위자의 출현

청소년기는 부모나 가족 같은 특정 관계로부터 에너지를 회수하여 새로운 사회적 관계에 재투자한다.[124] 부모에 대한 의존성, 친밀감이 새로운 권위자에게 이동한다. 새로운 권위자를 다른 말로 하면 성인 보증인(adult guarantor)이라고 한다. 성인보증인은 대개 부모는 아니지만, 청소년들과 연령대가 가까워서 그들의 세계에 참여할 수 있는 동시에, 진정한 성인의 모습이 가능하다는 것을 보증해주는 사람이다.[125] 청소년기 성인 보증인의 역할은 권위에 대한 불신을 신뢰로 바꾸고 앞으로 어디에, 무엇에, 누구에게 충성할지 탐색, 결정하도록 돕는 인격 형성의 도우미이다. 부모, 가족의 권위가 절대적이던 아동기와 달리, 청소년기는 새로운 권위자를 탐색하기 시작한다. 교사는 새로운 권위자 중 한 사람으로 부모와 다른 권위를 보여주고, 그들의 학습과 일에 대한 새로운 인지적 구조와 조직의 틀을 제시할 수 있다. 교사와 청소년의 관계는 부모와의 관계

---

123) F. Barton Evans III, *Harry Stack Sullivan: Interpersonal theory and psychotherapy-Makers of Modern Psychotherapy.* (Loutredge: london and New York, 2006), 105~107.

124) 박아청, 『청소년과 아이덴티티』, 240.

125) James Loder, 『신학적 관점에서 본 인간발달』, 299.

보다 덜 개인적이며, 자기 확신과 존중을 증가시킬 수 있는 기회를 제공한다. 그러나 새로운 근심, 인종, 종교, 성에 대한 편견과 고정관념을 주입하는 위협적 측면도 있다.126) 다른 권위자들과의 교류는 덜 개인적인 관계 속에서 리더십, 학습, 일에 대한 다른 관점을 습득하게 한다. 이제껏 가정에서 보아온 부모의 방식이 아닌 다른 권위자의 방식으로, 부모는 무시했으나 다른 누군가는 인정해주는 '개성과 삶의 방식에 대한 존중'을 발견할 수 있다. 다른 권위자에게 청소년들이 부모에 대한 비판, 불평을 털어놓기도 하는데 이것을 알게 되면 많은 부모들이 배신감을 느낄 것이다. 로마를 왕정체제로 전환하려고 시도했던 율리우스 카이사르(Julius Caesar)가 루비콘 강을 건너면서 했던 '주사위는 던져졌다(alea iacta est/alea jacta est)', 승전보 '왔노라 보았노라 이겼노라(veni, vidi, vici)'는 유명한 명언으로 알려져 있다.127) 시저가 자기를 죽이려고 달려든 원로원들 중에 양아들 브루투스(Marcus Junius Brutus)가 끼어있는 것을 보고, 죽어가면서 양아들에게 "브루투스, 너마저!(et tu Brute)"라고 마지막 말을 내뱉었다는 풍문이 전해진다. 시저의 마지막 말은 서구 사회에서 친구나 가족과 같이 믿었던 사람의 배신을 상징하는 문구가 되었다. 가롯 유다가 예수님을 팔아넘기면서 바쳤던 '배신의 키스', '브루투스 너마저!'는 어떻게 보면 모든 부모들이 마실 수 있는 배신의 쓴잔이다. 청소년기는 인지적 발달로 이상주의적 사고를 하면서, 부모가 이상적 성인이 아님을 깨닫는다. 작은 깨달음을 얻은 청소년은 큰 기대에 미치지 못하는 부모의 언행, 삶, 양육태도를 무차별적으로 비판한다. 어떻게 보면 '청출어람'128)은 부모의 무덤 위에서 피는 꽃이 아닐는지… 그럼에도 불구하고 다른 권위자와의 친밀한 관계 형성은 부모들에게 자기를 성찰하고 변화시킬 기회를 부여한다. 따라서 자녀의 첫 키스는 가롯 유다의 배반적 키스가 아니고 부모의 마지막 말은 '브루투스 너마저!'가 아니면 좋겠다. 청소년기는 새로운 권위자를 통하여 다양한 권위를 탐색하고 경

---

126) F. Barton Evans III, *Harry Stack Sullivan: Interpersonal theory and psychotherapy-Makers of Modern Psychotherapy*, 108.

127) 배철현, 『인간의 위대한 질문』, 147.

128) 쪽에서 나온 빛이 쪽 보다 더 푸르다. 부모 보다 나은 자녀, 교사 보다 나은 학생의 능력을 의미.

험할 수 있다. 새로운 권위자는 교사, 아이돌 그룹, 목회자, 청년 혹은 친척 등이 될 수 있고 눈에 보이지 않는 하나님도 그 후보가 될 수도 있다.

2) 서로 다른 영향력

청소년기에는 부모와 약간의 거리감이 생김에도 불구하고 '친밀감'이 증가한다. 그 이유는 또래 친구들에게서 '친밀감'을 추구하기 때문이다. 물론 부모와의 관계가 전적 유대관계는 아니지만 여전히 중요한 영향력을 행사한다. 청소년기에 부모와 또래 친구 중 어느 쪽이 더 큰 영향력을 행사하는가? 질문한다면 비교가 어렵다. 서로 다른 영향력을 미친다고 보아야 할 것이다. 부모와 또래 친구 중 누가 더 영향을 크게 미치는지 비교해 본 실험이 있었다. 해리 하로우(Harry Harrow)의 원숭이 실험 연구이다. 이 실험은 어미하고만 지낸 원숭이들과 또래하고만 지낸 원숭이들을 관찰하면서 어느 쪽이 더 사회성 형성에 유익한가? 비교한 것이다. 어미하고만 지낸 원숭이들은 같은 또래 원숭이들을 보면 피하려고 하는 반사회적 경향성을 보였다. 반면 또래하고만 지낸 원숭이들은 서로에게 강한 애착을 보이지만 작은 스트레스와 좌절에 매우 동요되는 모습을 보였다. 자기 또래 집단 외의 원숭이들에게 다소 공격적인 모습은 어미하고만 지낸 원숭이들에 비하면 안정성이 떨어지는 것을 의미한다. 1951년 안나 프로이드(Anna Freud)와 소피에 단(Sophie Dann)은 나치 수용소에서 부모가 아기를 출생한 후 바로 사형되고 최소한의 돌봄을 받으면서 자기들끼리만 양육된 3세 아동 6명을 관찰하였다. 이들은 서로에게 강한 애착과 친사회성을 보였지만 다른 아이로부터 떨어질 때 심하게 흥분하는 모습을 보였다. 그리고 35년 후 중년 성인이 되었을 때 추적 관찰한 결과, 그들 모두 유능하고 생산적 삶을 살았던 것으로 증명되었다.[129] 원숭이 실험과 나치 수용소에서 살아남은 아이들의 사례가 보여주는 것은 부모와 또래 모두 애착 대상이 될 수 있으나 서로 다른 부분에 기여하고 있다는 점이다. 부모가 보다 심리적 안정감을 제공하는 반면, 또래는 기본적인 상호작용 과정을 정교화하고 유능하고 적응적인 사회적 행동패턴을 발달시키도록 돕는다.

---

129) David R. Schaffer, 『사회 성격 발달』, 595.

3) 애착관계의 연장

청소년기에는 친구가 부모만큼이나 중요한 역할을 한다. 부모와의 애착 관계가 서서히 분리되면서 친구가 대리적 애착 대상이 되기 때문이다. 곧 부모와 소원해 지는 것에 대한 보상이 친구관계 속에 있다. 또래 친구들과의 친밀감 추구는 부모로부터 멀어지는 데서 오는 소외감을 극복하게 할뿐 아니라 고도의 사회 적응기술을 배우게 한다. 부모와 청소년기 자녀의 관계는 보통 일방적이고 수직적 교류에 속하므로 다소 제한적이라면, 또래 친구들과의 관계는 평등한 상호 교류의 기회를 제공한다.130) 성인과의 관계는 비균형적이고 종속적이라는 한계가 있다. 또래와의 관계는 수직적 관계와 달리 전체적으로 새롭고 대단히 중요한 패턴이 나타나는데, 설리반은 그것을 **사회적 적응(조절)**의 경험이라고 부른다. 또래 친구는 직접적 혹은 균형적 상호 교류를 요청하는 수평적 관계이므로 상호 작용에 많은 제한을 받지 않는다.131) 곧 또래친구들과의 관계는 정교한 사회성 발달에 도움이 된다. 하지만 또래관계가 사회성 형성에 얼마나 중요한지에 대한 인식은 낮고 좋지 못한 친구를 만날까 염려하는 부모의 근심은 높다. 그래서 또래 친구 관계를 존중받기란 쉽지 않은 일이다. 하지만 부모의 염려 때문에 또래 관계가 차단된다면 청소년기 '사회성 형성'이 제재된다. 가족 외의 다른 이들에 대한 고정관념, 편견을 형성 하거나 사회적 고립을 선택하게 만들 수도 있다. 엄밀히 말하면 또래와의 친밀감은 어린 시절 부모와의 애착(attachment) 관계의 연장이다. 부모와 애착관계가 불안정했다면 다른 사람과의 친밀감 형성도 어렵다. 반대로 부모와의 애착관계가 정상적이라면 다른 사회적 관계에서도 친밀감을 형성하는데 큰 어려움을 겪지 않는다. 물론 비행청소년들 같은 경우에 부모로 부터 받지 못했던 친밀감을 '유사 가족 형태'의 비행 청소년 집단에서 받기를 갈망한다. 그들의 관계가 가족 보다 더 끈끈하다고 하여 그것을 건강한 친밀감이라고 보기 어렵다. 안전한 친밀감은 어느 한쪽에 함몰, 융합되는 관계가 아니다. 만나고 헤어지는 것, 가까워

---

130) F. Barton Evans III, *Harry Stack Sullivan: Interpersonal theory and psychotherapy-Makers of Modern Psychotherapy*, 109.

131) 위와 같음.

지고 멀어지는 것, 함께 있지만 따로 있는 것이 가능한 관계이다. 각자의 개별성을 존중하면서도 무언가를 함께 공유할 수 있는 건강한 친밀감은 부모와의 '안전 애착'을 기반으로 형성된다.

〈생각해 봅시다〉

■ 새로운 권위자의 출현은 청소년에게 어떤 측면에서 유익한가?
■ 또래가 주는 애착은 부모의 애착과 어떻게 다른가?
■ 건강한 친밀감의 기반은 무엇인가?

3. 친구관계의 특징

1) 아동기와 다른 친구 관계

청소년기 친구 관계는 아동기와 조금 다른 특성을 띤다. 물론 아동기와 청소년기 모두 유사한 친구와 교제할 가능성이 크다. 그러나 그 유사성의 종류가 다르다. 아동기에 친한 친구가 되는 것은 같은 지역, 학교, 학급, 옆자리 등 같은 물리적 환경에 의하여 결정된다. 그리고 부모를 통하여 친척, 친구들과 사회적 접촉이 많을수록 관계형성에 도움을 받는다. 아동기와 청소년기 친구 관계를 비교하면 다음과 같다.

특 징	아동기의 친구	청소년기의 친구
동질성	물리적(동네, 학급)	내면(감정, 생각), 취미와 활동
베프(Best Friend)	놀이 친구	비밀과 고민을 공유한 친구
교제의 특징	일시적이고 다양한 사귐	단짝 만들기, 큰 투자(관여)
관계 상실(절교)	거의 없음	깨어지기도 함
관계 상실의 원인	사회적 이동(외부요인)	신뢰, 충성의 파괴

표9〉 아동기와 청소년기 친구관계 비교

위의 표는 아동기와 청소년기 친구관계의 다른 특징을 비교한다. 아동기에 친구가 되는 것은 외부적 환경에 의하여 결정된다. 반면, 청소년기 친구관계는 스스로 선택하거나 파괴하는 경향이 있다. 아동기와 청소년기는 둘다 '동질성'을 기반으로 친구가 되는데 아동기가 물리적 동질성, '동일 거주 지역, 동일 학급', 혹은 '부모님들의 관계'를 기반으로 한다면 청소년기는 내면, 활동의 동질성이 기준이 된다. 자기들만의 '같음, 유사함, 공통점' 등을 바탕으로 친구관계가 형성된다. 친구가 될 때 감정, 생각, 취미의 유사성을 고려하는데 남아와 여아 사이에 유사성을 가늠하는 기준이 다르다. 남아들은 활동, 취미의 유사성을 고려하는 반면 여아들은 심리적 유사성을 고려한다. 여아들은 활동 보다 비밀과 고민을 공유할 친구를 필요로 한다. 아동기의 친구관계가 비교적 일시적이고, 다양한 친구를 사귀는 측면이 있다면 청소년기는 단짝 친구를 만들어서 정서적으로 크게 투자하는 경향이 있다. '상호 호혜성'의 측면, '내가 얻을 수 있는 유익이 무엇이냐?', '네가 나에게 얻을 유익이 무엇이냐?' 하는 교류적 측면이 강화된다. 그래서 자기 정보는 은닉, 유보하면서 일방적인 충성을 강요할 때, 다른 친구와의 관계에 더 충성한다고 느낄 때, 친구와 비밀을 교류했는데 그 정보를 누설할 때 친구 관계를 철회할 수 있다. 아동기와 달리 청소년기 친구관계의 절교는 투자가 큰 만큼 상처도 깊다. 아동기도 친구관계가 깨어지지만 주로 사회적 이동, 외부요인이 작용하는 반면 청소년기는 신뢰, 충성의 파괴가 그 원인이 된다. 친구 사이에서 경험하는 배신감은 이제 진지하게 '우정'을 만들고 싶은 청소년들에게 아픈 경험이 될 수 있다.

2) 거울 같은 친구

성인의 우정과 청소년의 우정도 다소 차이가 있다. 성인들이 친구가 된다는 것은 '다름'에도 불구하고 내면의 가치와 의미가 통한다면 '우정'을 만들어 갈 수 있다는 뜻이다. 청소년들은 '성인의 세계'와 달리 '동질성'을 기반으로 친구가 된다. 그래서 사회학자 쿨리(Charles H. Cooley, 1864~1929)는 이것을 '거울 자아(looking-glass self)'라는 개념으로 제시하였다.132) 거울자아란?

---

132) 주혜주, 『마음극장』 (서울: 인물과 사상사, 2014), 39~40.

'거울을 보면서 그 속에 나타난 모습을 통해서 얼굴 생김새를 알 수 있듯이, 다른 사람의 반응을 통하여 자신에 대한 개념을 형성해 가는 것'을 말한다.133) 즉 다른 사람들이 나를 어떻게 바라보고, 평가하는지 상상하고 그에 따라서 자기 자신에 대하여 품는 자부심, 굴욕감 등의 감정을 갖게 된다. 자아개념은 주변 사람들과의 상호작용에서 형성되는 거울 같은 것이므로, 타인들이 자신을 어떻게 가치매김 하는가에 따라 영향을 받는다. 곧 청소년기는 육체적, 정서적 변혁이 일어나고 이 기간의 성장 범위를 익숙하게 해줄 거울, 소수의 신뢰하는 다른 사람들의 눈과 귀를 필요로 한다.134) 이처럼 거울 역할을 하는 사람을 '거울 같은 타인'이라고 한다. '거울 타인'은 외모뿐 아니라 내면의 상태도 반영하는 단짝 친구이다. '거울 타인'에 대한 콜버그의 말을 인용하면 다음과 같다.

> 나는 나를 보는 당신을 본다.
> 나는 당신이 보고 있다고 내가 생각하는 나를 본다.
> 당신은 나를 따라서 당신을 본다.
> 당신은 내가 보고 있다고 당신이 생각하는 당신을 본다.135)

거울 역할을 했던 최초의 대상은 부모이다. 부모가 자기를 대하는 태도-표정, 평가, 말과 행동-를 보면서 '자아상'을 형성해 오다가 청소년기가 되면 거울 타인이 이동한다. 청소년기의 거울 타인은 단짝 친구로 동성 혹은 이성친구도 될 수 있다. 청소년에게 단짝 친구는 자신과 가족을 비추어 보는 '거울' 역할을 한다. 그래서 청소년기 관계의 특징은 '끼리끼리'이다. 묘하게도 거울 같이 비슷한 친구들을 사귀는 것이다. 신체적 매력의 정도, 환경과 취미, 패션, 개인적 성격, 흥미와 태도 등이 비슷한 친구를 선택한다. 그러다가 점차 서로를 거울처럼 쳐다보면서 모방하기 때문에 더 비슷해지는 경향이 있다. 비슷한 친구들과 어울려 다니고 또 서로 비슷해지고 싶어 한다. 수학여행이나 학교 친구들과 여행을 다녀와서 찍은 단체사진을 보면 누가 내 아들이고 딸인지 구분하기가

---

133) 위와 같음.
134) James Fowler, 사미자 옮김, 『신앙의 발달단계』(서울: 한국 장로교 출판사, 2002), 243.
135) 위의 책, 245~246에서 재인용.

어렵다. 비슷한 패션, 헤어스타일과 표정을 한 아이들이 단체로 서 있으니, 구분이 잘 안 되는 것이다. 거울 같은 친구는 '외모' 뿐 아니라 '내면'도 반영하므로 자존감의 정도, 자기를 평가하는 수준도 유사하다. 만약 어떤 부모가 자녀의 친구가 마음에 들지 않는다면 '과연 내 아이는 자신을 어떻게 평가하는가?' 혹은 '저 친구가 내 자녀의 어떤 면을 반영하는가?' 고민해 볼 필요가 있다. 곧 자녀의 친구를 보면서 자기 자녀를 재조명해 볼 기회를 얻게 된다. 설리번은 아동기까지 부모와의 관계에서 문제가 있었던 아이들이-부모로부터 과도한 참견을 받았거나 외로운 아이-청소년기에 교사, 또래 관계를 통하여 수정될 수 있으므로 청소년기 사회적 관계는 무엇보다 중요하다고 말한다.136) 거울 타인이 부모에서 친구로 이동할 때, 친구는 부모의 연장선이 된다. 가치 폄하하는 부모 밑에서 성장한 청소년이 자신을 무시하는 친구들과 계속 몰려다니는 특별한 이유가 있다. 친구가 나를 무시하는 언행을 해도 그것이 당연하게 느껴지는 것은 그런 대우가 이미 익숙해서 그렇다. 그렇다고 '가정환경 결정론'을 말하고 싶지는 않다. 가정환경이 어떠했든지 인간에게는 언제나 변화할 수 있는 가능성과 기회가 있다. 그리고 그 특별한 회복의 가능성이 '종교'로 부터 온다고 했던 에릭슨의 명언을 기억할 필요가 있다. 청소년이 문득 하나님의 관점에서 나를 바라봐 주는 친구, 교사, 공동체를 만난다면 거기가 바로 인생역전의 자리가 될 것이다.

〈생각해 봅시다〉

■ 청소년기 친구관계는 아동기, 성인기와 어떻게 다른가?
■ 청소년기 '거울 타인'의 역할은 무엇인가?
■ 청소년기 단짝친구랑 점차 비슷해지는 이유는 무엇인가?

---

136) F. Barton Evans III, *Harry Stack Sullivan:Interpersonal theory and psychotherapy*, 105~107.

4. 친구 관계의 변화

1) 동성 친구

청소년은 고독, 소외감을 해소하기 위하여 또래 친구와의 친밀감을 형성한다. 아동기는 단지 놀이 친구가 필요하였지만, 청소년기가 되면 생각, 감정, 취미 활동 등을 공유할 의미 깊은 친구를 사귀고 싶어 한다. 물론 또래 친구들에게 거부당하면 어떻게 하나 하는 두려움이 있다. 그렇기 때문에 동년배 친구들에게 승인 받을 수 있는 패션, 태도, 행동유형, 가치관 등을 따라하고 그에 영향을 받는다. 청소년 초기에는 동성 친구에게 더 호감을 갖는다. 부모의 그늘에서 벗어나 홀로서기를 시도하는 과정에서 동지로서의 친밀감을 갖게 되는 것이다. 성적 호기심 보다는 아직 '자아 형성'에 더 많은 관심을 갖는 것도 그 원인이다. 동성의 단짝 친구를 찾을 때 비슷한 재능과 욕구를 소유하고, 거울 타자로서의 역할을 해 줄 수 있는 친구를 찾는다. 그 이유는 '인격적 신화'[137]에 몰두되어 있기 때문이다. 미래를 구상하고, 생각할 때 그것을 함께 구상하고 대화할 수 있는 대상을 찾는 것이다. 동성 친구와의 관계는 자아 정체감 형성에 기여한다. 소외감, 고독감을 느끼는 시기에 믿을만한, 이야기를 들어주는, 감정을 이해하는 친구가 있는 것은 유익하다. 단짝 친구와 함께 자기 내면의 생각, 목소리를 교류하면서 자기만의 특별한 생각이 무엇인지 발견해가고 바깥 어딘가에 두었던 권위를 자기 내면으로 취한다. 자아가 힘, 권위를 얻게 되는 것이다. 자아가 힘을 갖게 되면 점차 친밀한 대상은 동성친구에서 이성 친구로 이동한다. 동성 친구에 대한 친근감은 오늘날 의심하는 '동성애적 징후'라기 보다는 '정체감 형성'을 위한 정상적 발달 과정 가운데 하나이다. 이때 가장 관심 있는 대상은 자기 자신이기 때문이다. 우정을 경험하지 못한다면 '사랑'도 경험하기 어렵다. 청소년 초기부터 진행된 동성 친구와의 우정은 이성 친구와의 사랑이라는 높은 단계를 향해 가는 디딤돌이 된다.

---

137) 제임스 파울러는 자아에 몰입되어 있는 것, 자신이 누구인지 알고 싶어 하는 것을 '인격적 신화'라고 표현하였다. James Fowler, 『신앙의 발달단계』, 244.

2) 이성 친구

청소년 중기가 되면 동성친구에 대한 관심은 이성 친구에게로 이동한다. 이성친구와 친밀감을 얻기 원하지만 로맨스에 대한 동경, 성적 욕구를 충족시키려는 성향도 있다. 설리번은 청소년의 '친밀감'과 '성적 욕구'가 이성친구와의 교제를 부추긴다고 보았다.138) 만약 이성 친구와 친밀감이 아닌 성욕을 만족시키려 든다면 부모의 불승인, 또래들의 평판이 나빠지고 그 결과 자존감을 유지하기 어렵다. 그래서 청소년들은 '자위'를 하거나 '동성애적 놀이'로 그것을 대체하기도 한다.139) 청소년이 동성 친구와 지나치게 친밀한 것도, 이성 친구와 붙어 다니는 것도 위험스럽게 보는 시대가 도래 하였다. 동성친구와 밀접하면 동성애를 의심하고, 이성 친구에 집착하면 '성관계'를 의심한다. 이렇게 해도 저렇게 해도 의심받는 시대 속에서 청소년들은 어떤 선택을 할 수 있을까? 하는 의구심이 든다. 만약 부모가 이성친구와의 교제를 과도히 금지하거나 부정적인 태도만 고집한다면 그것은 청소년에게 유익할까? 설리번은 이성교제에 대한 부모의 과도한 압력은 근심, 분개, 저항, 낮은 자존감, 편집증적 성격을 형성하게 만들고 극단적으로 성적 욕구만 충족시키는 '돈 쥬앙(Don Juan)'140)이 될 가능성 또는 알코올 섭취를 부추길 가능성도 있다고 경고한다.141) 청소년의 정체감 형성을 연구한 에릭슨은 '동성 친구'와 '동질성'이 확보된다면 '이성 친구'와의 친밀감 추구는 당연하다고 보았다. '동성 친구'를 통하여 '내가 누구와 같은가?' 하는 정체감 물음에 확고한 대답을 얻지 못한다면 이성과의 교제, 친밀감을 추구하기 어렵다. 인생에 대한 근본적 공허감을 인식하기

---

138) F. Barton Evans III, *Harry Stack Sullivan: Interpersonal theory and psychotherapy-Makers of Modern Psychotherapy*, 123.

139) 위와 같음.

140) 돈 쥬앙은 관능적 호색의 천재로서 쾌락에 관심이 많았다. 만약 청소년들이 쾌락을 만족시키는 쪽으로만 욕구를 해소한다면 순간적 경험에서 다른 순간적 경험으로 단순히 이동하고, 순간적 쾌락과 끝없는 유희만 갈망하는 인격, 지속성을 갖지 못하는 미학적 실존자가 될 위험이 있다. 사미자, 『종교 심리학』 (서울: 장로회 신학대학교 출판부, 2001), 180.

141) F. Barton Evans III, *Harry Stack Sullivan: Interpersonal theory and psychotherapy-Makers of Modern Psychotherapy*, 123~124.

시작하는 청소년기에 이성과의 사랑에 대한 욕구는 필사적이다.[142] 물론 청소년기 이성교제는 상대방에 대한 관찰, 정확한 인식 보다 로맨스 그 자체에 집중하는 성향이 강하다. 단지 대상을 '이상화' 시키는 경향도 있어서, 로맨스에 대한 동경으로 이성 교제를 시작하는 청소년도 있다. 그 대상이 자신과 동일한 가치 혹은 기준을 갖고 있지 않을 때, 어설픈 신체적 접촉으로 마음이 상할 때 환멸감을 느끼고 갑작스럽게 로맨스가 깨지는 경험을 할 수도 있다.

3) 또래 그룹

청소년의 관심은 자기 자신, 이성, 사회의 순서로 이동한다. 그래서 설리반은 청소년기 친밀함의 욕구를 자기애(나르시즘적 사랑), 우정(동성), 이성애의 세 가지로 정리하였다.[143] 동성 친구를 통하여 자신을 발견하고 규정하고 싶었던 청소년은 이제 이성과의 친밀감을 원한다. 그러나 후기로 가면 이성 교제만큼이나 중요한 것이 일과 사회적 지위이다. 일을 통하여 '삶의 지향성, 방향성'을 찾기 원하고 사회에서 자신의 평판, 위치를 가늠하고 싶어 한다. 그래서 청소년의 애착 대상은 동성 또는 이성의 단짝 친구(chum)에서 또래 그룹(clique), 혼성 또래 집단(crowd)의 순서로 이동한다. 단짝은 가장 작은 형태의 또래집단으로 거의 항상 붙어 다니고, 함께 행동하면서 비밀을 공유하는 친구이다. 단짝 보다 조금 많은 또래 그룹(clique)은 3~4명 정도가 뭉친 또래모임으로 폐쇄성, 배타성을 띠고 있다. 이들은 '우리 의식'(we-feeling)이 있어서 결속력, 협동심이 강하고 요구하는 기준에 충족되지 않으면 새로운 구성원으로 받아들이지 않는다. 마지막으로 또래 집단(crowd)은 또래 그룹이나 갱(gang)처럼 소속감을 목적으로 삼지 않아서 결속력이 강하지는 않다. 청소년들이 결성한 가장 큰 또래 집단이 '동호회', '팬클럽' 인데 4~20명 까지 모일 수 있다. 또래 집단은 비슷한 가치, 좋아하는 활동을 가진 4~8명의 동성, 혼성 패거리로서 정기적으로 상호작용하는 또래 연맹을 말한다.[144] 친구와의 개인적

---

142) James Loder, 『신학적 관점에서 본 인간발달』, 288.

143) F. Barton Evans III, *Harry Stack Sullivan: Interpersonal theory and psychotherapy-Makers of Modern Psychotherapy*, 125.

인 관계가 자발적으로 형성되고 상호작용의 빈도와 강도가 높다. 그에 비하면 또래 그룹은 반드시 자발적으로 구성되는 것은 아니며 구성원이 많아서 상호작용의 빈도가 낮다.145) 청소년이 사회적 위치와 평판세우기에 몰두하면서, 또래 그룹은 중요한 역할을 한다.

또래 그룹, 집단은 청소년에게 어떤 면에서 중요한 역할을 하는가? 첫째 또래 그룹은 일상생활에 필요한 정보를 제공한다. 성인이 되기 위하여 필요한 지식, 사회적 기술을 어떻게 습득해야 하는지에 대한 정보를 제공한다. 물론 그 가운데는 부정확한 정보도 있지만, 자존심이 강한 청소년이 노골적으로 무지를 드러내지 않을 만큼의 정보를 제공한다. 두 번째로 또래 그룹은 준거 집단의 역할을 한다. 그래서 부모에게 전적으로 의존하고 있던 청소년들이 자신의 '기준', '줏대'를 만들어 갈 때 불안감을 덜어준다. 가치와 기준을 형성하고 그것을 발휘해 볼 수 있는 참조집단으로서, 갑자기 확대되는 사회생활에서 경험하는 갈등, 요구들을 탐색하고 해결하도록 돕는다. 셋째 또래집단은 보다 성숙한 관계를 형성할 기회를 제공한다. 이해와 갈등이 엇갈린 상황에서 경쟁적 관계, 이성교제 등에서 겪는 어려움에 다양한 방법으로 접근할 수 있게 한다. 성숙한 인간관계의 학습장인 것이다. 마지막으로 또래관계는 정서적 완충지의 역할을 한다. 부모 혹은 가정, 학교에서 스트레스와 갈등을 경험할 때 동정적 피드백을 제공하는 정서적인 완충지, 도피처로서 기능한다. 성인사회의 압력으로부터 도피할 수 있는 장이 되고, 성인 사회의 안정적 이행을 돕는다. 무엇보다 또래 그룹은 청소년들에게 하나의 사회적 지위 체계로 작동하기 때문에 자기 자신이나 타인, 그들이 소속된 사회에 대하여 좀 더 현실적으로 인식할 수 있는 단서를 제공한다. 이처럼, 또래 그룹은 정보 제공, 참조집단, 성숙한 관계의 학습장, 정서적 완충지, 사회적 지위 체계로서의 역할을 한다. 우정의 기쁨을 알게 하고, 정체감 형성에 중요한 '동일시'를 획득하게 하며, 가족 밖 사회에서 자신에 대한 평가, 위치와 역할 등에 대한 통찰을 제공한다. 사회생활의 예비

---

144) David R. Schaffer, 『사회성격 발달』, 603.

145) 김미란, "청소년의 친구관계와 자아 존중감", 전남대학교 미간행 박사학위 논문. (2002. 2), 8.

체험을 가능케 하는 것이다. 만약 또래그룹에서 배척을 경험한다면 어떤 일이 발생할까? 또래집단은 상호유사성을 강조하면서 다른 회원, 일원에 대하여 배척하는 성향이 짙다. 동일 사회계층, 배경, 지적 수준을 공유한 십대들이 모여서 또래 그룹을 형성하기 때문이다. 청소년기는 반항적 기질로 기성사회를 비판하지만 사회 속에서 자신의 위치, 지위를 확보하려는 욕구도 강렬하다. 그래서 또래 그룹으로부터 정서적 지지를 받지 못할 경우 사회적 기술을 발달시킬 수 있는 기회를 상실하고, 정서적 불안, 낮은 자존감을 형성하기 쉽다. 배척에도 물론 순기능은 있다. 청소년으로 하여금 자기 또래의 다른 사람들이 자신을 어떻게 지각하는지 알게 한다.

〈생각해 봅시다〉

■ 청소년기 등장하는 세 가지 주요 욕구는 무엇인가?
■ 청소년이 이성 교제를 할 때 어떻게 대응하는 것이 바람직한가?
■ 청소년기 친밀감의 대상은 어떻게 변화하는가?
■ 또래 그룹의 순기능과 역기능은 무엇인가?

5. 새로운 관계의 유익과 한계

청소년은 가족이라는 협소한 관계의 궤도를 깨고 더 넓은 궤도로 나아간다. 가족들이 제공할 수 없는 종류의 상호작용을 모색하기 시작한다. 새로운 종류의 상호작용은 청소년이 살아가는데 필요한 사회적 기술을 습득하게 하지만, 가능성과 동시에 위험 요소도 가지고 있다. 사회적 관계, 대인관계는 청소년기의 성격을 형성한다. 만약 확장된 사회관계에서 긴장과 갈등, 스트레스가 극심하다면 그것을 피하기 위하여 부정적 태도, 성격이 형성될 수도 있다.

1) 또래 관계의 유익

청소년기가 되면 부모와의 대화는 이성문제, 귀가시간, 진로문제, 형제관계, 집안 일 등의 일상적인 주제에 국한된다. 그렇기 때문에 인생에 대한 자녀의 진지한 고민은 친구에게로 이동한다. 가족이 전부이던 아동기의 세계로 부터 벗어나 가족 밖으로 사회적 관계가 확장되어 간다. 또래 친구들과의 관계는 가족을 벗어나는 청소년이 스스로 독립할 수 있는 기반을 마련해 준다. 또래 집단과의 동일시-패션, 헤어, 말투, 사고방식, 행동유형, 취미 등-를 통하여 자기만의 스타일을 발견해 갈 수 있다. 급격한 성장으로부터 오는 갈등, 스트레스를 극복할 수 있는 활력소를 제공하고 내면의 고민, 생각들을 공유할 수 있다. 그래서 청소년기에는 친구가 중요한 역할을 한다. 보통, 성인들과의 관계는 일방적이고 사회적 순응, 테두리 안에서의 적응과 규범을 수용해야 하기 때문에 비교적 안정적이라는 장점이 있다. 그러나 수직적 관계에서는 정교한 사회적 기술을 배우기 어렵다. 또래 관계는 성인과의 관계에 비하면 불안하고 스트레스가 많지만 수평적 관계이다. 수평적 관계는 수직적 관계 보다 다양한 역동이 나타난다. 그래서 다양한 역동-갈등, 힘겨루기, 질투와 경쟁-이 일어나는 상황에서 고난도의 실제적 사회적 기술들을 연마할 수가 있다. 사회적 순응과 관습을 뒤집을 수 있고, 상호적 관심 표방과 철회가 가능하며, 자기 입장을 고수하면서 경쟁, 타협, 협력하기 그리고 타인을 존중할 때 자긍심과 자기 가치를 세울 수 있다는 것도 배우게 된다.[146] 많은 사람들의 우려와 달리, 또래 관계를 통하여 부모, 연장자, 성인에게서 배울 수 없는 정교한 사회적 기술들을 습득할 수 있다. 사실 또래 친구들과의 교류가 없이는 뛰어난 학습능력에도 불구하고 사회성 발달이 어렵다. 미래 사회는 '전문성 보다 인성'이 더 중요시 될 수 있다. 인공지능과 함께 살아간다면 일의 전문성 보다 '인성, 사회성'에 대한 평가가 더욱 두드러질 것이다. 따라서 또래 친구, 또래 그룹과의 관계는 가정으로부터 한걸음 나아가 '새로운 사회적 장'을 경험할 수 있는 교육의 자리이다. 사람이 성숙해 가는데 있어서 대인관계에서의 갈등, 문제 해결은 주요 기반으로 작동하기 때문이다.

---

146) F. Barton Evans III, *Harry Stack Sullivan: Interpersonal theory and psychotherapy-Makers of Modern Psychotherapy*, 110.

2) 부정적 성격 형성

청소년기 또래 관계는 새로운 문화적 경험과 견줄 수 있다. 확장된 대인관계에 적응하는 것은 그만큼 새롭고 도전적이다. 그 결과 복잡한 사회적 관계에 적응하기 위하여 내면에서 부적절한 기제, 성격을 개발할 수도 있다. 청소년이 개발할 수 있는 부정적 성격으로 권위주의 vs 반권위주의, 만성적 청소년, 그리고 희생양 만들기를 살펴볼 것이다.

(1) 권위주의 vs 반 권위주의적 성격

청소년기는 '통제와 권위에 대한 감각'을 재획득한다. 이 과정에서 성인들의 처벌, 평판이 두려운 청소년이 권위주의자가 되기로 선택할 수 있다. 권위주의적 성격은 강한 것과 약한 것의 구별에 집착, 비슷한 사람들과 그렇지 않은 사람에 대한 명확한 구분, 관습적 가치들과 비 관습적 가치들에 대한 구분, 미신에 대한 몰두, 금기시되는 것들에 대한 편견 등이다.[147] 그렇다면 왜 편견, 고정관념을 선호하는가? 편견은 '누구도 소용없다'는 낮은 자존감으로부터 오는 근심을 낮춰주는 안전장치 역할을 해주기 때문이다.[148] 그러나 이는 단지 일시적 안전을 제공할 뿐, 일부 특정 대상과의 상호작용을 방지함으로서 사회적 절름발이로 만들 수 있다. 반대로 반권위주의적 성격을 갖게 될 수도 있다. 요즘 젊은이들을 디지털 노마드(Digital Nomad)라고 부른다. 이들은 고정된 업무 공간과 생활환경에서 벗어나 인터넷이 연결되고 디지털 장비만 있으면 커피숍, 도서관, 캠핑카 등 어디에서나 자유롭게 일할 수 있다.[149] 반권위주의적 성격, 자유로운 성향을 가진 이들은 높은 이동성, 상호 인격적 관계의 단절, 무절제, 타자성, 독특성, 불분명한 경계선, 방랑적(nomad) 특성, 사회적 경계선에 대한 무시, 인간 삶에 대한 평가 절하, 변화무쌍한 성격 등을 특징으로 한다.[150] 곧 이들은 사회적 권위를 회피, 무시한다. 청소년의 사회성을 연구한

---

147) James Loder, 『신학적 관점에서 본 인간발달』, 284.

148) David R. Schaffer, 『사회성격 발달』, 180.

149) 경기일보http://www.kyeonggi.com 2020. 11. 4. 최종검색

150) James Loder, 『신학적 관점에서 본 인간발달』, 286.

설리번은 청소년들이 대인관계에서 권위자와의 갈등을 피하기 위하여 '선택적 부주의'와 '감독적 패턴'이라는 성격을 개발할 수도 있다고 하였다.[151] '선택적 부주의'는 근심을 갖게 하는 사람으로부터 심리적으로 멀리 이동하는 것이다. 예를 들면 부모 혹은 교사가 심한 잔소리를 하거나 과도한 부담을 얹을 때 경험되는 자신의 생각, 느낌, 행동, 태도 등에 대하여 인식하지 않고, 마치 아무렇지도 않은 것처럼 무심하게 행동한다.[152] 곧 선택적으로 '부주의하게 행동'하는 것이다. 이는 자신을 불행하게 만드는 '관계'에 대한 위험신호, 경고음을 회피하면서 엉뚱한 데서 폭발할 가능성도 가지고 있다. 다음으로 '감독적 패턴'은 기대했던 사회적 승인을 받지 못할 것에 대한 두려움 때문에 스스로 '상상적 청중'의 비평을 듣고, 자신에 대하여 비평적 판단과 부정적 사고를 개발하는 것이다.[153] 내면의 청중, 관중, 독자로부터 강력한 비평을 듣는 것으로 엘킨드가 언급했던 '상상적 청중'과는 반대적이다. 엘킨드가 말한 '상상적 청중'은 상상 속에서 관중의 갈채와 주목을 받는 것이다. 반면 설리번이 말하는 '감독적 패턴'은 상상 속에서 관중의 비평을 듣는 것이다. 청소년이 까다로운 부모 혹은 교사 등 권위자의 불승인으로부터 자신을 보호하기 위하여 개발한 것이지만 낮은 자존감의 결과이거나 낮은 자존감 형성으로 이어질 수 있다.

(2) 만성적 청소년

만성적 청소년이란 계속 청소년기에 머물러 있는 것 같은 특징을 가진 성인이 되는 것을 말한다. 이미 청소년기가 지나갔음에도 불구하고 청소년처럼 동질성에 매몰되고, 나와 다른 대상이나 집단에 대하여 경쟁적 구도로 몰아가면서 승패를 가리는데 연연하는 것을 말한다.[154] 설리번은 현대 사회가 청소년들에게 지나친 경쟁을 부추기는 것을 우려하였다. 만약 청소년기에 배워야 할 협력과 타협의 균형 잡힌 과정을 배우지 못한다면, 그저 모든 생활에서 다른

---

151) F. Barton Evans III, *Harry Stack Sullivan: Interpersonal theory and psychotherapy-Makers of Modern Psychotherapy,* 110.
152) 위와 같음.
153) 위와 같음.
154) 위와 같음.

사람을 앞서는데 중심이 있다고 보는 '만성적 청소년기'를 보내게 된다고 예측하였다.[155] 성숙한 성인이라면 관계에서 경쟁해야 할 때와 협력 혹은 타협해야 할 때를 구분할 줄 알아야 한다. 협력과 타협의 기술은 없고 오직 경쟁하여 이기려고만 든다면 이는 사회성이 결핍된 것이다. 만약 현대 사회 속에서 만성적 청소년이 늘어난다면, 갈등과 마찰은 심화될 수밖에 없다. 그러고 보면 오늘날 얼마나 많은 성인들이 '만성적 청소년기'를 보내고 있는지 헤아리기 어렵다. 관계성 속에서 자기를 철회하거나 접지 못하고 늘 '경쟁에서 우열'만을 가리려고 한다면 이는 사회적 문제를 야기할 수 있다. 만남과 조화는 없고 경쟁과 승패를 통한 우열가리기만 있다면 삶이 각박해지지 않겠는가? 오늘날 학교교육, 교회 생활 역시 마찬가지가 아닌가 묻고 싶다. 청소년들은 경쟁을 통한 우위와 승패를 판가름하는 것이 궁극적 과제인 것처럼 간주되는 시대를 살아간다. 따돌림, 편견, 과도한 경쟁성 등의 징후는 낮은 자존감과 밀접한 관계가 있다. 모든 관계의 결론이 비교우위를 가리는 데 있다면 사회는 점점 황폐해져갈 것이다.

(3) 희생양 만들기

아동기 불안의 요인은 양육자와의 관계에서 드러난다. 부모의 관심과 인정을 받으려는 욕구와 그에 반하여 불승인이 따라 올지도 모른다는 불안 사이에서 긴장한다. 부모의 승인에 대한 긴장은 청소년기에 양육자로 부터 또래 친구에게로 이동한다. 청소년기 친구관계의 배신은 '호혜적 상호관계'로부터 '계약적, 전략적 관계'가 개입될 때 발생한다. 만약 친구에게 협조적, 호혜적 우정으로 접근했는데 다른 쪽에서 경쟁적, 계약적 관계로 배신한다면 우정의 배신을 경험하게 된다. 예를 들면 비밀을 공유했는데 나의 정보를 누설했거나 자기 정보는 은닉, 유보하고자 할 때, 자기 욕구를 충족시킨 후 상대방의 욕구를 모른 척 할 때, 관계를 단절하고 다른 친구에게로 이동할 때 배신을 경험할 수 있다. 친구로 부터의 배신은 스스로를 객관적으로 인식할 수 있는 계기가 되기도 한다. 나와 타인의 기대치가 다르며, 사람을 잘 분별할 수 있는 안목을 형성하고,

---

155) 위의 책, 113.

갈등이 발생했을 때 해결하는 지혜를 습득한다. 그러나 배신, 거부감, 따돌림은 청소년들이 가장 두려워하는 것이다. 친구들로부터 배신 혹은 따돌림을 경험하였을 때, 십대들은 '죽고 싶은 심정' 이라고 표현한다. 청소년기 친구들과의 유사성, 동질성 확보는 자신을 확보하고 굳건히 하는 중요한 일이다. 또래 집단과의 일체감 속에서 안정감을 얻는 만큼 또래 집단의 희생양이 되는 것은 치명적이다. 이는 소속감에 대한 욕구에 반하는 것이며, '동일시', '일치'를 통하여 얻을 수 있는 안정감을 박탈하기 때문이다. 그렇기 때문에 또래 친구, 또래 집단의 기대, 가치관, 행동 유형과 자신의 모습 사이에서 불일치가 심해질수록 긴장, 소외감과 두려움을 갖게 된다. 파커 팔머(Parker Palmer)는 자기 문제의 탓을 낯선 타인에게 덮어씌우면서 위로를 얻는 희생양 만들기는 청소년의 내적 공허감에 대한 거짓 치료제라고 정의한다.156) 습관적으로 어떤 이들을 비방하는 고정관념, 편견이 많고 희생양 만들기를 일삼는 다면 이는 '낮은 자존감'의 표징이다. 누구나 알듯이 자기 존중감은 타인 존중감의 기본이 된다. 성숙한 사람은 타인의 가치를 인정할 뿐 아니라 다른 사람의 행복, 성공을 즐거워 할 수 있다.157)

〈생각해 봅시다〉

■ '경쟁, 협력, 타협' 중 청소년들에게 필요한 사회적 기술은 무엇인가?
■ 감독적 패턴과 상상적 청중의 공통점과 차이점은 무엇인가?
■ 청소년의 부정적 성격은 낮은 자존감과 어떻게 연계되는가?

6. 신의 형상을 회복시키는 만남

1) 거짓 거울 깨뜨리기

청소년기 동질성을 기반으로 서로를 확증해주는 친구를 거울 친구라고 한다.

---

156) Parker Palmer, 김찬호 옮김, 『비통한 자들을 위한 정치학』 (서울: 글 항아리, 2011), 122.
157) F. Barton Evans III, *Harry Stack Sullivan: Interpersonal theory and psychotherapy-Makers of Modern Psychotherapy*, 128.

거울 친구는 대개 동성 친구이지만, 이성 친구도 될 수 있다. 거울 친구는 마치 거울 처럼 비슷하게 외모와 내면, 가족과 주변 사람들을 반영하는 친구를 말한다. 청소년은 자신을 반영해 줄 수 있는 소수의 믿을 만한 거울 친구, 곧 다른 사람들의 눈과 귀를 필요로 한다. 본래 비슷한 친구를 거울 친구로 삼지만, 역으로 거울 친구는 자신을 바라보는 이미지, 자아상에 영향을 미칠 수 있다. 만약 어떤 청소년이 낮은 자존감을 가지고 있다면 비슷하게 열등감이 많은 거울 친구를 사귈 가능성이 있다. 그러면 가족, 학교, 친구들로 부터 존중 받지 못하고 자아상에 문제가 있는 청소년들은 자존감 회복의 기회가 없는 것일까? 성경은 모든 인간이 '하나님의 형상' 이라고 말씀한다. 인간이 '하나님의 형상'이라는 창세기의 메시지는 바벨론의 포로로 가 있던 이스라엘을 위하여 선포된 말씀이었다. 바벨론 포로기에 이스라엘은 바벨론으로부터 그들이 '신들의 노예'로 지어졌다는 메시지를 받았다. 신들의 엘리트, 왕을 위하여 지어진 노예라는 사회적 압력 속에서, 거울을 보았을 때 어떤 이미지가 그들을 응시하고 있었겠는가?[158] 그들 앞에는 두 개의 거울이 놓여있었는데 하나는 신들의 노예, 왕을 섬기는 것 외에 다른 목적이 없는 패배와 포로적 삶이라는 거울이었고 다른 하나는 진정한 신의 형상, 신에 준하는 엘리트의 형상이며 동역자라는 거울이었다.[159] 포로, 이스라엘은 두 개의 거울 앞에서, 신의 노예와 신의 형상이라는 양극단의 자아상을 왔다 갔다 하면서 혼란스러웠을 것이다. 오늘날 청소년들은 엘리트가 되기를 요구하는 가족, 학교의 입시경쟁, 성공을 위해 치열하게 싸워서 살아남지 않으면 도태된다는 사회적 압력들이 충돌하는 거울의 방에서 어떤 자아 이미지를 가지고 살아가겠는가? 아마도 파편화된 자아상을 가지고 살아갈 것이다. 이러한 혼란의 한복판, 공포의 터널에서 십대들은 과연 하나님은 있는가? 의심한다. 자기를 못마땅하게 여기고 비교하는 사람들 사이에서 왜곡된 자아상에 매여 노예, 포로의 생활을 하고 있다. 이것은 바벨론이 이스라엘에 부여한 '거짓 거울' 과 마찬가지로 거짓말이다. 많은 청소년들이 거짓 거울의 방에서 혼란을 느끼며 살아간다. 그러나 거짓 거울은 깨어질 수 있고 또

---

158) J. Richard Middleton, Brian J. Walsh, 이철민 옮김, 『여전히 우리는 진리를 말할 수 있는가』 (서울: IVP, 2020), 227.

159) 위의 책, 228.

한 깨뜨리지 않으면 안 된다. 만약 거짓 거울을 가진 청소년이 있다면, 좋은 만남으로 왜곡된 자아상을 깨뜨릴 수 있다. 낮은 자존감과 왜곡된 자아상으로 갈등한다면, 온전한 자아상을 회복하도록 돕는 거울 친구가 필요하다. 거짓 거울을 깨뜨리는 거울 친구는 또래 친구가 되기도 하지만 성인 보증인 또는 공동체도 될 수도 있다. "아름다움은 보는 사람의 눈에 달렸다"는 말이 있다.160) 15C 말 피렌체의 조각가 안토니오의 아고스티노(Agostino d'Antonio)가 쓸모없는 돌덩어리라고 버리고 간 거대한 대리석을 40년 후 미켈란젤로가 '다비드'로 조각한 것은 널리 알려진 이야기이다.161) 미켈란젤로는 볼품없는 대리석에서, '다비드(다윗)' 곧 왕의 형상을 발견하고 구현해 내었다. 이 처럼 청소년의 왜곡된 형상 속에서, 아직 구현되지 않은 하나님의 형상(창1:26-27)을 발견해 내는 것이 온전한 거울 친구의 역할이다. 반대로 '거짓 거울'은 죄 된 형상, 이기지 못하면 쓸모없는 존재라는 왜곡된 자아상을 강조, 부각시킨다. 따라서 대리석에서 왕의 형상을 발견한 미켈란젤로처럼 '거짓 거울'을 깨뜨리고 '하나님의 형상'을 꺼내어줄 '온전한 거울 친구'를 만난다면, 그것은 놀라운 변화의 시작이다. 1970~1980년도에 한국 교회에서는 비행 청소년들이 '온전한 친구와 교사'를 만나서 인생이 변화된 사례들이 많았다. 생계형 비행이 많았던 시절에, 청소년들이 하나님의 은혜를 깨닫고 변화되는데 단지 기도, 예배, 감동만 있었던 것은 아니다. 그들을 신의 형상으로 귀하게 대해준 교사, 친구, 공동체와의 교제가 없었다면 하나님과의 인격적 만남은 불가능했다. 청소년에게는 자기를 있는 그대로 수용해 주는 만남과 교제에 대한 열망이 있다. 물론 어느 정도 왜곡된 이 열망은 충성된 사람들과의 만남, 결코 버리지도 떠나지도 않을 그리스도와의 만남으로 충족되고 수정된다. 그리스도는 경쟁성과 효율성, 경제성과 소비성이 그들의 가치를 증명한다는 사회의 '거짓 거울'과 메시지를 박살내고 청소년들이 '하나님의 형상대로 지음 받은 자(창1:26~27)'로, '끝까지 사랑하고 품는 자(요17:22-23)'로, '전에는 하나님의 백성이 아니더니 이제는 하나님의 백성(벧전2:9-10)'이라고 선포한다. 더 이상 거짓말과 거짓 거울에

---

160) Alister Macgrath, 김일우 옮김, 『회의에서 확신으로』 (서울: IVP, 2016), 166에서 재인용.
161) 위의 책, 167.

속지 말고, 그리스도와의 교제 가운데 살아가는 친구(요15:13)로 초대한다. 이처럼 청소년기에 온전한 '거울 친구'를 만나고 교제하는 것은 비교할 수 없을 만큼 중요한 일이다. '거짓 거울'이 깨지고, 그리스도의 친구로 초대받는 만남의 기독교 교육이 더욱 요청되고 있다.

2) 신의 형상을 한 만남

일반적으로 우정은 비슷한 인격, 가치, 세계관을 가진 사람들이 서로를 공고하게 하는 친밀한 관계이다. 그러나 기독교적 관점에서 우정은 서로 다른 인격, 가치, 세계관을 가진 사람들이 그리스도의 이름으로 친밀함을 추구하는 관계이다. 공동의 가치와 세계관을 강조하는 '우정'과 반대로, 지상의 장벽과 차별을 넘어서는 기독교적 친교를 '코이노니아(koinonia)'라고 한다. 코이노니아는 차이를 넘어서 그리스도를 중심으로 모인 사람들이 교제하는 공동체, 다름이 그리스도의 이름으로 수용되는 교제와 공동체를 지향한다. 청소년은 파괴적이면서 창조적인 상호작용을 한다. 가족의 울타리를 파괴하고 나가지만, 또한 자신을 이해하고 수용할 수 있는 만남, 공동체를 꿈꾸는 열망이 있다.162) 청소년은 서로를 알고 알아가고, 교제를 통하여 연합하고, 소속되는 관계를 간절히 원한다. 대인관계 이론은 청소년기 가장 강렬한 욕구는 성욕이 아니라 '친근감'이라고 주장한다. 친근감의 욕구는 '내가 무리한 것을 요청해도 너는 나를 받아드려야 한다'는 맹목적 수용, 또는 이성과의 무분별한 성적 교제로 나타날 수 있다.163) 관대함, 수용의 궁극성을 친구에게 요청한다는 것은 어느 정도 왜곡된 열정이지만, 궁극적 존재와의 교제를 갈망하고 있다는 종교성의 표현이기도 하다. 이렇듯, 친근감, 교제에 대한 욕구가 높지만 동질성 확보를 갈망하는 연약함 속에서 조그만 '차이', '다름'조차도 용납 못하는 전체주의적 특성을 보인다. 고독, 소외감 그와 상반되는 친밀감 사이에 끼어 있으면서도 비슷하고 안전한 사람만 가려서 사귀는 것이다. 그래서 청소년들 사이에서 이

---

162) Lewis J. Sherill, 김재은 옮김, 『만남의 기독교교육』(서울: 대한 기독교 출판사, 1997), 79~83.

163) Kenda C. Dean, *Practicing Passion:Youth and the quest for a passionate church.* (Rapids, Mich:Erdmans, 2004), 84.

질감을 느끼는 대상에 대한 '왕따', '낙인(stigma)', '희생양 삼기'는 많은 우려에도 불구하고 여전히 계속되고 있는게 아니겠는가? 사실 청소년기가 지난 후에도 '희생양 만들기'는 계속된다. 사회적으로 누군가를 '낙인(stigma)찍기', '수치스럽게 만들기(tarring and feathering)'는 인류 사회에서 오랫동안 자행되어 온 사회적 범죄이다. 희생양 만들기의 대표적 사례가 미국 지역 도처에 있는 게이티드 커뮤니티(gated community)-입주민 외에 들어올 수 없도록 울타리를 쳐 놓고 살아가는 사람들-이다.164) 만약 거주자가 아닌 누군가 그곳에 들어간다면 봉변을 당할 수 있다. 게이티드 커뮤니티는 동질성에 합류하지 못하는 대상을 몰아낸 제국주의적 방식이다. 파커 팔머는 '희생양 만들기'는 고삐 풀린 소비 보다 더 위험한 것으로 만약 인종, 사회, 계급, 종교, 이데올로기가 다른 사람들에게 투사된다면, 민주주의를 위협하는 파시즘으로 흘러갈 위험성도 있다고 보았다.165) 사춘기 시절의 사고방식인 '희생양 만들기' 곧 '남 탓하기'를 반복하면서 삶의 분투, 갈등에 책임지지 않는 비현실적이고 무책임한 태도를 지속하는 성인들이 의외로 많다. 청소년기는 이질성, 차이, 다름에 민감하다. 한국에서 '우정'은 보통 '비슷한 또래'에서 형성되는 경향이 있다. 나이 차이, 세대 차이에 대한 인식이 극명하고 수평적 관계 보다 수직적 관계가 강하게 작용하기 때문에 열 살 위 혹은 열 살 아래의 누군가와 친구가 된다는 것은 상상하기가 어렵다. 그러나 다른 문화권에서는 열 살 위 혹은 열 살 아래와 '우정'을 만드는 것에 거리낌이 없다. 연령, 세대 차이에도 불구하고 좋은 친구가 될 수 있다. 인종 차이는 있지만 세대 차이는 없다. 그러나 한국 청소년과 청년들은 세대 차이에 특히 민감하다. '세대 차이', '남녀 차이', '성격 차이', '인종 차이' 등 세상에는 다양한 차이들이 있다. 차이와 다양성 속에서 우정의 아름다움을 경험하는 것은 의미 있는 일이다. 청소년기에 '차이' 극복이 어려운 것은 자신에게 아직 확신이 없고, 자신을 표현하는데 서툴기 때문이다. 그러나 동질성을 확보하고 나면 이질성을 가진 대상과 친밀감을 추구하는 것은 당연한 성숙의 결과이다. 차이는 갈등을 유발하지만 다름의 연합 속에서

---

164) Parker Palmer, 『비통한 자들을 위한 정치학』, 123.
165) 위와 같음.

창조적 길을 제시하기도 한다. 남녀의 차이는 사랑을 만들어낸다. 차이를 수용하는 관계, 공동체적 모델링은 청소년에게 어떻게 자기를 표현하고, 다름 속에서 우정과 교제를 나눌 수 있는지 배워가게 한다. 오늘날 많은 청소년들이 실제적 공동체 보다는 사이버 공간에 머물고, 그곳에서의 교제를 즐긴다. '소외감'이 깊은 만큼, 친밀감에 대한 추구가 강렬한 청소년들은 교제와 친근감 속에서 궁극성을 추구하지만 그것이 채워지지 않는다. 그래서 고독하고 공허하다. 타자 철학을 이야기 한 레비나스는 "메시아는 나와 너라는 관계에서 인격화한 신적 존재"라고 정의한다.166) 나와 너의 차이, 다름에도 불구하고 대면하여 대화하는 인격적 관계 속에 메시아, 구원자가 있다. '상이함, 다름' 이라는 성질, 곧 타자성은 불편을 유발하지만 그 불편함 속에서, 타자의 얼굴 안에 있는 신의 형상, 하나님의 형상을 발견하는 것이 바로 그리스도 안에서의 교제, 코이노니아가 지향하는 바이다.167) 친근감, 연합, 소속에 대한 청소년의 갈망은 자기가 넘지 못하는 다름을 넘어서는 궁극적, 종교적, 초월적 만남과 교제를 지향한다. 또래, 성별, 취미와 선호도, 정치적 성향, 지역성을 넘어서 친교하는 소그룹 혹은 대그룹의 공동체는 청소년에게 좋은 모델이 될 수 있다. 소속감을 줄 뿐 아니라, 내 모습 그대로 인정받고 수용된다는 것을 인식시켜 주며, 소유가 아닌 나눔, 경쟁이 아닌 희생을 배우는 '올 앤 오프라인(all & off-line)'의 만남이 필요하다. 이러한 사귐 속에서 대안적 관계의 가능성, 분열되고 계층화된 사회관계를 넘어설 수 있다는 희망을 품을 수 있다. 서로가 함께 책임을 지는 상호연대 가운데, 모든 것이 경쟁과 승패를 가리는 것으로 함몰된 사회적 관계에 대한 대안을 경험하게 될 것이다.

〈생각해 봅시다〉

■ 청소년의 거짓 거울을 깨뜨릴 기독교 교육적 방안은 무엇인가?
■ 청소년들이 가상공간의 교제, 친밀감을 선호한다면 그 이유는 무엇인가?
■ 다름을 수용하는 만남은 청소년들에게 어떤 면에서 유익한가?

---

166) 윤대선, 『레비나스의 타자철학』 (서울: 문예 출판사, 2013), 53.
167) 고수진, "이타적 공동체의 회복을 위한 교육목회", 『기독교교육 논총』 V.42. (2015. 6), 282.

6장

청소년의 정체감 형성

1. 나는 누구인가?

인생의 각 단계는 그 때마다 해결해야 하는 과제가 있다. 이를 '발달 과제'라고 한다. 로버트 허비거스트(Robert. J. Havighurst)는 정상적 발달로부터 개인에게 주어지는 과제를 '발달과제' 라고 정의하였다.168) 그러면 청소년기 발달과제는 무엇인가? 청소년의 발달 과제는 '나는 누구인가?'에 답하는 '정체감 형성'이다. 정체감, 아이덴티티 'identity' 는 에릭 에릭슨이 'identify', '동일시하다' 라는 동사의 명사형인 'identification' 에서 추론하여 만든 용어이다. 곧 정체감, 아이덴티티란 '동일시'라는 뜻이다. 동일시는 자신을 둘러싼 환경, 중요한 사람들과의 관계 속에서 특정 태도, 행동 패턴을 모방하고 자기 것으로 만들어 가는 과정이다. 정체감 형성은 '나는 누구와 같은가?' 반대로 묻는다면 '나는 누구와 같지 않은가?' 라는 물음에 답을 찾는 과정이다. 정체감의 물음은 청소년기에 처음 등장하여 일평생 계속되는 과제이다. 그래서 청소년들은 '동질성을 가진 대상, 동년배의 또래그룹'에 연연하고, 영향을 받는다. 정체감을 연구한 심리 사회학자 에릭 에릭슨(Erick H. Erickson)은 본래 자신에 대한 정의가 어려운 사람이었다. 그의 아버지는 둘이었고, 양육해준 아버지와 생물학적 아버지가 달랐다. 그 둘 사이에서 '나는 누구와 같고, 누구와 같지 않은가?' 라는 동질성의 문제를 비교적 오랫동안 안고 살았다. 그렇기 때문에 그는 인생의 모든 발달 과제가 중요하지만 그 가운데 청소년기 발달과제가 핵심적 과제라고 보았다. '나는 누구인가?' 하는 물음은 스스로가 해결해야 할 심리적 과제이다. 동시에 주변 사람들이 '나를 어떻게 대하는가? 나에게 무엇을 기대하는가?' 를 인식해 가는 사회적 과제이다. 심리적 과제이면서 또한 사회적 과제인 것이다. 심리 사회적 과제로서 정체감 형성은 '나는 내가 누구와 같다고 보는가?' 그리고 '사람들은 내가 누구와 같기를 바라는가?' 하는 두 물음 사이에서 이루어진다. 신앙적 관점에서 본다면 '하나님은 나를 누구라고 부르시는가?' 하는 세 물음 사이에서 이루어진다.

---

168) 사미자, 『종교심리학』, 68.

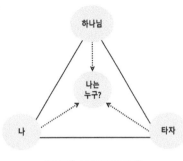

그림6) 정체감의 물음

정체감의 물음은 나의 관점이라는 심리적 대답, 타자의 관점이라는 사회적 대답, 그리고 하나님(신)의 관점이라는 초월적, 신앙적 대답을 요청한다. 칼 바르트(Karl Barth)는 자아 정체감에 대한 답은 오직 하나님으로부터 찾을 수 있다고 하였다. 인간의 창조주이신 하나님만이 참으로 인간이 누구인지 알고 있으며, 하나님께 알려짐으로서 자신의 근원적이고 궁극적인 물음에 대한 해답을 얻을 수 있다는 것이다.169) 에릭슨이 정체감의 물음을 심리, 사회적 측면에서 보았다면 칼 바르트는 그것을 신학적 문제로, 하나님과의 관계에서 규명할 것을 강조한다. 청소년기는 인생의 어느 단계 보다 급격한 발달을 경험한다. 신체적, 인지적, 정서적 발달은 청소년으로 하여금 '내가 누구인지?' 새롭게 정의하지 않으면 안 된다는 당위성을 부여한다. 위르겐 몰트만(Jürgen Moltman)은 모든 생물체 가운데서 인간은 자기 자신에 대하여 의문을 품는 유일한 존재이며, '인간은 인간에 대하여 가장 큰 비밀'170)이라고 표현하였다. 자기 자신에 대하여 의문을 품는 '정체감의 물음'은 오직 인간만이 갖고 있는 물음이다. 따라서 그것은 인간만이, 특히 청소년기가 갖고 있는 특권이고 축복이다.

2. 나는 누구와 같아지고 싶은가?

1) 무의식적 동일시: 나는 누구와 같아야 하는가?

자아 정체감은 단지 청소년기에 국한된 과제가 아니다. 신생아로부터 아동기에 이르기까지 모든 인간은 외부세계-인류, 나라, 민족, 지역, 가족-의 요청과

---

169) K. Barth, 황정욱 옮김, 『교회 교의학: 화해에 관한 교의, III-2』 (서울: 대한 기독교 서회, 2005), 145.

170) Jürgen Moltmann, 전경연, 김고광 옮김, 『인간』 (서울: 한신대학교 출판부, 1990), 12.

기대를 무의식적으로 흡수한다. 이를 '무의식적 동일시'라고 한다. 영아기에 어머니의 돌봄으로부터 유전적 기질, 사회적 환경 곧 국가, 인종, 지역, 친족, 가족의 분위기를 '동일시' 한다. 유아기 '자율성과의 투쟁' 속에서, '나는 혈통으로 유대인과 같다.', '나는 자율성 보다 의존을 중요시하고, 개인 보다 집단을 중요시하는 아시아 사람과 같다.' 그리고 아동기 사회적 기대 속에서 '나는 남자로서 용감하게 세상을 구하는 영웅과 같다.' 등의 무의식적 동일시가 이루어진다. 사회의 기대를 흡수하는 것이다. 아이는 생존을 위하여 가족의 기대, 친족, 지역, 사회, 민족, 국가의 기대, 이상형을 무의식적으로 동일시할 수밖에 없다. 어렸을 때 부모님이 읽어주는 전래동화, 세계 문학 동화 속에는 인류사회가 요청하는 인간에 대한 보편적 기대, 문화적 코드, 민족에 대한 해석이 들어있다. 여아는 신데렐라처럼 왕자님을 만나야 행복해질 수 있고 남아는 기사처럼 용감하게 세상을 구해야 한다. 유아, 아동은 이러한 동일시를 거부하거나 분별, 선택할 수 있는 능력이 없다. 단지 흡수할 뿐이다. 학령기-초등학생-가 되면 가족, 사회가 요청하는 근면하고 성실한 사람이 되어야 한다는 사회적 기대를 수용하고 따라가려고 노력한다. 문화적으로 아시아권의 사람들은 유럽, 아메리카인들 보다 훨씬 일 중심적이다. 그래서 자유분방하고 대화를 좋아하는 유럽인이나, 놀기 좋아하고 약속을 깃털처럼 여기는 남미 사람들을 보면 무의식적으로 '게으르다'고 정죄한다. 청소년기 이전에 습득된 '무의식적 동일시' 가 작동하는 것이다. 그러나 이러한 동일시는 청소년기가 되면 '수정'을 요청한다. 신체적, 인지적, 사회적 변화는 아동기까지 동일시해왔던 것들의 유용성이 사라져버렸다는 메시지를 전한다. 그리고 가족 바깥, 외부세계의 개방은 지금까지와는 다른 사회적 기대, 동일시를 선택해야 한다고 요청한다.

2) 선택적 동일시: 나는 누구와 같아지고 싶은가?

이제, 청소년기가 되면 '나는 앞으로 어떤 사람과 동일시되기 원하는가?' 스스로 선택하기 시작한다. '무의식적 동일시' 에서 '선택적 동일시'로 이동하는 것이다. '선택적 동일시'로의 이동은 '나에 대한 사회적 기대 중 어떤 부분을 선택하여 동일시할 것인가?' 고민하도록 만든다. 이처럼 청소년기는 어린 시절 이루어진 동일시를 새롭게 평가, 수정하면서 정체감을 형성해 간다.171) 급격한 신체적 발달로 이미 외형적으로 다른 모습으로 변화된 청소년은 아동기까지 무의식적으로 흡수했던 '동일시'에 머물러 있을 수 없다는 것을 깨닫는다. 또한 인지적 발달, 심리적 변화 등은 청소년에게 아동기와 다른 '높은 자아의 이상, 모델'을 제시한다. 그렇다고 아동기까지 '동일시' 해 온 정체감을 완전히 버릴 수는 없다. 과거와의 연속성 위에서 새로운 자신의 '독특함, 개성, 개별성'을 추구하는 것이다. 청소년기 추구하는 '동질성'은 아동기 보다 좀 더 개별적이다. 아동기까지의 동질성이 인류, 문화, 국가, 친족 등 일반적이라면 청소년기의 동질성은 개별적 동질성을 추구한다. 개별적 동질성은 아동기까지의 '나'의 연속성 위에서, 아동기와 구별된 '독특함'을 추구하는 것이다. 곧 자아 정체감 형성이란 '나는 누구, 어떤 이미지, 역할, 사상과 나를 동일시할 것인가?' 자문하면서 미래 지향적인 자기 초상을 만들어 가는 과정이다.172) 여기서 사회적 기대, 사회가 제시하는 '이상적인 모습' 역시 영향력을 미친다. 청소년은 더 이상 가족의 울타리 안에 갇혀있지 않다. 외부세계와 교류가 많아지면서 사회가 제시하는 새로운 역할, 이미지, 이상적 모습이 무엇인지 파악해간다. 하지만 아직 자신만의 개별성 추구에 확신이 없는 청소년들은 '우리들만의 개성'을 추구하려고 든다. 또래들과 같아지려고 하고 '자기들만의 독특성'에 대한 몰입은 배타적, 비관용적 모습으로 비춰질 수 있다. 독특한 생활방식, 가치와 사상체계의 추구가 강렬한 나머지 '전체주의적' 성향을 드러낸다. 청소년들 사이에 '왕따(Bullying)', '희생양 만들기'는 동질성을 추구하는 청소년들이 '이질성'에 얼마나 관대하지 못한지를 깨닫게 한다. 조금 다른 이들에게 무자비한 '전체주의적' 태도를 보이는 것은 그 만큼 자기 자신에 대한 확신이 부족하다는 것을 의미한다. 동질성 확보는 그만큼 청소년기에 중요한 발달과제이다.

〈생각해 봅시다〉

■ 나는 누구와 같은가? 나는 누구와 같지 않은가? 정리해 보자.

---

171) Friedrich Schweitzer, 송순재 옮김, 『삶의 이야기와 종교』 (서울: 한국 신학 연구소, 2002), 95.

172) David R. Shafffer, 『사회성격 발달』, 227.

- 유아, 아동기의 동일시와 청소년기 동일시는 어떻게 다른가?
- 청소년들이 또래 그룹과 같아지려고 하는 이유는 무엇인가?
- '자기들만의 개성'을 추구하는 모습은 어떤 성향을 드러내고 그 결과는 무엇인가?

3. 정체감 형성의 과정

정체감 형성은 에릭슨의 이론을 토대로 이탈, 이념 탐색, 관여의 과정으로 구성하였다.

1) 이탈: 위기의 시간

이탈은 청소년이 '동일시' 대상이었던 부모로부터 다른 권위자, 또래 친구 혹은 그룹으로 '동일시' 대상을 옮겨가는 것을 말한다. 부모의 통제로부터 점차 벗어나려는 움직임을 '이탈' 다른 말로 '분리' 라고도 한다. 분리는 유아기에 걸음마를 배울 때도 이루어진다. 유아가 처음 걸음마를 배울 때 부모에 대한 신체적 의존으로부터 조금씩 이탈하는데 이 과정에서 유아의 '홀로서기'는 불안하다. 넘어지는 것이 무서워서 걸음마를 배우지 못하게 한다면 이는 어리석은 일이다. 에릭슨은 유아기의 이탈, 자율성의 분쟁이 청소년기에 재생된다고 보았는데, 유아가 마치 부모의 안심하게 해주는 목소리를 듣고 싶은 것처럼 청소년 역시 자율성에 대한 지도를 원한다고 하였다.173) 만약 부모가 이탈을 허용하지 않고 자율을 강탈한다면 유아, 청소년은 두 배의 반항과 패배를 경험하게 될 수 있다.174) 이탈, 부모로부터 분리되는 과정은 불안하지만, 여기서 불안한 것은 청소년만이 아니다. 부모 역시도 존재감을 부인, 박탈당하는 것 같아서 불안하다. 따라서 청소년기 자녀와 부모 사이에 **'자율성의 분쟁'** 이 일어난다. 벗어나려는 청소년과 놓지 않으려는 부모 사이에 냉소적 기운이 감돌고, '자율성'을 획득하고 싶은 자녀의 모습을 부모는 거부와 반항으로 읽는다. 그

---

173) Erik, H. Erikson, 최연석 옮김, 『청년루터』 (서울: 크리스챤 다이제스트, 2000), 155.

174) Erik, H. Erikson, *Identity: Youth and Crisis.* (New York : Noton, 1968), 109.

러나 사실, '자율성의 투쟁' 뒤에는 적절한 지도와 안내(guidance)에 대한 가련한 요청이 들어있다.175) 적절한 거리와 반경 안에서 불안한 청소년의 이탈을 수용해 주기를 바란다. 아마도 문화 적으로 '자율성'의 정도, 경계선의 범위는 다를 수도 있다. 집단 문화가 강한 아시아, 남미, 아프리카 등의 지역에서 경계선 침투는 흔히 일어나는 일이다. 적어도 자녀의 청소년기는 부모에게 '노크(Knock)'와 '실례하겠습니다(Excuse me)'를 요청한다. 적절한 경계선 밖에서 청소년의 자율을 반항과 탈선으로 판단하지 않고, 기다려 주고 지켜봐주기를 기대한다.

영국 버밍햄(Bermingham)에서, '난민, 노숙자' 사역을 경험한 적 있었다. 추운 길 바닥에 자리를 깔고 누워서 잠을 청하는 사람들에는 두 종류가 있었다. 하나는 다른 나라에서 이주해 온 난민(refugee)이고 다른 하나는 약 혹은 술에 중독된 노숙자이다. 이들은 자기 삶을 꾸려 나갈 능력이

그림7〉 난민, 노숙자 사역

없거나 포기한 중독자들이다. 그들이 난민인지 노숙자인지 구분하는 것은 생각보다 어렵지 않다. 그들의 눈을 보면 알 수 있다. 노숙자는 대부분 약이나 술에 취해서 눈동자가 초점이 없고 말도 더듬거린다. 이럴 경우, 자신의 과거를 청산하고 새롭게 삶을 시작할 의지가 없다는 것을 알면서도 과연 이들에게 빵과 차를 대접하고 옷을 주어야 하는가? 하는 의문이 생긴다. 물론 예수님이 그렇게 명령(마25:35~46)하셨지만 그럼에도 불구하고 도저히 가능성이 없는 것 같은 이들에게 무언가를 제공하고 섬길 때 마음에 많은 번민이 일어난다. 반면 난민은 기회만 주어진다면 새롭게 삶을 시작할 의지, 자율성이 있어 보인다. 그들의 눈에는 생기가 있고, 과거 그들의 삶이 꽤 괜찮았다는 것을 기억하고 미래는 달라질 것이라는 꿈이 있다. 여기서 가장 주요한 변화의 요인은 의지(Will), 자율성이다. '운명'이 아닌 '의지', '자율성'을 통해서 상대방의 가능성

---

175) 박아청, 『에릭슨의 인간이해』, 114.

을 가늠해 볼 수 있다. 자율성, 자기통제 능력은 사실 가능성이 있는 인생인가? 를 판가름하는 기준이 된다.

청소년의 '이탈'은 반항적 모습으로 나타나기 때문에 수용이 쉽지 않지만 '이탈'의 다른 이름은 '자율성'이다. 이탈에서 드러나는 현상은 가족이 아닌 다른 대상과 유대감을 형성하는 것이다. 가족에게 주었던 애정과 에너지가 다른 사람들에게 분산된다. 그래서 부모, 가족과 소원해지는 이탈, 분리 과정에서 크고 작은 충돌이 발생할 수 있다. 이처럼 이탈은 청소년기 자녀의 불안과 부모의 서운함 사이에서 발생한다. 허버트 앤더슨(Herbert Anderson)은 부모의 행동이 자녀의 자율성에 어떻게 영향을 미치는가에 대하여 다음과 같이 서술한다.

> 부모로서 당신은 지속적으로 자녀의 자발성, 자연적 취향, 자기 발견의 기쁨, 아직 펼치지도 않은 세계를 불구로 만들고 있다. 지속적으로 당신의 기준을 내세우고 부과함으로서 자기 보호 영역을 침해하면서도 평안할 것을 강요한다. 내세우는 규율, 질서를 어길 때 가하는 징벌 등을 통하여 자녀는 자신의 존재감이 규율이나 질서, 청결함만큼도 못하다는 생각을 하게 될 것이다. 마치 하나의 식물이 말라 비틀어가듯이 부모의 억압과 강요를 통하여 자녀는 그렇게 서서히 죽어가는 것이다.176)

자율성은 인간이 갖추어야 할 기본적인 자질이며, 성숙한 성인이 되기 위하여 필요한 덕목이다. 그럼에도 불구하고 부모가 계속해서 '자율성의 추구'를 방해하고, 사랑스럽기만 한 의존적 자녀로 묶어두고자 한다면 자녀는 자신의 존재감이 그 어떤 규율보다 못하다는 생각을 갖게 된다. 이탈에서 불안한 것은 부모만이 아니다. 청소년 역시 불안하다. 청소년은 아동기까지 동일시했던 중요한 신념, 핵심적 가치체계를 부인, 적대시하고 새로운 신념, 가치체계를 향해 나아간다. 무의식적으로 동일시해 왔던 익숙한 모든 것을 부인하고, 새로운

---

176) Samuel M. Natale, "A family systems approach to religious education and development", *Graduate school of religion and religious education*. V.74. (1979. 4~6), 245.

동일시를 탐색하려고 한다. 믿어왔던 모든 것들이 비좁고, 불편하다고 느끼는 내면의 요청을 따라 더 넓은 세계를 만들어 가려고 한다. 그래서 로버트 케건 (Robert Kegan)은 "자율성을 획득하는 조건은 가족의 종교로부터 떠나는 것"이라고 하였다.177) 여기서 가족의 종교는 단지 종교만을 의미하지 않는다. 가족으로부터 무의식적으로 흡수하였던 모든 동일시의 대상들, 신념, 전통, 가치체계, 삶의 목적과 의미, 신앙 등에 대하여 '의심, 비판, 거부' 한다. 부모가 만들어준 모든 환경을 의심하면서 '정말 참인가?' 질문하는 이탈의 과정에서 청소년 또한 숨이 막힐 것 같은 불안감에 휩싸인다. 상실, 혼란, 슬픔, 죄책감을 가지고, 방향을 상실한 것 같은 느낌 속에서 새로운 권위, 사상과 가치체계를 찾아 나선다. 이처럼 이탈의 과정은 부모, 가족 뿐 아니라 청소년에게도 '위기'를 만든다. 그러므로 부모는 자녀의 이탈을 어떻게 수용하고 존중하면 되는지 고민하고 연습할 필요가 있다.

2) 이념 탐색: 형성인가 분별인가?

오늘날에는 '이념(ideology)' 이라는 용어를 잘 사용하지 않는다. 보통 이념은 정치 혹은 사상적 이념을 뜻하는 것으로 생각하기 쉽다. 에릭슨이 사용했던 '이념'은 사회의 보편적 기대로 청소년이 성인, 사회의 건강한 구성원이 되기 위하여 추구하는 비전(vision)을 말한다.178) 자기 삶을 이끌어갈 핵심적 개념체계로서 고통과 절망의 무게를 이겨낼 만큼 신앙적이면서 초월적인 신념과도 같다. 청소년들이 '이념'을 탐색한다는 것은 부모, 교사, 주변의 성인, 또래 친구들에게 확증 받을 만큼 가치 있는 삶의 방식과 비전이 무엇인지 탐색하는 것이며, 그 가운데 어떤 것을 선택적으로 수용할 것인가 고민하는 것이다. 곧 이념은 개인의 비전인 동시에 사회적 비전이다. 그러면 오늘날 이념은 과연 형성의 문제인가, 분별의 문제인가? 포스트모던 이전에는 '이념'을 형성의 문제로 보았다. 내가 어떻게 살아갈 것인가? 하는 궁극적 가치를 추구하면서, 자기 삶

---

177) Robert Kegan, *In over our heads*. (Cambridge, Massachusetts: Harvard University press, 1982), 266–270 참조.

178) Erik H. Erikson, *Identity: Youth and Crisis*, 130.

을 이끌어갈 이념을 제안하는 것이 성인의 역할이었다. 포스트모던 이후에는 수많은 가치와 신념들이 백화점에 전시된 물건처럼 나란히 진열되어 '나를 선택하라'고 소리치고 있다. 이제 이념은 '형성' 보다 '선별'이 필요한 문제가 되고 있다. 포레스트 검프라는 영화를 보면 포레스트가 어려서부터 엄마가 형성해준 이념을 따라 성인기 까지 살아가는 것을 볼 수 있다. 포레스트가 살았던 시대는 그 어느 때 보다 격변이 많았다. 베트남 전쟁, 히피족의 등극, 마약과의 싸움, 달나라로의 여행, 인종차별에 대한 대대적 항거 등...이러한 격변 속에서도 포레스트는 엄마의 가르침을 기억하고, 그대로 따르는 것을 볼 수 있다. 물론 일반적인 사람이었다면 한번 쯤 겪었어야 할 어린 시절 형성된 이념에 대한 비판, 선택의 갈등을 포레스트에게서는 찾아볼 수 없다. 일반적으로 청소년들은 부모에게서 받은 이념 중에서 뺄 것은 빼고 가져갈 것만 가져간다. 그리고 교사, 종교 지도자, 미디어, 유명인의 가르침과 이념이 삽입되기도 한다. 그렇게 하면서 자기만의 이념을 형성해 가는 것이다. 그러나 보통 아이들 보다 조금 모자랐던 포레스트는 엄마가 심어준 이념에 한 번도 도전하지 않고 살아간다. 다음은 포레스트가 중요한 순간에 기억하고, 중얼거리면서 따르는 엄마의 가르침, 신념 체계이다.

> "명심해라! 넌 남들과 똑같아. 하나도 다르지 않아"
> "엄마 말이 바보는 지능이 좀 낮은 거분이래"
> "위험할 땐 괜히 용감한 척 말고 뛰어!"
> "과거는 뒤에 남겨둬야 앞으로 나갈 수 있어"
> "인생은 초콜릿 상자와 같은 거야 어떤 걸 가질지는 아무도 알 수 없어"

청소년을 연구한 켄다 딘(Kenda C. Dean)은 현대 사회의 청소년에게 이념은 형성의 문제가 아닌 '분별'의 문제라고 지적한다.[179] 다양한 이념이 미디어를 통하여 끊임없이 쏟아져 들어온다. 십대들은 자신의 위대함을 경험하려는 욕구가 강하다보니, 가치 없는 이념에 매몰되어 어떤 이념이 가치 있는 것인지 분별하기 어렵다. 무분별한 이념에 도취된다면 청소년의 삶에 대한 열정은 왜

---

179) Kenda C. Dean, Practicing Passion, 225.

곡될 것이다. 그러나 청소년들이 어떤 원칙 없이 이념을 선택하는 것은 아니다. 나름의 원칙이 있는데 그것은 자신에게 중요한 사람들 부모, 교사, 친구, 또래그룹이 어떤 이념을 인정하고 존중하고 비중을 두는가? 를 기준으로 삼는다. 특히 자신을 충성되게 사랑해 주는 사람이 중요하게 여기는 것을 이념으로 선택한다. 청소년기에 중요한 관계는 부모만이 아니다. 부모와의 관계는 잠시 접어두고 그 밖의 사람들과 중요한 관계를 형성하고 싶어 한다. 따라서 청소년기 어떤 사람을 만나고, 어떤 공동체에 소속되는가 하는 것은 중요한 문제이다. 부모는 아니지만 부모 비슷한 역할을 해 주는 사람을 '성인 보증인' 이라고 한다. 에릭슨은 만약 부모가 자녀에게 적절한 안내, 이념을 제시하지 못한다면 그것은 청소년기에 좋은 성인보증인을 만남으로서 회복될 수 있다고 보았다.180) 부모가 그 역할을 잘 감당하지 못하였을 때 수많은 **부모의 전이물 (transference)**181)을 담지한 성인 보증인들 할아버지, 삼촌, 이웃 사람, 교사, 종교단체 등의 공동체가 그 역할을 대신할 수 있다.182) 기독교적 이념은 청소년들에게 영아기 얻지 못했던 '신뢰감'을 회복하도록 도울 뿐 아니라, 삶 그 자체에 대한 온전한 인식, 삶의 이유를 제공한다.183) 청소년의 이념은 '신실하게' 곁에 머물러 주는 충성된 사람과의 관계 속에서 형성되기 때문에 '그리스도의 사랑'을 경험하게 해주는 만남은 더할 나위 없이 중요하다. 성인 보증인의 역할은 청소년들에게 그들의 존재와 인생이 특별하고 소중하므로, 가치 있는 이념을 '분별, 선택'하도록 격려하는 것이다. 만약 누군가가 이념을 주입하려고 한다면 극단적 열정과 선택의 기로에 있는 서 있는 청소년들에게 '꼰대' 이상의 영향력을 행사하기 어렵다. 이념 탐색은 '자기 인생의 목표와 비전'을 발견하는 과정이다. 많은 선택 앞에서 인생의 비전을 탐색하고 찾아가는 이념 형성, 분별의 과정은 청소년에게 '위기(crisis)'의 경험이 될 수 있다. 그러나 성인 보증인, 신앙공동체를 통하여 청소년들이 예수 그리스도의 헌신적 사랑을 깨닫고 경험한다면 그들의 이념은 '기독교적 이념' 이 될 것이다.

---

180) Erik, H. Erikson, 『청년루터』, 156.
181) 위와 같음.
182) 위의 책, 148.
183) James Loder, 『신학적 관점에서 본 인간발달』, 283.

3) 관여(commitment): 시행착오

청소년들을 혼란스럽게 만드는 이념의 탐색이 끝나면 청소년들은 탐색된 이념에 모의적, 실험적으로 참여한다. 모의적 참여와 실천은 결정하지 않고 관여(commitment)하는 것을 말한다. 청춘의 일시적 쾌활함과 자유를 누리면서 성인의 사회적 책임과 의무는 지연시키고, 자기 자신에게 관여할 수 있도록 사회적으로 용인된 이 기간을 에릭슨은 '지불 유예기(moratorium)'라고 불렀다.184) 청소년들은 신용 혹은 체크카드를 사용하지만 그 책임은 부모에게 있다. 왜냐하면 그것은 '엄카(엄마 카드)'이기 때문이다. 이처럼, 청소년기는 여기 저기 관여해 볼 수 있지만 결과에 대한 철저한 책임을 추궁당하지 않는다. 탐색한 이념에 아르바이트생, 견습생처럼 참여하면서 선택한 이념이 과연 자신에게 합당한 것인지 실험적으로 참여해 볼 수 있다. 청소년이 탐색한 이념에 '관여' 하다가 주변의 반대를 만나거나 내면에 회의가 일어나면 어떤 일이 일어날까? 이념 탐색으로 철회할 수 있다. 관여해 보았는데 탐색한 이념이 자기와 맞지 않다고 여긴다면 이념 탐색으로 후퇴할 수 있다. 탐색하고 선택했던 이념을 다시 검토할 필요가 있는 것이다. 내가 선택한 이념이 나에게 혹은 시대적으로 합당한가? 의심하면서 '정말 가치 있는 것인지, 더 중요하고 덜 중요한 것이 무엇인지' 재차 점검할 수 있다. 후퇴는 아직 이념이 불확실하다는 증거이고 '관여'는 탐색한 이념을 확증하고, 실험해 보는 과정이기 때문이다.

이탈 ⇒ 이념 탐색 ⇒ 관여 ⇒ 정체감 형성

〈그림8〉 정체감 형성의 과정

청소년기 이념 탐색과 관여는 자아 중심적, 배타적, 방어적이다. 높은 이상을 추구하고, 동질성을 방해하는 요소들을 용납하지 않는 무자비한 전체주의적

---

184) Erik H. Erikson, *Identity:Youth and Crisis*, 157.

신조를 취하기 때문에 '호전적'이기도 하다.[185] 그럼에도 불구하고 관여는 시행착오의 과정이므로 그것을 수용해 줄 필요가 있다. 따라서 실패와 실수에 관대하고, 신앙과 삶의 표본을 만날 수 있는 안정적인 공동체의 역할이 중요하다. 또래 그룹 보다는 다양한 연령대의 사람들이 있는 확대 가족, 소그룹, 교회 공동체와 연계한다면 청소년의 관여는 보다 안전할 것이다. 하지만 공동체가 꾸짖고 불확실한 것에 대하여 나무라기만 한다면 청소년의 관여, 시행착오의 과정은 불안해질 수 있다. 비판과 책임 추궁은 관여에 대한 경직성과 실패에 대한 두려움을 낳게 될 것이다. 그 결과 청소년은 아예 관여하려들지 않거나, 관여를 멈추고 돌아가야 할 때 멈추지 못할 수 있다. 이렇듯 이념 탐색과 관여가 불안해 진다면 청소년은 '확고한', 이미 정해진 누군가의 이념을 자기의 것인양 관여함으로서 확고한 자신을 보여주려고 할 것이다. 일명 '실패 없는 인생'을 연기하는 것이다. 그렇게 된다면 청소년은 내가 아닌 다른 사람의 정체감을 덧입기로 쉽게 결정한 것이다. 이것을 '정체감 유실'이라고 한다.

〈생각해 봅시다〉

- 정체감은 어떤 과정을 거쳐 형성되는가?
- 오늘날 청소년에게 매력적이지만, 분별해야 할 이념은 무엇인가?
- 청소년의 관여는 어떠한 형태로 나타나고 있는가?
- 어떻게 하면 청소년의 불확실한 관여를 지원할 수 있을까?

4. 종교가 정체감 형성에 미치는 영향

유럽은 거리마다 역사를 자랑하는 고풍스러운 교회와 역사박물관들이 즐비하다. 사회제도와 문화 속에서 기독교적 문화가 얼마나 높은 가치를 추구하는 사회를 만들었는지 알 수 있다. 그런 사회에서 인간에게 종교가 필요 없다고 말하는 무신론자들이 늘어나고 있다. 마치 정신분석학자 프로이드가 종교가 인간에게 무익하다고 본 것처럼, 많은 청년들이 종교는 인간에게 쓸모가 없다

---

185) Erik H. Erikson, 『청년 루터』, 50.

고 주장한다. 그러나 프로이드의 딸, 안나 프로이드의 제자이었던 에릭슨은 인간에게 종교는 필요하며 긍정적인 역할을 한다고 보았다. 역기능 보다 순기능이 더 많다고 주장한다. 그 이유는 인류 역사 속에서 가장 오래된 제도인 종교가 신조(신학), 의례와 의전, 예술, 공동체, 도덕(규범, 율례), 종교사적 자료를 통하여 인격을 형성 하는데 공헌 한다고 보았기 때문이다. 에릭슨은 인간 발달 단계를 여덟 단계로 구분하였다.

〈에릭슨의 인간발달 8단계〉

1단계(구강기) : 기본적 신뢰와 불신
2단계(항문기) : 자율과 수치심/의심
3단계(남근기) : 주도성과 죄책감
4단계(잠복기) : 근면성과 열등감
5단계(청소년기) : 정체감 형성과 역할혼미
6단계(성인전기) : 친밀성과 고립감
7단계(성인후기) : 생산성과 침체감
8단계(노년기) : 자아통합성과 절망감

에릭슨의 인간 발달 8단계는 각 단계마다 상충되는 감각들이 있다. 긍정적인 감각을 부정적인 감각 보다 더 획득할 경우 발달 과제는 잘 성취되고 그에 따른 '덕목'을 얻게 된다. 그리고 인생의 첫 단계인 영아기에 '신뢰'와 '불신' 사이에서 '신뢰감'을 획득할 때 더 건강한 인격이 된다. 이 신뢰감을 형성하려면 부모가 믿을만한 양육을 제공하고, 변덕스럽지 않아야 한다. 그러나 인생은 늘 그렇듯이 준비가 된 상태에서 부모가 되는 사람은 많지 않다. 변덕스러운 돌봄, 충실하지 못한 양육으로 부모와 세상에 대한 신뢰를 갖지 못한다면 어떻게 될까? 매사에 불신하고 의심하는 인격체로서 살아갈 수 있다. 에릭슨은 종교의 '예배', '의례' 가 영아기에 얻지 못한 신뢰감을 회복하도록 돕는다고 보았다. 예배드릴 때, 기도할 때 마치 태속의 아기처럼 웅크리고 기도하면서 '나는 주님을 신뢰 합니다'라고 고백하는 것은 영아기에 결핍된 부모, 세상 그리고 신에 대한 신뢰를 회복해 가는 과정이다. 영아기에 깨어진 신뢰, 불신이 종교를 통해서 회복될 수 있듯이, 종교는 유아기에 획득하지 못한 자율성을 청소년기에 획득하도록 돕는다. 가령 부모가 적절한 안내, 이념을 제시하지 못하는 가족이 있다면, 청소년에게 삶의 전망과 비전을 제시하지 못한다면 어떻게 할 것인가? 어머니가 일관된 돌봄으로 자녀에게 신뢰감을 심어주고, 아버지가 방향성과 규범을 제시하는 가족은 매우 이상적인 가족이다. 하지만 대부분의 가족은 그렇지 못하다. 특히 아버지가 규범, 이념을 제시하지 못할 경우 수많은 **부모의 전이물(transference)**을 담지한 성인 보증인들이 필요하며 할아버지, 삼촌, 이웃 사람, 교사, 종교단체 등의 공동체가 그 역할을 대신할 수 있다.186) 종교에는 청소년에게 미래의 방향성, 삶을 설계하도록 도울 수 있는 충분한 이념-인류의 문화적 유산과 전통, 전통, 사상 체계-그리고 성인 보증인들을 만날 수 있는 신앙 공동체가 있다. 따라서 충분한 이념을 제시할 수 있을 뿐 아니라 무엇이 가치 있는 이념인지 분별, 선택하도록 돕는다. 이처럼, 종교는 각 단계에서 성취되지 못한 과제를 재성취하도록 돕는 힘이 있다. 심리학에서 '피그말리온 효과(pygmalion effect)'는 기대해주는 만큼 학습자가 발달, 향상된다고 말한다. 청소년기가 되면 다양한 기대, 요청을 듣는다. 수많은 사회적 기대는 잘 통합되지 않으면 분열을 일으킬 것이다. 기대라는 것은 향상, 발전시킬 수 있는 동기(motive)가 되기도 하지만 반대로 부담, 혼란을 줄 수도 있다. 과거의 '나'와 현재, 미래의 '나' 그리고 '내가 보는 나' 와 '남들이 보는 나' 사이에서 '통합'을 요청한다. '나'에 대한 다양한 기대와 정의는 청소년들을 혼란스럽게 만든다. 그래서 청소년기를 '위기'의 시간이라고 부른다. 정체감 형성이란 이러한 다양한 기대를 통합해 가는 과정이다. 통합은 다양한 이념을 하나로 '엮는 것'인데 그것은 조각 이불을 엮는 것과는 다르다. 조각 이불이 '부분의 합'이라고 한다면 '통합'은 부분의 합 그 이상이다. 종교 'religion'은 라틴어 'religio'에서 유래하였는데, 'religio'에는 한데 묶다, 'bind together'라는 뜻이 있다.187) 종교는 인간의 과거와 미래, 내면과 외부세계, 정신과 실재, 사실과 가치를 연계하고 통합하는 능력이 있는데, 에릭슨은 그것이 종교가 할 수

---

186) 위의 책, 148.

187) 권수영, 『프로이트와 종교』 (서울: 살림, 2005), 7~8.

있는 신비한 역할이라고 보았다. 그렇기 때문에 종교는 인간 발달에 유익하며 정체감 형성 과정에서 '다양하고 혼란스런 사회적 기대'를 통합할 수 있는 힘을 제공한다. 청소년이 온전한 자기 통찰과 수용을 향해 나아가도록 돕는 힘이 있다.

〈생각해 봅시다〉

■ 에릭슨이 종교를 긍정적으로 해석한 이유는 무엇인가?
■ 종교는 청소년 정체감 형성의 과정에서 어떤 역할을 하는가?
■ 무신론이 청소년에게 어떤 영향을 미치게 될지 논의해 보자.

5. 자아 정체감의 성취 지위

청소년의 자아 정체감에 대하여 이야기하면 남녀노소, 동서양을 막론하고 '나는 과연 자아 정체감을 형성하였을까?' '얼마나 형성하였을까?' 하는 의구심을 갖는다. 그러나 정체감 형성은 청소년기에 완결될 수 있는 과제가 아니다. 전체 생애주기를 통하여 이루어가는 과제이다. 비슷한 생각을 가지고 누군가가 청소년기에 자아 정체감 형성이라는 발달 과제를 얼 만큼 성취 하였는가? 를 나타내는 지표를 만들었다. 캐나다의 발달 심리학자 마르샤(James E. Marcia)가 에릭슨의 정체감 이론에 대한 경험적 연구를 토대로 정체감 상태 면접(identity status interview)을 개발, 진행하였다.188) 마르샤는 18~22세의 청소년을 대상으로 직업 선택, 종교와 정치적 신념, 정체감의 모든 중심적 측면인 가치들에 대한 면접을 실시하였다. 그리고 그 결과에 따라 정체감 혼미, 유실, 유예, 성취의 네 가지 수준으로 구분하였다. 정체감 성취 지위에서 중요한 두 가지 변인은 위기(이념 탐색)와 관여(commitment)이다.189) 마르샤는 이념 탐색을 '위기'라고 표현하였다. 이념을 탐색하는 과정을 왜 위기라고 보았는가? 청소년기가 되면 아동기와 다른 사회적 기대를 경험한다. 사회적

---

188) 김청송, 『청소년 심리학의 이론과 쟁점』, 259.
189) 위의 책, 260.

기대의 변화는 이전에 갖고 있었던 '나'라는 사람에 대한 정의와 방향성이 달라져야 한다는 뜻이다. 그것은 청소년에게 불안, 위기를 초래 할 수밖에 없다.

		위기(이념 탐색)	
		없음	있음
관여	있음	정취감 유실(확산) "나는 확고해 보이지만 불안하다"	정체감 성취 "나는 내가 누구인지 어떻게 살아야 하는지 알고 있다"
	없음	정체감 혼미 "내 인생에서 무엇을 하든지 나는 전혀 개의치 않아"	정체감 유예 "내가 어떻게 살아야 하는지 고민 중이야"

〈표10〉 정체감의 성취 지위[190]

정체감 성취지위는 위기와 관여를 기준으로 네 가지 유형으로 분류된다. 네 가지 유형 가운데 가장 바람직한 상태는 위기와 관여가 모두 있는 정체감 성취이다. 그 다음은 위기가 있고 관여가 없는 유예, 위기는 없고 관여만 있는 유실, 위기와 관여가 모두 없는 혼란이다. 거꾸로 정체감 형성에 실패했을 때 나타나는 혼미로부터 유실(확산), 유예, 그리고 성취의 순서로 살펴보기로 하겠다.

1) 정체감 혼미

네 가지 성취 지위 중에서 가장 낮은 단계는 정체감 혼미(identity diffusion)이다. 혼미는 인생의 선택들이 불확실한 상태로 위기, 비행 청소년들에게 많이 나타난다. 인생의 방향이나 독립에 대한 진지한 탐색 없기 때문에 직업 선택, 종교와 정치적 신념에 의문과 갈등을 느끼지 않을 뿐 더러 여기저기 참여했다가 쉽게 중단해 버리는 경우가 많다.[191] 혼미의 한 극단이 분열 형이라면 다른 극단은 플레이보이형이다.[192] 분열 형이 산만하고 저항적인 문제아로 보인다

---

190) 위와 같음.
191) 위의 책, 261.
192) 위의 책, 262.

면 플레이보이형은 사랑스러운 방탕아처럼 보일 수 있다. 곧 인생에서 무슨 일을 하든지 전혀 개의치 않기 때문에 자유로운 영혼, 보헤미안처럼 보일수도 있다. 삶에 대한 분명한 의미와 목적을 탐색하려는 시도를 하지 않기 때문에 순간순간 '쾌락'에 충실하거나 '고통스러운 상황'에 대한 건설적 해결 방안을 모색할 필요를 전혀 느끼지 못한다. 만약 정체감 혼미가 지속된다면 만성적 비행, 병리적 성격을 갖게 되고 심각하면 자살기도를 초래할 수 있다.193) 자존감이 낮고, 책임감이 부족하기 때문에 타인과 고립되어 있으며 외부적 도움이 필요하다. 내면의 목소리는 "내 인생에서 무엇을 하든지 나는 전혀 개의치 않는다" 이다.

2) 정체감 유실

정체감 유실(identity foreclosure)은 이념을 탐색하지 않는다. 그래서 위기는 없지만 뭔가에 충성되고 성실하게 관여하고 있는 상태이다. 만약 이념 탐색이 없다면 대체 '누구의 이념'에 관여하고 있다는 것인가? 다른 사람 예컨대 권위자, 부모, 교사 혹은 강력한 리더의 '확고한' 이념에 관여하고 있을 확률이 높다. 유실에 속한 이들은 확고해 보이지만 불안하다. 외견상으로는 성취와 유사하게 보이지만 외적 충격이 오면 외견상 유지되던 정체감이 붕괴되는 위험을 내포하고 있다.194) 자신에 대한 사회적 인정을 포기할 때 자신이 해체되는 것 같은 두려움이 작용하면서, 청소년기 이념 탐색의 시간이 가져온 위기를 모면하고 싶은 회피 동기가 작용했을 수 있다. 다소 사회적 명예와 성취를 이룬 사람들 가운데 유실(확산)에 속한 자들이 많다는 것은 전혀 놀랍지 않다. 이들은 확고하게 붙잡은 삶에 대한 이념이 자기 것인 양 착각하면서 충성스럽게 살고 있지만, 사실 강력한 부모나 기타 권위자의 정체감을 반영한 데 지나지 않는다. 정체감이 다른 사람에게 함몰되어 있는 것이다. 따라서 이들이 붙잡고 있는 이념은 불안하다. 불안하기 때문에 권위주의적 가치, '보여주기'를 중요시하고 부정적 평가에 대하여 심한 스트레스를 받는다. 그리고 스트레스 상황

---

193) 위의 책, 254.
194) 위의 책, 261.

에 처했을 때 지적 과제를 수행하는데 저조하고, 실패에 대하여 비현실적 태도를 보인다.195) 자존감은 낮고 방향성이 부족하며 외부 압력에 민감하게 반응한다. 엄밀히 따진다면, 다른 사람의 정체감을 흉내 내고 있기 때문에 비판에 민감할 수밖에 없다. 내면의 목소리는 "나는 확고해 보이지만 불안하다" 이다.

3) 정체감 유예

정체감 유예(identity moratorium)는 이념을 탐색하고 있지만 관여는 없는 상태로 정체감 성취 다음으로 바람직하다. 현재 상태에 의문을 품고 능동적으로 이념을 탐색하는 상태이므로 위기를 경험하고 있다. 현재 상태에 만족하지 않고 분투하고 방황하면서 '자기만의 이념을 분별하고 선택하는' 불안한 시간들을 통과하고 있다. 이 과정에서 존경 받는 사람들의 이념이 무엇인지 질문할 수 있고, 책 속에서 간접 경험할 수도 있지만, 젊은 날의 에릭슨처럼 그저 세계를 탐색하고 자기 자신을 만나는 여행의 시간을 가질 수도 있다. 아직 선택, 결정을 못했기 때문에 안정적으로 개입, 관여하지 못하는 상태로서 상당히 수동적으로 보이지만 내면은 위기를 겪고 있다.196) 대부분의 대학생들이 정체감 유예에 속한다. 유예에서 '관여'는 단지 일시적인 형태로 발생한다. '유실'이나 '혼미' 보다는 자율성도 가지고 있다. 자존감은 비교적 높은 편이다. 내면의 목소리는 "내가 어떻게 살아야 하는지 고민 중이다" 이다.

4) 정체감 성취

정체감 성취(identity achievement)는 가장 높은 성취 지위로서 가장 바람직한 모습이다. 적극적으로 탐색한 이념에 관여한 후에 시행착오를 통하여 자기만의 확고한 정체감을 성취하는 것이다. 직업, 이념, 인생의 방향에 대한 선택과 결정을 한 후 그에 필요한 활동에 관여하고자 한다.197) 그러나 이념 탐색과 관여는 일직선으로 단번에 진행되는 것이기 보다는 몇 번의 이동을 거친다

---

195) 위의 책, 262.
196) 위와 같음.
197) 위와 같음.

고 보는 것이 맞다. 대부분의 청소년들은 정체감 성취의 상태 쪽으로 발전하게 되는데 특히 유예의 상태에 오래 있다가 성취로 이동하기가 쉽다. 성취는 초기 청소년기에는 비교적 드물게 나타나고 고등학교 상급생이나 대학생, 후기 청소년들 사이에 보다 많다. 정체감 성취에 이르면 높은 자존감과 책임감을 보이고. 새로운 대안들을 신중히 탐색한 후에 신념과 목표에 대한 결정을 스스로 내릴 수 있다. 내면의 목소리는 "나는 내가 누구인지 어떻게 살아야 하는지 알고 있다" 이다.

〈생각해 봅시다〉

■ 나는 정체감 성취 지위 중에서 어디에 해당한다고 생각하는가?
■ 한국 사회에서 가장 많은 정체감 성취지위는 무엇일까?
■ 대학생 중에 '정체감 유예'가 가장 많다면 그 이유는 무엇이겠는가?
■ 자아 정체감의 성취 지위 중 '자율성'이 가장 떨어지는 것은 무엇인가?

6. 내가 누구인지 꼭 알아야하는가?

간혹 청소년, 청년들 중에 이런 질문을 하는 이들이 있다. "내가 누구인지 꼭 알아야 하는가? 나는 내가 누구인지 모르고도 잘 살았는데 왜 굳이 이제 와서 나를 발견해야 하는지 모르겠다. 내가 누구인지 알려고 하니까 더 헷갈린다..." 이런 이들에게 어떻게 대답하면 좋을까? 이런 청소년, 청년들에게 '지금까지 내가 누구인지 모르고 그럼 누구로 살았는가?' 반문하고 싶다. '빌리 엘리어트'는 성장영화로 유명하다. 이 영화를 통하여 정체감 형성 과정을 조금 엿볼 수 있다. 빌리는 아버지의 사회적 기대에 따라 어쩔 수 없이 권투를 배우지만, 그것이 자신의 흥미 밖에 있다는 것을 깨닫는다. 빌리는 사회가 기대하는 전형적인 남성의 모습이 아닌 돌아가신 엄마의 '예술가적 기질'이 자기 안에 있다는 것을 어렴풋이 느끼고 있다. 그러던 중 권투장 옆에서 발레를 배우는 여자 아이들의 대열해 합류하게 된다. 정말 우연히 일어난 발레 강습에서 빌리는 자기 안에 있는 '춤'의 열정과 재능을 발견한다. 발레는 빌리에게 '열정'과 '위기'를 동시에 가져다준다. 그가 권투 교습을 잘 받고 있을 것이라고 믿는 아버지가 이 사실을 안다면 큰 갈등을 겪지 않을 수 없다. 차라리 아버지의 말대로 '사내가 권투를 배웠다면' 내적 갈등도 없고 인정받기가 수월했을 것이다. 처음에는 몰래, 나중에는 발레에 대한 열정 때문에 그 길을 갈 수밖에 없다는 것을 깨달으면서 빌리는 조금씩 성숙해 간다. 그리고 결국 아버지가 빌리의 꿈을 지원하기로 결정하면서, 발레리노의 길을 걷게 된다. 자신이 살고 싶은 삶을 찾아가는 과정에서 빌리는 불안과 다투지 않으면 안 되었다. 청소년들이 '나는 어떤 사람으로 살 것인가?', '내 인생은 어떤 의미가 있는가?', '나에게 중요한 사람은 누구인가?' 질문하는 정체감 형성의 과정은 '위기의 시간'이다. 불안과의 다툼 속에서 자기 내면에 있는 '열정'과 마주침을 경험했을 때, 마침내 '유레카'를 외칠 수 있다. 고통의 시간 없이 '유레카'를 외칠 수는 없다. 모든 사람이 정체감 혼란을 경험하지만 누구나 자아 정체감 성취에 도달하는 것은 아니다. 불안과 싸우는 고통의 시간을 겪지 않고는 '성취'에 이를 수 없다. 그저 회피할 수도 있고 다른 사람의 인생을 대신 살아줄 수도 있다. 이렇듯 '내가 누구인지 알아야 하는가?' 질문하는 청년이 있다면 네 가지 성취지위에서 어디에 속했는지 먼저 점검해 보도록 권하고 싶다. '나는 현재 어느 수준에 속해있는가?' 스스로 질문하고 답해 보도록 권유할 때, 의외로 자기 삶의 이야기를 쏟아놓는다. 자신이 유실에 속한다고 대답했던 이들 중 상당수가 '부모님이 엄격하셔서, 자율적으로 자신을 탐색하는 것이 허용되지 않았다'고 대답하였다. 물론 혼미나 유실 보다 유예가 훨씬 불안하고 걱정도 많을 수 있다. 걱정이 없는 유실이나 혼미 보다 위기를 겪어내고 있는 유예가 불안하고 수동적이지만 보다 바람직한 상태이다. 간혹 유예에서 오랜 시간을 보내는 이들도 있다. 자기를 탐색하는 과정이 고통스럽다고 해서 위기를 회피한다면, 사회적 압력과 스트레스에 취약한 사람이 될 것이다. 모든 상황 속에서 누군가의 해석을 기다리는 의존적 인격의 소유자가 되고 싶지 않다면 위기의 시간을 겪어보도록 권면하고 싶다.

〈생각해 봅시다〉

■ 내 안에는 삶에 대한 어떠한 열정이 있는가?
■ 청소년기 이념을 탐색하는 '위기의 시간'을 어떻게 보내면 좋을까?
■ 자아 정체감 형성의 과정에서 사회적 압력 때문에 방해를 받은 경험이 있는가?

7장

청소년의 흔들리는 신앙

1. 청소년기는 종교적인가?

　청소년기는 종교적인가? 다른 연령대에 비하면 신앙을 가질 확률이 높을까? 만약 이러한 질문을 받는다면 대부분의 사람들은 '아니오' 라고 답할 것이다. 학업 때문에 청소년기에 교회를 떠나고 예배를 등한시하는 것은 한국 교회교육의 흔한 풍경이다. 한국의 청소년은 대학입시를 핑계로 교회 예배를 등한시하지만, 다른 문화권에도 교회 소속을 이탈하고 예배를 소홀히 할 만한 핑계들은 도처에 널려있다. 이성교제, 놀이 문화, 음주와 흡연 등 다양한 세속적 문화들에 매료된다. 또한 기독교적 신앙, 양심을 접어두고 사는 것이 생활을 단순하게 해 준다고 믿기도 한다. '엄격한 양심의 잣대'로 부터 자유로울 수 있고 내면의 갈등이 없는, 비교적 쉬운 선택을 하고 싶은 것이다. 그렇다면 루소는 청소년의 종교성에 대하여 뭐라고 했을까? 『에밀』에서 루소는 15세 이전에는 하나님을 파악할 수 없으며 '종교성' 에 대하여 이야기하는 것은 말도 안 되는 일이라고 하였다.198) 루소는 어린이와 청소년의 종교성에 대해서만큼은 낙관적이지 않았던 것 같다. 그러면 종교성이란 무엇인가? 한스 프라스(H. J. Frass)는 종교성을 '인간에게 가장 궁극적이고 지고한 것과의 원초적 결속' 이라고 정의하였다.199) 곧 종교성은 교회소속과 예배 참석 외에도 '신', '죽음', '초월성', '삶의 의미'에 대한 물음과 밀접한 관계가 있다. 종교성 보다는 신앙이라는 용어를 사용하였던 제임스 파울러(James Fowler)는 '신앙은 궁극적 의미와 가치에 대한 추구로서, 삶의 방향성을 갖게 되는 것'으로 정의한다.200) 청소년기가 종교적인 시기인가? 질문한다면, 다른 시기에 비하면 '궁극적이고 지고한 것과의 원초적 결속을 지향하는 특성'이 강렬한가?' 묻는 것과 다름없다. 20세기 초반부터 종교적 발달에 대한 연구가 활발해지면서, 청소년기는 이전단계 보다 종교적 사고와 표현이 가능하다고 보는 관점들이 등장하였다. 청소년에게 설문지를 돌려 '회심경험과 종교적 성장'에 대하여 연구한 스타벅(E. D. Starbuck)은 청소년기는 인생의 다른 시기에 비하여 회심의 빈도수가 높

---

198) Friedrich Schweitzer, 『삶의 이야기와 종교』, 54.

199) 위의 책, 57에서 재인용.

200) James Fowler, 『신앙의 발달단계』, 46.

게 나타난다고 보고 하였다.201) 그는 설문지에서 "내 삶이 가장 의지하고 있는 것은 무엇인가?" 질문하고 그 예시로 '나 자신/우연/다른 사람의 행동/신의 섭리/사회의 질서/운명'을 제안하였는데 그 중에서 청소년들이 분명한 거부감을 나타낸 것은 '신의 섭리'이었다.202) 이 설문 결과는 청소년들이 신을 부인, 거부하는 것 같이 보게 한다. 그러나 종교발달에 대한 또 다른 설문 작업에서 "당신은 사후 세계를 믿습니까?" 라는 물음이 있었고 이 물음에 49%의 청소년들이 긍정적 응답을 보였다.203) 두 가지 설문 결과는 상반된 듯 보인다. 자기 인생에 대한 신의 섭리는 거부하면서 사후세계를 믿는다고 대답한 청소년의 태도는 이율배반 아닌가? 하는 생각도 든다. 곧 청소년기가 그 어떤 시기보다 종교적이라면 왜 '신의 섭리'가 인생에 개입하는 것에 거부감을 나타내는 것일까? 청소년들은 자기 인생의 주체가 되기를 원하는 '자율성', '독립성'이 강하다. 그래서 자기 삶에서 신의 섭리를 의지한다는 항목에 거부반응을 일으킨 것이다. 청소년의 이런 태도는 프릿츠 종교적 판단 발달 연구(Fritz Oser & Paul Gmunder)에서 '이신론'의 단계에 속한다.204) '이신론'의 단계에는 십대부터 삼십대 초반까지가 가장 많은데 자율성, 책임성에 초점을 맞추기 때문에 하나님 보다 자신에게 진실하고, 자신의 선택이나 결정에 대하여 최선을 다할 것을 촉구한다. 자율성에 대한 생각이 강렬한 나머지 신이 개인의 삶에 그렇게 큰 영향을 미치지 않으며 인간의 역사와 신은 상호 무관한 것으로 보고, 심지어 무신론적 입장까지 갈 수 있는 이해를 가지고 있다.205) 따라서 청소년들의 자율성은 존중하면서, 인생에 대한 신의 섭리를 이해하도록 돕는 것이 종교 교육의 과제이다. 이처럼, 단지 교회 소속감에 대한 거부와 예배 참석의 소

---

201) 위의 책, 59.

202) 위의 책, 60.

203) 위의 책, 61.

204) 프릿츠 오저와 파울 그민더는 콜벅의 도덕 판단에서 다루지 않은 '종교적 판단'을 통하여 종교발달 단계를 6단계로 구분하였다. 1단계 기계적 신, 2단계 상호관계적 신, 3단계 이신론의 단계, 4단계 선험적 단계, 5단계 상호주관적, 의사소통적 단계, 6단계 가설의 단계(아직 증명되지 않음). 그 가운데 3단계는 청소년기 후반 부터 성인기까지 가장 빈번하게 나타나는 단계로 보았다. Friedrich Schweitzer, 『삶의 이야기와 종교』, 149~153.

205) 위의 책, 149.

홀 외에도 '청소년의 종교성'을 긍정할만한 근거들은 있다. 가장 궁극적이고 지고한 대상, 신념과 결속하는 것에 대한 추구가 강렬하다면 청소년기는 종교 적이라고 하겠다. 제임스 로더(James Loder)는 청소년기는 인생의 무의미와 공허함과 직면하는 시기로서, 영의 논리가 개입할 수 있는 대표적 시기라고 보 았다.206) 그렇다면 어찌하여 반대로, 청소년들은 교회를 떠나는 것일까? 그것 에 대하여 인습적인 것에 대한 거부감이 커져서, 주변 문화와 또래집단에 동화 되어서, 또는 다른 곳에서 더 강렬한 종교성의 충족이 일어나기 때문에 그리고 교회 혹은 교사가 가르침을 잘 매개하지 못하기 때문에 등의 다양한 가능성들 이 제기되고 있다.

〈생각해 봅시다〉

- 종교성, 신앙에 대하여 정의해 보자.
- 청소년기가 종교적이라면 그 이유는 무엇인가?
- 청소년이 '신의 섭리'에 거부반응을 일으키는 이유는 무엇인가?

2. 종교적 성향을 띠는 이유

1) 시간 개념의 확장

청소년기는 시간적 영역, 시야가 확대되기 시작한다. 청소년기의 신체적, 인 지적 발달은 시간적 영역을 확장시킨다. 확장이라기보다는 '펼쳐 보고 싶어 한 다'는 표현이 더 적절하겠다. '현재'를 살던 아동기와 달리 청소년기가 되면 마 치 산 정상에서 아래를 내려다보듯이 과거와 현재, 미래를 함께 펼쳐볼 수 있 다. 전망 좋은 강 언덕에서 흐름 전체를 조망하듯이 인생의 계획, 비전, 전망을 진지하게 고민하기 시작한다.207) 과거의 나는 어떤 사람이었는가? 미래에 나 는 어떤 사람으로 살기를 바라는가? 과거와 미래라는 시간의 침투가 과도한 청 소년기는 낙천적이고 순진하던 아동기의 특징이 사라지면서 침묵적이고 회의

---

206) James Loder, 『신학적 관점에서 본 인간발달』, 305~307.
207) James Fowler, 『신앙의 발달단계』, 245.

적인 분위기를 풍긴다. 인생의 중요한 순간, 시기가 지나가고 있다는 아쉬움과 함께 미래가 다가오고 있다는 압박감을 겪는다. 시간적 시야가 확대되면서 '영원성'의 개념도 획득하게 된다. 그러나 영원성의 개념은 감정에 따라 주관적 차이를 보이는데 기분이 고조되었을 때, '현재가 영원히 계속 된다' 라든가 '지금 이 순간이 영원할 것'이라고 생각하는가 하면, 우울할 때는 시간이 단축되고 왜곡되기도 한다.208) 곧 객관적 시간, 외부적 시간표 따라가기에 급급했던 아동기와 달리 청소년기가 되면 주관적 시간개념을 갖기 시작한다. 시간적 개념이 형성되면서, 주관적 시간과 객관적 시간-외부적 기준-사이에서 조화를 이루는데 실패하는 증상 예컨대 꾸물대기, 일을 미루기, 외부적 압력에 저항하여 자기만의 시간을 요구하는 분출방식 등의 병리현상들도 나타난다.209) 곧 청소년기는 신체적, 인지적 발달과 함께 출현한 확장된 시간 개념, 그리고 확장된 시간 개념이 가지고 온 철학적, 종교적 사유에 재적응하는 기간이다. 성 어거스틴(Augustine)은 예수 그리스도만이 영원한 현재성을 가진 존재이고 또한 예수 그리스도의 말씀 역시 영원성을 가졌음을 강조하였다.210) 인간이 시간 개념을 갖는다는 것, 시간에 대한 인식이 가능한 것은 '신의 형상'을 상징한다. 반면 오직 예수만이 영원한 현재성을 가졌다는 것은 피조성, 인간에게 시간의 끝, 죽음의 한계가 있다는 것을 의미한다. 그러므로 시간적 시야의 확대는 피조성과 한계성을 인식시키고 자신이 보유한 시간의 끝을 알게 되는 청소년은 '불안', '무의미', '공허감'을 직면할 수밖에 없다. 물론 시간의 한계성에 대한 인식은 '초월성', '영원성'을 동경하게 만들 수 있다. 그렇기 때문에 이를 보완하고 싶은 열망이 생겨난다. 시간적 초월, 순간을 영원처럼 느끼게 만드는 짜릿한 경험들, 도전에 대한 열망, 여행을 통한 초월성, 몰입될 수 있는 대상에 대한 동경 등으로 시간적 한계의 압박으로 다가오는 불안을 떨치고 싶은 것이다.

---

208) James Loder, 『신학적 관점에서 본 인간발달』, 277.

209) 위의 책, 278.

210) S. Aurelii Augustini, 최민순 옮김, 『고백록』 (서울: 성바오로 출판사, 1993), 323.

2) 공간 개념의 확장

청소년기의 종교성은 공간 개념의 확장에서도 나타난다. 물론 공간 개념의 변화는 신체적 변화로부터 온다. 십대가 되면, 불현 듯 어릴 때 뛰어놀던 추억의 동네 혹은 옛집을 찾아가 보고 싶은 욕구를 경험할 수 있다. 그런데 추억의 장소를 방문해 보고 나면 '아 내가 뛰어놀던 공간이 사실은 이렇게 비좁았었구나' 하고 느낀다. 이는 공간 개념에 심리적 변화가 일어났음을 의미한다. 신장과 체형이 바뀌면서 청소년의 공간 개념에 변화를 초래한다.211) 물리적 공간을 차지, 확장하고 싶은 욕구는, 공간에 대한 인식이 변한 것을 의미한다. 만약 청소년이 많은 고민으로 우울하다면 '나는 지금 끝이 보이지 않는 아주 좁고, 어두운 터널을 통과하고 있다', '나는 벼랑 끝에 서있다'고 말하고 기분이 고조되었을 때는 '하늘을 나는 것 같다'고 표현한다. 감정의 변화에 따라 시간에 대한 주관적 개념이 변화하는 것처럼 공간적 개념 역시 변화한다. 로더는 공간을 차지하려는 욕구는 성욕보다 더 큰 힘을 갖고 있다는 로버트 아드레이(Robert Ardrey)의 말을 인용하면서, 필요한 모든 것이 제공된다고 해도 충분한 공간이 없다면 동물들의 생존력이 떨어진다고 하였다.212) 이렇게 보았을 때, 공간에 대한 민감한 반응은 당연한 것으로 간주되어야 한다. 청소년의 공간에 대한 민감함은 자기만의 공간을 요구하는 태도, 자기들만의 공간이 허용되지 않는 사회에 대한 혐오로 드러나지만 전혀 공간과 상관없는 행동-소음 만들기, 특이한 색의 머리 염색, 과식 혹은 폭식, 너무 헐렁하거나 작은 옷 입는 것 등-으로도 나타난다.213) 그런가하면 물리적 공간을 더 많이 활용하고 차지하려는 욕구를 노골적으로 드러내기도 한다. 운동장에 드러눕기, 책상위에 걸터앉기, 창틀에 올라앉기 그리고 부모와의 문고리 전쟁이 있다. 문고리 전쟁은 개인의 공간을 갖고 싶어 하는 청소년기 자녀와 그것을 침투하고 싶은 부모 사이의 다툼을 말한다. 기분이 저하되었을 때 더욱 자기만의 공간, 동굴 속으로 들어가는 청소년은 주변 사람들에게 공간의 공유 또는 침투에 대하여 거부 의사를 밝히

---

211) James Loder, 『신학적 관점에서 본 인간발달』, 272.

212) 위의 책, 274.

213) 위와 같음.

는데, 이러한 공간 확보 요청은 당연한 것으로 수용되어야 한다. 공간에 대한 민감성을 침투하기 보다는 존중하는 것이 바람직할 수 있다. 그러나 영역 확보를 위한 낙서, 가구 재배치, 폭력 등 주변에서 수용되기 어려운 행동도 있다. 십대들을 위하여 '낙서 벽'을 확보해 주는 분식집 사장님의 배려는 청소년들에게 '너희들만의 공간이 허용되었다'는 환대의 표시이다. 자기만의 공간을 확보하는 동시에 확장, 초월하고 싶은 청소년들에게 나타나는 또 다른 현상은 '여행주의(travelism)'이다. 여행의 동경은 모든 것을 버리고, 낯선 곳에서 나를 만나고 싶은 강렬한 초월 욕구를 보여준다. 영역 확보와 확장의 열망, 현실 너머의 초월적 존재, 우주 공간, 신비 세계(mystery)에 대한 동경 등의 종교적 성향으로도 나타난다. 시간적 영역의 초월성이 자기 인생을 과거, 현재, 미래로 펼쳐보게 하고 죽음에 대한 생각, 죽음 이후의 사후 세계에 대한 생각으로 연결된다면 공간적 초월성은 지구 외의 다른 행성, 생명체에 대한 호기심 즉 미제로 남겨진 실종 사건, 블랙홀의 과학적 신화, 판타지 소설 등에 탐닉하는 것으로 표출된다.

3) 의미 탐색 물음

청소년기가 되면 '나는 누구인가?', '나는 어디서 와서 어디로 가는가?', '내가 왜 살아야 하는가?', '세상에서 나의 위치와 역할은 무엇인가?' 등 인생에 대한 중요한 물음들이 등장한다. 제임스 파울러(James Fowler)는 사춘기는 종교적으로 굶주린 시기라고 보고, 다음과 같이 묘사한다.

> 사춘기 청소년의 종교적 굶주림은 자아를 깊이 알고 받아주고 확인해 주시며, 인격적 정체성과 신앙에 대하여 형성되는 신화와 더불어 자아에 대한 무한한 지원자로 기여하는 하나님을 향한 것이다.214)

청소년기는 삶의 무의미, 공허함과 직면하게 되고 이를 극복하기 위하여 자신을 전적으로 지원하고 수용하는 궁극적인 대상을 갈망한다. 그리고 궁극적

---

214) James Fowler, 『신앙의 발달단계』, 247.

삶의 의미와 목적을 강렬히 추구한다. 궁극적 대상과의 교제에 대한 추구가 또래 친구, 아이돌, 유명 스타에 대한 친밀감과 동경을 향한다면 '의미 물음'은 이상체계, 세계관을 세우려는 시도로 나타난다. 이를 에릭슨은 '이념(ideology) 형성'으로 제임스 로더는 '대의명분'으로 표현하였다. 이념, 세계관, 우주의 의미 그리고 그 안에서 인간의 위치 등에 대한 개념을 형성하려고 지속적으로 노력한다.215) 현재 자아의 대 격변 속에서 나타나는 우주적 외로움을 극복하고자 세상의 공허를 극복하는데 관심을 갖는다.216) 빅터 프랭클(Victor Frankle)은 『죽음의 수용소』에서 인간이 자기 삶에 대한 의미를 발견하지 못하는 무의미, 무의도, 무목적, 공허감을 '노예제닉 신경증'이라고 불렀다.217) 이를 해결하지 않으면 병적 상태에 놓일 수 있다. 곧 충성할만한 인생의 이념, 대의명분을 발견, 헌신함으로서 가치 있는 인생이 되려고 노력하는 것이다. 어떻게 보면 청소년은 중요한 인생의 과제를 수행하고 있는 셈이다. 이때 축적된 전통과 문화, 사상 체계, 제도적 지원 체계를 가지고 있는 종교는 '의미에 대한 물음'을 해결하도록 도울 수 있다. 종교는 청소년들이 세계관과 삶의 방식을 창조하도록 가치 체계, 행동 원칙을 제공할 수 있다. 청소년기 의미 탐색의 또 다른 특징은 내가 믿는 '종교 혹은 진리'는 과연 참된가? 하는 진리의 진정성을 회의하는 태도로도 표출된다. 청소년들은 이제 의심과 질문이 가능하며 모순에 대하여 지적하고 고민이 가능할 만큼 종교에 대한 적극적인 자세를 취할 수 있고 또 그렇게 한다. 그러나 진리에 대한 의구심 표출은 진리를 확신하고 수행하려는 동기에서 나온 것이므로 종교성의 또 다른 성향 가운데 하나라고 볼 수 있다.

〈생각해 봅시다〉

■ 시간적, 공간적 개념의 확장에서 가장 공감 되는 부분은 무엇인가?
■ 사춘기의 종교적 굶주림은 어떻게 표출되는가?

---

215) James Loder, 『신학적 관점에서 본 인간발달』, 281.
216) 위와 같음.
217) 김청송, 『청소년 심리학의 이론과 쟁점』, 337~342.

■ 내가 가장 고민했던 의미 탐색 물음은 무엇인가?
■ 청소년기 죽음에 대한 나의 느낌은 어떠하였는가?

3. 신앙적 특징

1) 이해를 추구하는 신앙

청소년기 신앙은 여러모로 아동기와 다른 특징을 갖고 있다. 아동기 신앙이 '실천적' 이라고 한다면, 청소년기는 궁금증에 대한 확실한 설명을 요구하고 설명에 이의를 제기한다. 아동기에는 무조건 믿었지만 청소년기에는 자기가 생각하는 체계에 부합하고 이치에 합당할 때 믿는다. 그렇지 않으면 무관심하거나 쉽게 신앙생활을 포기 할 수도 있다.[218] 곧 청소년기는 아동기에 비하면 신앙과 '하나님(신)에 대한 개념' 이해를 촉구 한다. 유아, 아동기에 '감각', '직관', '상상', '감성' 으로 하나님을 인식했다면 청소년기는 개념적으로 하나님을 이해하려고 할뿐 아니라, 하나님에 대한 추상적 개념을 자기 자신, 가정, 학교, 세계에 대한 생각과 연계시키려고 한다.[219] 물론 청소년의 개념, 추상적 사고가 단지 '신'을 향해서만 특별한 것은 아니다. 자기 자신에 대한 개념과 세계에 대한 개념 추구 역시 강렬하다. 그리고 그것은 신과의 관계성 속에서 추구된다. 따라서 세상 속에서 일어나는 불의한 일들, 종교적 기관과 지도자의 비윤리성, 십자가와 교회 건물 그리고 성도들의 모양, 삶의 모습과 태도가 과연 설득적인가? 등 하나님과 세계 공존의 가능성을 모색한다. 이 세계 속에서 자기 인생의 의미성을 추구하고 그 의미를 '신'-자기보다 큰 존재, 불변하는 이상적 존재-과의 관계 속에서 얻고자한다. 따라서 '신은 누구인가?' 하는 추상적 물음은 '어떻게 이 세상에 신의 위치를 설정해야 하는가?', '신은 나의 실제 생활과 어떻게 연계될 수 있는가?' 하는 물음이다. 그리고 신에 대한 이해의 추구는 '의심', '거리두기'의 모습으로 나타날 수 있다.[220] 곧 청소년의 의심, 거

---

218) 윤주병, 『종교 심리학』 (서울: 서광사, 1986), 178.
219) Friedrich Schweitzer, 『삶의 이야기와 종교』, 37.
220) 위의 책, 41.

리두기는 신앙, 종교에 대한 이해를 자율적으로 탐색하기 위한 방편이다. 그것은 더 깊은 신앙으로 안내하기도 하지만 반대로 회의주의 혹은 떠나가기의 형태로 귀결되기도 한다.

2) 개인적 신앙

청소년기는 제도화된 종교를 거부하고 개인적 신앙을 추구한다. 부모로부터 전수되어온 신앙적 가치나 전통들이 자기들의 생활과 무관하다는 것을 발견한다. 개인적 신앙에 대한 강렬한 추구는 신앙에 대한 거부감, 의례화 된 종교의식에 대한 무시로 표출되는데, 이러한 거부는 가족의 전통적 가치로부터 탈피하여 자유와 자기실현의 미래를 갈망하기 때문이다.[221] 개인의 사생활을 중요시하고 비밀을 간직하게 된 청소년은 대화할 수 있는 '개인적인 신'을 갖고 있는데, 그 개인적 신이 비밀을 발설하지 않을 좋은 친구가 될 거라고 생각한다. 그리고 예배나 교회에 나가지 않아도 신앙생활을 할 수 있다고 믿는다. 단순히 전통, 제도, 권위 등에 권위를 두지 않아도 혼자서 예배하고 '내면에 신앙'을 유지할 수 있다고 믿는 약간 '이상적인 상태'에 머물러 있다. 이러한 청소년의 모습이 〈안녕 하세요 하나님 저 마거릿이에요~!〉 라는 책에 반영되어 있다. 이 책은 미국 나이로 11세 소녀가 '유태인 아버지와 기독교인 어머니' 사이에서 어느 종교를 선택해야하는가? 고민하면서 '나의 종교'를 찾는 이야기이다. 유대교 회당에도, 교회에도 출석하지 않는 마거릿은 매일 밤 하나님께 기도를 드린다.

> 하느님 거기 계세요? 저 마거릿이에요. 오늘 끔찍한 짓을 저질렀어요. 친구를 괴롭히는 아주 끔찍한 짓을 말이에요! 저는 세상에서 가장 나쁜 아이에요...왜 제가 나쁜 일을 하도록 내버려 두시나요? 저는 지금까지 하나님을 찾고 있었어요. 유대교 사원도 기웃거리고 교회도 기웃거렸어요. 그리고 오늘은 고백 성사를 하고 싶어서 하느님을 찾았어요. 하지만 하느님은 거기 없었어요. 하나님이 하나도 느껴지질 않았어요. 제가 밤에 하느님께 얘기할 때 느끼듯이 말이에

---

221) 윤주병, 『종교 심리학』, 196.

요. 왜죠, 하느님? 왜 저는 혼자 있을 때만 하느님이 느껴지나요?222)

이 기도를 보면, 마거릿은 유대교 사원이나 교회에서 하나님을 느낄 수 없다고 고백한다. 그리고 왜 매일 밤 혼자 있을 때 대화하는 그 하느님을 교회와 사원에서 느낄 수 없는지 의아해한다. 개인적 신앙은 전통이나 외형에 매이지 않는다. 그래서 아버지와 어머니의 종교 사이에서 고민하다가 결국 제도적 종교와 개인적 신앙을 구분하고, 그 둘 사이에서 혼란과 불확실성을 인정해간다. 이 책은 유대교도 기독교도 선택하지 않고, 십대 소녀의 '종교가 아닌 개인적 신을 선택'하는 과정을 서술하고 있다. 제도적 종교가 아닌 개인적 신앙을 선택하는 청소년의 모습을 마거릿이라는 소녀의 이야기로 펼쳐 가는 것이다. 부모 혹은 조부모가 이것은 "전통이니까 해라! 해야 한다!" 라고 말할 때 마거릿은 "전통이 뭔데 나를 괴롭혀?" 라고 반박한다. "그래서, 그 전통이라는 것이 도대체 나와 무슨 상관이 있다는 말인가?" 질문한다. 종교 전통, 제도, 문화가 개인적 삶과 연결되지 않는다면 아무 의미가 없다고 호소하는 것이다. 물론 한국의 십대는 이렇게 적극적으로 자신의 내면을 표현하지 않는다. 표현하는 문화가 아니고, 윗세대에 대한 예의가 중요하므로 십대들은 스스로도 자기감정과 생각에 모호하다고 느낄 때가 많다. 그러나 그들 내면에 개인적 신앙에 대한 추구가 있다는 것을 감지할 필요가 있다.

3) 회의하는 신앙

청소년기 신앙의 또 다른 특징은 '회의적 신앙' 이다. 청소년이 신앙, 종교에 대하여 의심, 회의적일 때 덮어놓고 꾸짖기 보다는 동기가 무엇인지 먼저 파악할 필요가 있다. 전달받은 종교를 자신의 것으로 받아들이려는 것인지 아니면, 단지 주변 사람들에게 의존해서 비판적 태도를 취하는지 구별해야 한다.223) 청소년의 의심, 회의, 비판적 태도는 순전히 자기 신앙에 대한 '성찰' 에서 온 것일 수도 있고 또래 그룹이나 주변 문화에 대한 압력, 영향으로 온 것일 수도

---

222) Judy Blume, 김경미 옮김, 『안녕하세요, 하느님? 저 마거릿이에요』 (서울: 비룡소, 2012), 189.
223) Friedrich Schweitzer, 『삶의 이야기와 종교』, 42.

있다. 소속감, '착한 아이'라는 주변의 인정이 여전히 중요한 청소년기 신앙은 타인 의존적 신앙이므로 독자적 판단을 내리기 어렵다.224) 만약 청소년들이 비판한다면 그것은 다른 사람, 친구, 동료가 보이는 교회나 전통에 대한 비판적 태도에 동조하고 있을 가능성이 높다.225) 필자는 청소년 사역을 하면서 신앙에 대하여 회의하는 청소년들을 많이 만났다. 가족 가운데 누군가가 '하나님이 진짜 있다고 생각하느냐?', '하나님이 진짜 있다면 우리 집은 왜 가난하게 내버려 두느냐?' 고 질문하는 경우가 대부분이었다. 청소년이 만약 '자아 성찰'을 통하여 신앙을 의심하고 비판한다면, 그것은 적어도 청소년 후기, 청년기부터 가능하다. 그리고 어딘가에 소속되기 위해서가 아니라 자기만의 '개별적 신앙'을 형성하려는 데 목적이 있다. '개별적 신앙' 형성이 주요 동기라면, 신앙을 의심하고 회의할 때 내면의 목소리는 '더 이상 하나님을 당연하게 받아들일 수는 없어. 하나님에 대한 부모님의 태도를 그냥 받아들이거나 교회에서 부모님이 하는 일을 그대로 따라하는 것만으로는 충분치 않아. 이제부터 일어나는 일은 나의 일이 되어야만 해' 라고 하는 반 인습적 성향을 띠게 될 것이다. 교사 혹은 부모의 입장에서 청소년의 의심하는 태도를 바라본다면, 위험천만한 것으로 느껴지기 때문에 관망하기가 쉽지 않다. '이 아이가 도대체 신앙을 져버리겠다는 것인가?' 하는 걱정이 들 수 있다. 그러나 신앙에 대하여 의심을 품는 것은 가까이 접하는 성인들 특히 부모, 조부모, 교사로부터 거리를 두고 위협받지 않는 상태에서 자율을 충분히 활용하면서 자기 신앙을 탐색하겠다는 의지의 표현이다. 타인에게 전수받은 신앙을 '나의 것으로' 내면화하기 위해서 고민할 시간을 벌겠다는 것이다. 사실 의심 자체에 대한 긍정적 시각을 갖는 것이 어렵기 때문에, '청소년의 의심과 회의를 어떻게 수용하고 인도할 것인가?'는 큰 고민이 아닐 수 없다. 그러나 반응 보다 청소년이 의심할 때 의심과 회의에 대한 해석이 선행되어야 한다. 신앙에 대한 의심과 회의가 청소년에게 유익한가를 먼저 살펴야 할 것이다.

---

224) 위의 책, 171.
225) 위의 책, 172.

〈생각해 봅시다〉

- 청소년기 신앙적 특징 세 가지는 무엇인가?
- 교회 출석을 거부하는 청소년이 있다면 어떻게 교육하면 좋을까?
- 십대가 종교, 신앙을 의심할 때 내면의 동기를 어떻게 구분하면 좋을까?

4. 신앙에 대한 의심, 회의는 유익 한가?

1) 의심은 청소년에게 유익한가?

의심이란 어휘가 주는 불안함, 미심쩍음 등의 느낌이 있다. 본래 '의심 (doubt)'은 둘(double) 혹은 그 이상의 반대되는 감정들이 동시에 현존하는 것으로 아직 태도(반응)를 결정하지 않은 상태를 말한다. 성경에 등장하는 의심은 고난 앞에서 출현하는 욥의 의심 그리고 부활하신 예수님을 만져보기 전에는 믿지 못하겠다는 도마의 합리적 의심이 있다. "예수를 뵈옵고 경배하나 아직도 의심하는 사람들이 있더라(마28:17)" 이 말씀에서 나타나는 의심은 이전에 갖고 있던 신념과 또 다른 신념의 증거가 충돌함으로 발생하는 '주저하는 반응, 일시적으로 양분된 마음의 상태'를 뜻한다. 그러면 청소년에게 신앙에 대한 의심은 유익한가? 이 질문에 대한 입장은 상반적이다. 긍정적 측면에서 해석하는 이들이 있는가 하면 부정적으로 해석하는 이들도 있다. 의심에 대한 양 측면을 정리하면 다음과 같다.

긍정적 측면	부정적 측면
잘못된 신념들을 타파한다.	건강한 신앙을 위협한다.
진정성을 가지고 하나님을 만나도록 격려할 수 있다.	기독교적 인습, 전통을 타파함으로서 혼란스런 불안을 만들 수 있다.
신앙 성숙에 필요한 경험이다.	결국 불신으로 가게 만들 것이다

〈표11〉 의심에 대한 상반된 이해

의심에 대한 긍정적 관점은 의심이 퇴보하는 듯 보이겠지만 아직 확정되지 않은 갈등상태로서 믿음의 확신으로 갈수도 있다는 것이다. 의심은 아무것도 당연한 것으로 간주하지 않는 상태로서 사실 더 많은 질문과 탐색이 필요하다고 해석한다. 흔들리는, 불안한, 갈등 중인 상태인 의심을 무작정 반대하기 보다는 신앙을 적극적으로 탐색할 수 있는 동기를 제공한다면, 오히려 많은 순간 회의, 냉소로 인도하는 기독교적 인습들을 타파할 기회를 가질 수 있다.226) 의심에 대한 긍정적 해석은 의심의 본질이 무엇인지 파악함으로서, 신앙에 대하여 적극적으로 이해하고 탐구할 수 있는 기회를 제공하는 기회로 삼자는 것이다. 반대로 의심의 부정적 측면을 강조하는 입장은 의심이 건강한 신앙을 위협할 뿐 아니라 기독교적 전통과 인습을 타파함으로서 혼란을 조성한다고 본다. 의심은 결국 불신으로 인도할 확률이 높기 때문에 애초에 의심을 갖지 않는 것이 유익하다고 주장한다. 의심을 불신앙과 동일한 것으로 곧 위험천만한 요인으로 간주한다. 신앙에 대한 의심이 무신론으로 기울어질 가능성도 배제할 수 없기 때문에 주의 깊은 접근이 필요하다고 경고 한다. 긍정적 관점이 의심의 기회적 측면을 보았다면, 부정적 관점은 의심의 위기적 측면을 보고 있다.

2) 회의는 청소년에게 유익한가?

회의는 의심보다 더 뉘앙스가 좋지 않다. 회의는 곧 회의주의와 동일한 것처럼 치부되는 경우가 많다. 회의를 가리키는 단어로 '망설이다 혹은 주저하다'는 뜻의 디스타조(distazo)와 '논쟁하다', '싸우다', '토론하다'의 뜻을 가진 디아크리노(diakrino)가 있다. 첫째 디스타조(distazo)는 도마가 예수님의 부활을 의심하였던 것처럼 의심을 갖고 있기 때문에 주저하거나 망설이는 상태(마28:17)를 말한다. 두 번째 디아크리노(diakrino)는 동일하게 믿음을 가진 상태에서 일부 불확실한 것들을 묻고 숙고하는 것, 자기 자신과 논쟁, 토론, 갈등 중인 상태이다.227) 자신과의 논쟁이 끝나지 않았기 때문에 "믿음 없는 것을 도와 달라"고 요청하는 것(막9:24)이다. 이처럼 회의는 두 마음을 품어서 긴장이

---

226) Keith A. Puffer and. "Religious doubt and Identity formation: Salient predictors of Adolescent Relgious Doubt." *Journal of Psychology and Theology*. 2008. 36(4), 270~272.

227) Alister Macgrath, 『회의에서 확신으로』, 20.

발생하고 선택하지 못하는 우유부단한 태도이면서 또한 불확실한 것들을 숙고하면서 자기 자신과 논쟁하고 있는 상태이다. 따라서 회의는 의심과 마찬가지로 아직 결정되지 않은 마음으로, 어떤 지식의 진정성을 논쟁하는 '회의주의(skepticism)'와 다르고 또한 진리가 거짓이라고 확신하는 '불신(unbelief)'과도 다르다.228) 그럼에도 불구하고 누구도 신앙에 대한 회의나 의심을 과감하게 드러낼 수 없는 것은 주변의 곱지 않은 시선을 알기 때문이다. 의심하는 자는 의심받고, 회의하는 자는 회의와 논쟁의 대상으로 주목 받는다.

알리스터 맥그래스(Alister Macgrath)는 신앙에 대한 회의를 신념에 대한 회의와 인격에 대한 회의로 구분한다.229) 먼저 신념에 대한 회의는 하나님의 속성, 진리에 대한 진술-예수님의 죽음과 부활, 성육신, 기적 등-을 회의하는 것이다. 교리에 대한 부정확한 이해, 하나님에 대한 막연한 공상에 근거하여 발생하는 것으로 정확한 이해를 요청한다. 다음으로, 인격에 대한 회의는 자기 자신에 대한 회의, 주변 신도들에 대한 회의, 교회에 대한 회의, 사회에 대한 회의 등을 말한다. 인격적 회의는 신념 곧 하나님, 예수님의 존재와 구원 그 자체에 대한 회의로 비춰지지만, 구체적인 대화를 통하여 그것이 교회나 주변 어른들과 사회에 대한 회의, 또는 자기 자신에 대한 회의를 반영한다는 것을 알 수 있다. 그러므로 청소년이 회의할 때 우선적으로, 인식론적 회의인지 아니면 인격적 회의인지를 구분한다면, 보다 적절한 도움을 제공할 수 있다.

그러면 청소년기 회의는 왜 발생하는가? 회의는 인식과 믿음의 연약함을 반영하는 현상, 믿음이 성장하는 과정에서 나타나는 현상이다. 곧 확실히 알 수 없는 어떤 대상이나 세계에 대하여 확실히 알고 싶은 비현실적 갈망, 이성과 감정이 뒤얽혀서 생겨나는 것이다. 청소년이 회의적이라고 한다면 신앙이 연약한 기초 위에 서 있다는 것을 가리키므로, 적당한 상황, 가령 죄와 벌이는 싸움에서 드러날 필요가 있다(히12:4).230) 만약 피상적, 취약한 신앙적 이해를

---

228) Keith A. Puffer and, "Religious doubt and Identity formation: Salient Predictors of Adolescent Religious Doubt", 270~272.

229) Alister Macgrath, 『회의에서 확신으로』, 70.

가졌다면 회의적인 가족, 또래 친구 혹은 그룹, 질문이나 비판을 받았을 때 쉽게 동화될 수 있다. 이는 그 동안 옳다고 믿었던 가족의 신앙에서 벗어나서 자기만의 신앙을 찾겠다는 결단의 표시이기도 하다. 그러나 '나의 신앙 찾기'는 의심, 회의, 비평, 질문 등의 부정적 징후를 통하여 표출된다. 종교발달에 대한 연구는 청소년기 신앙에 대한 회의를 '비평적 인식'이라고 부른다. '비평적 인식'은 마치 수족관 밖으로 뛰쳐나와 자신의 가치풍토를 진지하게 검토하는 성찰 능력으로, 개별적 신앙을 형성하는 계기가 된다.231) 신앙을 내면화시키려면 회의, 비판적 태도가 수반되고 그것은 충분한 이해의 필요성을 어필한다. 그 밖에도 전능, 위대함을 꿈꾸는 나르시스적 환상(위대함의 욕구), 타인을 통한 기초적 신뢰 형성 및 최초의 인정과 결부된 경험을 추구하는 수용의 욕구, 삶의 무의미성과 좌절에 대한 경험, 죽음에 대한 경험, 인간의 소망과 환상, 무언가에 보호받고 있고 싶다고 느끼는 친밀감의 욕구 등 다양한 요인들이 신앙에 대한 회의를 가능케 한다. 회의를 높이 사고 믿음을 불신하는 문화, 헌신은 비판하고 의문은 칭찬하는 문화, 신문이나 잡지, 강의와 대중 토크쇼에서 종교에 대하여 회의하도록 부추기는 전체적인 사회 분위기 등의 문화적 압력 또한 청소년들을 회의하게 만드는 주된 요인으로 작동한다.232) 왜냐하면 청소년들은 쉽게 동화될 수 있기 때문이다. 만약 주변에서 적절한 대처와 도움을 받지 못한다면 실제로 부정적 결과-회의주의 혹은 불신앙-가 나타날 수도 있다. 의문과 회의에 대한 묵살, 무조건적 거부 보다는 신앙의 진정성에 도달하게 하는 구체적 교육 방안을 모색해야 할 것이다.

〈생각해 봅시다〉

■ 의심과 회의에 대하여 정의해 보자.

■ '비평적 인식'은 무엇인가?

■ 청소년의 신앙에 대한 의심, 회의를 적절히 다루고 교육할 수 있는 방안을 제안해 보자.

---

230) 너희가 죄와 싸우되 아직 피흘리기까지는 대항하지 아니하고. 개역개정.

231) James Fowler, 『신앙의 발달단계』, 284.

232) Alister Macgrath, 『회의에서 확신으로』, 87.

5. 회의를 대하는 교육적 태도

1) 청소년의 인식적 회의

인식적 회의는 하나님의 속성과 진리에 대한 부정확한 지식, 무지함으로부터 온다. 청소년은 하나님을 오직 '전지전능하신 하나님'으로 생각한다. 전능하신 하나님의 이미지에 머물러서 인생에 고난이 닥치거나 위험이 있을 때 '왜 하나님은 보고만 있지?' 하는 의구심을 갖는다. 이 세상에서 일어나는 부정적인 일들과 전능하신 하나님은 쉽게 연결되지 않는다. 청소년의 인식적 회의에 대한 질문은 다음과 같다.

- 정말로 하나님이 살아있다고 생각하세요? 그렇다면 왜 하나님은 사람들이 고통 받을 때 도와주지 않나요?
- 성경은 어떻게 만들어졌을까요? 하나님이 직접 아니면 하나님의 사람들이 쓴 건가요?
- 예수님이 처녀에게서 태어났다는 것이 사실일까요?
- 예수님은 결혼하지 않으셨나요?
- 예수 그리스도의 부활은 역사적 사실인가요?
- 기독교가 점점 쇠퇴하고 있는데 역사 속에서 사라지는 것은 아닌가요?
- 주일에 예배를 드리는 이유는 뭔가요?
- 교회에 안 나가면 신앙을 지킬 수 없나요?

청소년의 인식적 회의는 하나님, 진리에 대한 지식이 부족하다는 것을 말해준다. 첫 번째 "하나님이 살아있다면...왜 사람들이 고통 받을 때 도와주지 않는가?" 하는 물음은 청소년의 공상, 하나님의 전능성에만 기초한 물음이다. 전능하여 모든 것을 해결할 줄 알았던 하나님이 그렇지 못해서 인간에게 불행이 발생했다고 생각하는 것이다. 인생의 한계와 전능하신 하나님이 쉽게 연결되지 않는다. 불의한 세상 속에서 하나님에 대한 합리화를 요구하는 이 물음에 대한 답이 만족스럽지 못할 경우 하나님의 존재를 아예 거부할 수도 있다. 청소년의 의심은 핵심 교리에 대한 바른 이해를 교육 하는 기회로 삼을 수 있다. 하나님은 전지전능하신 분이지만 또한 모든 것을 희생하고 십자가에 달리는 고난을 겸손히 받아들인 구속의 하나님이기도 하다. 인간의 모든 고난을 포괄한 예수님의 고난, 죽음의 경험을 받아들이는 것은 하나님에 대한 온전한 이해를 갖게 한다. 청소년기는 심리적으로 불안정하지만, 이성의 발달로 하나님에 대한 개념적, 추상적 이해를 추구한다. 따라서 하나님에 대한 올바른, 통전적 지식과 이해를 제공할 할 필요가 있다. 만약 청소년들이 어떤 신념, 진리 진술에 대한 의문, 회의를 갖고 있는지 구체적으로 알 수 있다면 성경본문과 조우할 기회를 얻게 된다. 청소년이 '주일을 지켜야 하는가?', '왜 내가 가족과 동일한 하나님을 믿어야 하는가?' 질문할 때 그 주제를 가지고 대화하면 된다. 우격다짐으로 진리를 주입하거나, 냉정함으로 확고한 신앙, 절대적 확신의 태도를 고집하고 강요한다면 장애물만 더 쌓여갈 뿐이다. 즉 의심과 회의를 무신론으로 나아가는 첫걸음이 아닌 오히려 제자가 되어가는 자연스러운 발전과정으로 봐주는 넉넉한 마음과 사려 깊은 대화가 요청된다. 청소년기가 되면 의심, 회의, 질문을 통하여 전수받은 신앙을 확인하려고 든다. 의례히 수용해왔던 가르침에 대하여 실험하고 싶어 한다. 이러한 실험은 정중한 거절(not really)이 아닌 노골적인 '거부, 저항, 반박(just say no)'으로 표출되기 때문에 주변 사람들의 마음을 상하게 한다. 거부와 저항은 그리스도 안에서 개별적 신앙을 갖기 위한 자기 나름의 준비운동과 같은 것이지만, 그렇다고 당연하게 수용되어야 한다는 뜻은 아니다. 의심과 회의, 자유와 방종은 명확히 규분되어야 한다. 상호 민감성 속에서 잘 듣고, 기독교 핵심 이야기를 전수, 질문, 응답하는 교육이 지속된다면 인식적 회의는 진리를 내면화 시키는 영적 성년식의 계기가 될 수 있다.

2) 청소년의 인격적 회의

인격적 회의는 자기 자신에 대한 회의, 주변 사람들, 교회 혹은 사회에 대한 회의를 말한다. 자기 자신에 대한 회의는 무엇인가? 청소년은 많은 발달과제 속에서 적지 않은 스트레스를 받고 있다. 외모 콤플렉스, 진로 고민, 또래 친구들과의 갈등, 교사나 부모에 대한 불만, 가정 문제 등. 신앙이 혹은 하나님이 자신의 이런 고민과 어떻게 연결되는지 잘 알지 못하고, 도움을 줄 수 없다고 생각할 때 회의적 태도를 보인다. 청소년들의 인격적 회의에 대한 질문은 다음과 같다.

- 나는 어디로 가고 있는 걸까요? 나의 고민을 얘기한다면 하나님은 더 고통스럽지 않을까요?
- 우리 부모님은 예배를 강조하면서 왜 설교 시간에 주무시는 걸까요?
- 교회가 불쌍한 사람을 돕지 않고 건물을 짓는 것이 옳은가요?
- 기독교인들이 이렇게 많은 데 왜 세상은 점점 더 악해지는 것일까요?
- 교회 주차장은 텅 비어있는데, 왜 주중에 다른 사람들에게 개방하지 않나요?

이처럼, 인격적 회의는 자기 자신, 부모, 교회, 사회에 대한 불만과 회의를 반영한다. 교회에 다니고 있는 사람들의 위선, 실생활과 어떻게 연결되는지 알수 없는 전통과 의식, 공동체에 대한 회의도 인격적 회의에 속한다. 회의적 태도를 취하는 청소년들과 대화하다 보면 그것이 '교회나 주변 어른들과 사회'에 대한 회의를 반영하는 경우가 많음을 보게 된다. 사람과 사회에 대한 낙관적기대, 비현실적 전망은 회의적 태도를 만들고 그것이 하나님에 대한 실망인 것처럼 표현되기도 한다. 인지적 사고의 발달로 '평형과 균형'에 대한 인식이 가능해 지면서, 가장 이상적이고 완벽한 세상, 유토피아를 추구하는 이들은 교회가 이상적이지 못하다고 비판한다. 그리고 교회에 대한 비판은 하나님의 신실성을 의심하는 쪽으로 향한다. 교회뿐만 아니라 아버지, 부모에 대한 실망감역시 그러하다. 폴 비츠(Paul Vitz)는 〈무신론의 심리학〉이라는 책에서 '결함있는 아버지 가설'을 소개하는데 불신, 무신론으로 향하는 동기가 다른 무엇보다 아버지와의 관계에서 기인한다고 보았다.233) 무신론에는 심리학적 원인이 있음을 주장하면서 실제적 인물로 칼 마르크스(Karl H. Marx), 루드비히 포이어바흐(Ludwig A. Feuerbach), 마들린 머레이 오헤어(Madalyn M. O'Hair) 등을 그 예로 든다. 마들린 머레이 오헤어는 1960년대 공립학교의 기도 금지소송을 제기했던 공격적 무신론자이다. 오헤어의 아들 윌리엄의 자서전 〈신이 없는 나의 삶〉이라는 책에는 "우리는 가족으로서 무언가를 함께 하는 일이 거

---

233) Palul Vitz, 김요한 옮김, 『무신론의 심리학』 (서울; 새물결 플러스, 2012), 89.

의 없었다. 외할아버지와 어머니 사이의 증오가 건강한 가족 관계를 막았다"234)고 서술되어 있다. 이처럼 청소년의 의심, 회의는 신뢰하고 싶었던 대상에 대한 실망감을 반영한다. 주변 사람들, 특히 중요한 관계에 있는 사람들과의 관계에서 발생한 문제가 신앙적 회의를 유발한다. 따라서 그들의 이야기를 충분히 듣고 대화하되, 서두르지 않고 기다려야 한다. 대화와 기다림의 시간은 성인들, 부모들에게도 역시 기탄없이 자신을 성찰하고 수정하도록 요청하는 시간이 될 것이다. 의심, 회의가 함의하는 청소년의 내면 이야기를 들어준다면 가족의 갈등, 개인의 투쟁이 무엇인지 알 수 있다. 곧 그들이 고민하는 삶의 문제와 교류할 수 있다. 이는 형식적 교육의 시간, 예배와 성경공부가 아니어도 가능하다. 예수님은 길에서 겨자씨, 들에 핀 꽃을 가지고 삶의 문제를 가진 회중과 대화하였다. 이러한 대화적 교육이 필요하다. 등산길에서, 맛 집 탐방 길에서, 사진전시회를 관람하면서, 커피를 마시면서 듣고 질문하는 상호적 대화, 짧은 이야기와 사례를 통한 교육은 그들 스스로 답을 찾도록 촉진한다.

3) 신앙의 내면화

청소년의 의심과 회의를 다루는 적절한 교육적 태도는 무엇일까? 예수님의 열두 제자 가운데 의심의 대표적 인물로 꼽히는 사람은 도마이다. 도마는 부활하신 예수님의 손과 옆구리에 손가락을 넣어보는 직접체험의 기회를 얻었다. 그는 확실하지 않은 것, 애매한 것, 미지의 것에 대항한 사람이며 의심과 겨루어 싸운 사람이었다. 사실, 도마 외에도 예수님의 부활을 의심한 제자들이 있었다. "열한 제자가 갈릴리에 가서 예수께서 지시하신 산에 이르러, 예수를 뵈옵고 경배하나 아직도 의심하는 사람들이 있더라(마28:16~17)"는 말씀은 도마 외에도 의심하는 이들이 더 있었다는 것을 함의한다. 그러나 도마는 자신의 의심을 용감하게 직면했고, 예수님은 그의 의심을 용납하면서 손의 못자국과 옆구리의 창 자국에 손가락을 넣어보도록 허용하였다. 예수님의 아량으로 도마는 마침내 '나의 주 나의 하나님' 이라는 고백을 할 수 있게 된다. 그럼에도

---

234) Tom wright, Os Guinness, 최효은 옮김, 『세상이 묻고 진리가 답하다』 (서울; IVP, 2014), 177.

불구하고 기독교 역사 속에서 도마는 의심 때문에 본받지 말아야할 제자 가운데 한 사람으로 인식되고 있다. 도마처럼 내가 만져보지 않고는 믿지 못하겠다고 말하는 청소년이 있다면 이는 신앙적 자율에 대한 동경으로 신앙을 전인격적으로 내면화하고 싶다는 의지를 표출하는 것이다. 자기만의 신앙을 추구하는 청소년들의 특징에 대하여 C. S 루이스는 "습관적으로 교회에 다니는 젊은 이가 자기는 기독교를 믿고 있는 것이 아님을 깨닫고 출석을 정지할 때, 정직해서 그렇게 한 것이지 자기 부모를 괴롭히려고 그런 것이 아니라면, 그리스도의 영은 아마도 이전의 그 어느 때 보다 그와 더 가까이 계실 것이다."235)라고 격려하였다.

신앙 전달 ⇒ 수용 ⇒ 의문, 회의, 비판적 태도 ⇒ 회의주의
나의 하나님
불신앙

그림9〉 의심과 신앙의 내면화

신앙을 내면화 시키는 과정에서 청소년은 전달받은 신앙에 의문, 회의, 비판적 태도를 취한다. 이것은 '나의 하나님'으로 갈 수 있는 길이 되기도 하고 회의주의, 불신앙으로 흘러갈 수도 있다. 즉 의문과 회의는 갈림길이다. 갈림길은 항상 위기이면서 또한 기회이다. 기독교 교육의 아버지라 불리는, 호레이스 부쉬넬은 "자녀들이 의심의 순간을 맞이하더라도 존중하고 성급하게 말해서는 안 된다...시간을 거스르면서 의심을 단도리 하려고 해서는 안 된다. 오늘 의심을 해결할 수 없다면 내일로 미루라. 그렇게 세월이 흐르는 것을 두려워해서는 안 된다"고 충고하였다.236) 유진 피터슨은 예수님의 첫 부활을 목격한 자들에게서 어떤 극적 개선도 보이지 않고, 엠마오로 가는 두 제자 역시 예수님과 동행하면서도 예수님을 알아보지 못했고, 마리아의 목격담을 듣고도 혼란스러웠던 것을 볼 때 신앙이 내면화 되는 과정이 얼마나 길고 복잡한지 깨닫는다고 고백한다.237) 신앙의 내면화가 순조롭게, 빠른 시간 안에 진행되는 것은 모두

235) 윤주병, 『종교 심리학』, 158에서 재인용.
236) Mary Boys, 유재덕 옮김, 『현대 종교교육의 지형과 전망』 (서울: 하늘기획, 2006), 71.

가 바라는 바이다. 그러나 청소년들이 인격적 회의를 나타낼 때 그것은 서두름 없이 충분한 대화로 신뢰, 충성의 문제를 다루지 않으면 안 된다는 신호이다. 의심, 회의, 질문하는 과정 자체가 성숙한 그리스도인으로 이끄는 것은 아니나, 잘 다룬다면 하나님과 더 친밀한 관계를 형성할 수 있다. 그러므로 청소년이 신앙에 대하여 회의적 태도를 보일 때 먼저 듣는 것이 필요하다. 솔로몬이 왕이 되면서 하나님께 지혜, 듣는 마음을 구하였던 것처럼(왕상3:9)[238], 듣지 않으면 십대들을 대화로 초대할 수 없다. 또한 듣되 긍정적 태도로 듣고, 함께 적극적으로 탐구한다면 더할 나위 없이 좋을 것이다. 청소년들이 갖는 의문은 대부분의 성인들이 한번쯤 고민해 보았지만 간과해 온 것들이다. 그들의 의심, 회의를 진지하게 다룰 때 성인들도 간과해 왔던 '의미 물음'과 다시 직면하고 신앙의 내면화를 시도할 수 있다.

4) 회의하는 청소년을 위한 교리교육, 산파술

청소년이 신적 존재, 신앙에 대하여 회의한다는 것은 '핵심적 메시지'인 교리에 대하여 무지하다는 뜻이다. 그러나 교리교육을 청소년에게 한다고 상상해 볼 수 있겠는가? 교사들이 교리를 주입한다고 하면서 열심히 가르치지만, 때로 그 모든 가르침이 무효할 때가 있다. 오히려 기본 교리, 신앙적 이슈를 '토론, 토의 형' 질문으로 만들어서 함께 논의하고 고민한다면 신앙을 내면화 시킬 수 있는 기회를 제공한다. 따라서 켄다 딘(Kenda C. Dean)은 청소년을 위한 교육 방법으로 산파술을 제안한다. 그리고 영적인 출생, 성장을 위한 산파술의 네 단계로 가방 꾸리기, 고통 드러내기, 물을 터뜨리기, 받을 준비[239]를 제시한다. 이 네 단계는 마치 산파가 산모의 출산을 돕는 것처럼 교사가 생명 출산과 성장을 조력하는 교육 과정이다.

---

237) Eugene Peterson, Erick Peterson, 홍종락 옮김, 『젊은 목사에게 보내는 편지』 (서울: 복 있는 사람, 2020), 73.

238) 누가 주의 이 많은 백성을 재판할 수 있사오리이까 듣는 마음을 종에게 주사 주의 백성을 재판하여 선악을 분별하게 하옵소서. 개역개정.

239) Kenda C. Dean, Ron Foster, 배정훈 옮김, 『하나님을 잉태하는 청소년 사역』 (서울: 복 있는 사람, 2006), 232.

1. 가방 꾸리기	2. 고통 드러내기	3. 물 터뜨리기	4. 받을 준비
발달과제 해석	고통과 불안	문제에 대한 질문	기대, 기다림
문화 해석	의심과 회의	성장을 위한 질문	곁에 머무름
청소년 세계로 유입	청소년의 문제와 직면	믿음의 한계 도전	소망의 기다림

〈표12〉 산파술의 4단계

첫째 가방 꾸리기는 준비단계이다. 청소년의 발달과제와 그들이 속한 문화에 대하여 탐구, 해석하면서 교사가 청소년들의 세계로 유입해 들어가는 단계이다. 여기서 교사는 '청소년은 누구인가?' '그들의 문화는 어떻게 다른가?' 질문한다. 교사가 '청소년이 누구인가?' 묻는다는 것은 '인격적 교육'의 시작을 알린다. 전통적으로 교사는 교육 대상에 대한 이해 보다 '무엇을 가르칠 것인가?' 하는 교육내용, 결과에 더 많은 관심을 쏟아 왔다. 그러나 교육 대상이 누구인지 묻지 않는다면 '무엇을', '어떻게', '왜' 가르쳐야 하는지에 대한 답을 찾기 어렵다. 청소년이 누구인지 묻는 것은 그들 내면의 물음으로부터 진리를 향해가는 여정의 첫 걸음이다.

두 번째 고통 드러내기는 청소년의 고통과 불안, 신앙에 대한 의심과 회의의 문제가 무엇인지 직면하는 단계이다. 청소년기의 형식적 사고는 이상주의적 전망을 갖게 한다. 가장 이상적인 것이 무엇인지 아는 청소년들은 평형, 균형 잡힌 세계를 갈망한다. 그래서 이상적 기준에 미치지 못하는 가족, 교회, 사회, 그리고 신의 존재를 의심하고 비판한다. 이상주의적 전망은 무비판적 신앙에서 벗어나서 비판적 태도를 취하게 한다. 그러나 인지 능력의 발달은 이상주의와 다소 모순된 '자아 중심성'이라는 사회적 특성을 부여한다. 청소년은 높은 이상주의적 전망을 갖고 있지만 '자기중심적 성향' 때문에 이상을 실천하는데 무력한 모습을 보인다. 따라서 청소년은 고통스럽다. 고통 드러내기에서 교사는 '청소년은 왜 불안한가?', '무엇이 청소년들을 의심하고 고통스럽게 하는가?' 질문하고 대화할 수 있다.

셋째 물을 터뜨리기는 그들이 고통스러워하는 문제를 다루는 질문을 던지는 단계이다. 산모의 양수를 터뜨리는 것은 생명을 출산하기 위한 준비이다. 따라서 '물을 터뜨리기'는 파괴를 위한 질문이 아니라 생명의 출생과 성장을 위한 질문을 제공하는 것이다. 청소년들은 신앙을 물려준 부모, 교회, 학교에서 분리되어 주관적 신앙을 갖겠다는 동기를 추진한다.[240] 그래서 외적으로 보이는 교회의 외형, 예배, 전통, 의식 보다 자기 내면, 삶과의 연계성에 더 주목한다. 만약 십대들이 '하나님은 실재하는가?' 묻는다면 이 물음 이면에 있는 의도성을 파악할 수 있어야 한다. 하나님의 실재에 대한 질문은 '하나님은 나의 삶에 개입하는가?', '나의 문제를 해결할 수 있는가?', '내가 어려운 문제를 만났을 때 나를 희생양으로 삼지 않고 보호해 줄 것인가?'를 묻는 것이다. 이러한 질문에 금방 답을 얻기는 쉽지 않다. 청소년의 인식적 회의와 인격적 회의가 뒤엉켜서 나타나기 때문이다. 그만큼 어렵고 무거운 질문이지만, 고통의 문제를 다루는 것은 생명을 낳기 위함이다. 청소년들이 믿음의 한계에 도전하는 것은 중요하다. 믿음의 한계에 도전하고, 자기만의 답을 얻을 수 있도록 그들이 고민하는 문제의 핵심을 다루는 날카로운 질문, 성장을 위한 질문을 던져야 한다. 이것은 교사로 하여금 고민하게 하는 문제이다.

마지막으로 받을 준비는 믿음의 소망을 품고 기다리는 것이다. 이때 교사는 충실하게 곁에서 머물면서, '나는 과연 소망을 품고 생명의 출생과 성장을 기대하며 기다리는가?' 자문할 필요가 있다. 청소년들의 회의와 신앙에 대한 반감, 비판적 태도는 잘 교육한다면 개별적 신앙을 형성하는 시간이 될 것이다. 그러므로 교사는 믿음과 소망을 품고 기다려야 한다.

산파술에서 교사의 역할은 전형적인 교사의 역할과는 많은 차이를 보인다. 여기서 교사의 자세는 '질문을 준비하고, 듣고 대화하면서 기다리는 것'이다. 교사는 성경을 가르치기 전에 청소년의 상태를 묻고, 그들의 고통이 무엇인지 참을성을 갖고 들어야 한다. 곧 교사의 믿음이 요청된다.

---

240) Ronald Goldman, *Religious Thinking from Childhood to Adolescence*, 239~241.

〈생각해 봅시다〉

■ 인식적 회의와 인격적 회의는 어떻게 다른가?

■ 의심과 신앙의 내면화 과정에 대하여 토론해 보자.

■ 산파 교육에서 가장 힘든 단계는 무엇이라고 보는가? 왜 그러한가?

　(교사와 청소년의 입장을 모두 기술하시오)

6. 미래 불안은 삶의 의미 추구

1) 진로에 대한 불안

　청소년기가 되면 과거를 재조명하면서 미래를 가늠하고 준비하기 시작한다.[241] '미래의 시간'에 대한 예측과 두려움이 급격하게 침투하기 때문이다. 미래의 침투는 청소년에게 '앞으로 어떻게 살 것인가?' 묻는다. 이것은 과거와 현재라는 시간을 끌고 가야 할 궁극적 가치가 무엇인가? 추구하는 물음이다. 진로, 직업, 결혼 등 아직 결정되지 않은 미래의 문제들이 끌고 들어오는 염려는 청소년을 불안하게 만든다. 쇠렌 키에르케고르(Soren Kierkegaard)는 "인간이 선택의 기로에 있을 때 존재론적 불안을 경험 한다"고 하였다.[242] 아직 채워지지 않은 자유와 선택은 가능성의 시간인 동시에 불안의 시간이다. 미래는 막연한 희망의 시간이지만 또한 불안의 시간이다. 둘 다 막연하지만 들뜬 희망보다 불안을 선택하는 경우가 더 많다. 그러므로 선택할 것이 많은 청소년기는 감당할 능력 보다 많은 불안을 겪는다. 이러한 불안은 청소년들을 실제적인 진로 준비로 인도할 수도 있지만, 그 반대가 되기도 한다. 사실 미래에 대한 고민, 진로 문제는 실제적으로 성인기를 준비하라는 인생의 메시지이다. 대부분의 청소년들은 다양한 선택에 개방되어, 어떻게 선택의 자유를 활용해야 할지 잘 모른다. '선택장애', '결정 장애' 라는 표현은 다양한 선택 앞에서 어떤 것을 결정할지 모르는 증상으로 '햄릿 증후군'-이것이냐 저것이냐?-이라고도 불린

---

241) 고수진, "2차 진로교육 정책을 보완하는 '진로 소명' 교육제안: 기독교 학교에서 종교 교과를 통한 진로교육", 『기독교교육 논총』 V. 60. (2019. 12), 306.

242) 강희천, 『기독교교육의 비판적 성찰』 (서울: 대한 기독교서회, 2003), 106.

다.243) 청소년에게 진로는 미래에 대한 선택의 문제이므로 잘 다루지 못하면 현재가 공격 받는다. 학업 동기 부족, 정서 불안, 의욕상실 등의 문제를 유발할 수 있다.

안타까운 것은, 공교육이 지금까지 진로를 진학 또는 취업 문제로 국한시켜 왔다는 점이다. 그래서 직업 구도가 변하면 진로 교육의 관점, 정책도 쉽게 변한다. 우리나라에서 청소년 진로교육에 대한 고민이 진지하게 시작 된 것은 그리 오래 전 일이 아니다. 물론 〈가정교육〉, 〈기술교육〉 등의 교과목이 학교 교육과정에 포함된 것은 미약하게나마 진로 교육이 시행되어왔다는 것을 의미한다. 2009년 중, 고등학교에서 자율, 동아리, 봉사, 진로활동 중에서 하나를 선택하는 창의적 체험활동이 첫 번째 진로교육의 시작이었다. 그리고 2010년 진로교육 종합계획(2009~2013), 2015년 12월 진로교육법의 실행 등으로 발전되어 왔다. 이러한 진로교육 정책의 한계는 진로를 단지 직업을 선택하는 준비과정으로 보는 근시안적 관점이다. 단기적 관점으로 접근하면 인생에 대한 종합적, 통전적 관점이 소멸된다. 진로 교육정책의 급진적 변화에도 불구하고, 여전히 청소년 진로교육의 문제들이 지적되고 있다면 그것은 '진로'의 본질을 간과하기 때문 아닐까? 진로는 미래에 대한 계획으로 인생의 본질과 밀접한 관계가 있다. 개개인이 유한한 자기 인생에 숨겨진 계시를 발견하는 문제이므로 인생의 본질을 간과하고서는 통전적 접근이 어렵다. 따라서 청소년기 미래의 불안을 다루는 '진로'는 '내 삶의 유일무이한 의미, 목적'이 무엇인가 탐색하는 신앙적, 종교적 물음이다. 다른 사람보다 낫다는 것을 보여주는 '비교우위'를 증명하는 과정이 아니다. 유한한 인생 가운데 하나님이 주신 궁극적 가치, '내가 아니면 안 되는' 소명이 무엇인가 발견해 가는 문제이다. 그러므로 진로 교육은 단지 개인의 복리를 위하여 좋은 직업을 선택하는 문제로 국한시켜서는 안 된다. 성 어거스틴은 "인간의 심장은 인생의 의미와 목적을 발견하고 그것을 달성하지 않는 한 멈출 수 없다"고 하였다.244) 인생의 독특한 의미와 목적

---

243) https://blog.naver.com/iamindigo/220640442040. 2020. 11. 6. 최종 검색
244) Victor Frankle, 『삶의 의미를 찾아서』, 65에서 재인용.

에 대한 발견은 선택이 아닌 필수이다. 만약 자기 삶의 목적과 의미를 알지 못한다면 '방향'과 '목적' 없이 항해하는 배처럼 표류하게 될 것이다. 그러므로 청소년들이 진로를 발견하고 찾아가도록 교육하는 것은 기독교 교육적 '소명'이다.

2) 진로 소명 교육

진로는 보통 '직업'을 준비하는 과정을 말하는데, 고대로부터 '직업, 노동'은 노예에게 속한 것이었다. 일은 천박한 것으로 거룩한 영역이 아니던 시대에, 종교개혁자 마틴 루터는 개념의 변혁을 가져왔다. 루터는 중세 시대 성직자들에게만 속해있던 거룩한 부르심, '소명(calling)' 개념을 모든 직업, 일에 부여한다. 여성의 가사, 육아, 남자의 노동, 교회의 직책과 성직 등 모든 직업은 하나님이 주신 '소명'으로 거룩한 것이다. 직업이 '소명'으로 전환되면서 일의 성과 속 개념은 깨어지고, 하나님이 주신 소명에 충실하도록 요청 되었다. 장 칼뱅(J. Calvin) 역시 루터의 뒤를 이어 '천직'으로서의 직업, '청지기적 태도', 소유가 아닌 성실함으로 하나님과 이웃에 봉사하는 직업의 소명을 강조한다. 어떤 직업에 종사하는가 보다 어떤 태도로 임하는가? 하는 것이 더 중요하다. 곧 모든 삶의 영역에서 '하나님 앞에(Coram Deo)' 살아가도록 요청하는 거룩한 삶의 태도가 된 것이다. 산업 혁명 이후 직업은 선택의 문제가 되었고, '성공', '성취'의 개념이 결합되면서 직업, 일은 다시 세속화의 길을 걷게 된다. 세속화된 직업을 준비하는 진로 역시도 '성공', '성취'를 위하여 더 좋은 것을 준비하는 과정으로 인식되었다. 청소년들의 진로 선택의 압력이 질풍노도의 청소년기를 만들었다는 미드의 일침은 직업의 세속화가 극심하였음을 알게 한다. 세속화된 진로 영역에서 리차드 니버(Richard Niebuhr)는 하나님 앞에서의 사회적 책임으로, 니콜라스 월터스토프(Nicholas Walterstoff)는 하나님, 자연, 이웃에 대한 책임의 인간만의 독특한 축복으로 진로를 접근하도록 요청한다.245) 그리고 파커 팔머는 사회적 요청, 기대라는 잡음을 제거하고 침묵 속에서 듣는 것이 소명을 접근하는 태도라고 어필한다.246) 처음에 소명이 하나

---

245) Nicholas Walterstoff, 신국원 옮김, 『행동하는 예술』 (서울: IVP, 2010), 141.

님의 부르심, 천직이라는 개념이 강조되었다면 후반으로 오면서 인간의 응답을 강조하는 것으로 초점이 이동한다. 그러므로 '진로', 소명의 발견은 인류, 개인에게 주신 부르심이 무엇인가 잘 듣고 응답해 가는 평생의 과정이다. 따라서 '소명'의 영역은 단지 진학과 직업에만 국한되지 않고 모든 일의 영역 그리고 행위전체, 소유 전체, 피조세계 전체를 포함한다. 소명은 단지 성공만 재단하는 과정이 아니라, 유한한 인생에서 자기 인생에 대한 특별한 계시를 발견해 가는 길이다. 따라서 인생에 대한 실존적, 종교적 해석을 필요로 한다. 이별, 실패, 불행, 역경, 실패와 죽음이라는 실존적 측면을 바탕으로 다루어져야 한다. 그러나 보통, 진로교육은 직업을 통하여 개인의 이익과 성공을 이루는 길을 찾도록 그리고 인생의 정점에 설 수 있다는 확신을 심어주는데 목적을 둔다. 성취만을 지향하는 진로교육은 인생에 대한 원시적 안목이 결핍되어 있다. 인생은 성공과 실패라는 양날의 검으로 설명될 수 없다. 삶과 죽음, 성공과 실패, 얻음과 상실, 건강과 질병의 양면성을 외면한 반쪽뿐인 인생에 대한 해석을 기반으로 한다. 그래서 진로교육의 목적은 단지 개인의 성공이 아니다. 한 사람이 어떻게 살아가는가? 하는 삶의 모습, 태도로서 사회적, 역사적, 종교적 책임과 영향력을 내포해야 한다. 즉 진로는 직업 선택 이상의 심원한, 포괄적 의미를 갖는다. 기독교적 관점에서 해석된 소명은 단지 일의 성취, 성공적 취업으로 남보다 나은 존재감을 획득하기 위한 노력이 아니라, 이미 보증된 하나님의 은혜-수용 받음-에 대한 반응이다.247) 그래서 소명의 출발점은 수용 받음이다. 좋은 직장, 성공, 연봉이 존재 가치를 확보하고 증명하며, 자유롭게 한다는 것은 거짓말이다. '진로 소명 교육'은 청소년들을 거짓된 메시지로부터 자유롭게 하고, 자기 인생의 의미 가치를 잘 듣고 파악하도록 돕는다. 청소년의 진로를 인도할 '진로 소명 교육'으로 침묵, 들음, 응답의 교육 과정을 제안하고 싶다.

---

246) Parker Palmer, 홍윤주 옮김, 『삶이 내게 말을 걸어올 때』(서울: 청아, 2016), 19.
247) James Loder, 『신학적 관점에서 본 인간발달』, 296.

(1) 침묵

내면과 외부의 소음이 많은 세상에서 잘 듣는 것은 어려운 일이다. 초국가적 네트워크 사회에서 청소년들은 브라우징을 통한 활동적 주체성으로 자기를 증명하고, 타인을 희생시켜서라도 자기만족을 추구하라는 소비주의의 외침을 듣는다.248) 삶의 의미가 과잉 활동과 소비라는 '행위'를 통해 획득되는 것이라는 주장이다. 이러한 소비주의의 외침은 자신의 존재에 대한 내면의 심오한 목소리를 듣지 못하도록 방해한다. 따라서 잘 들으려면 침묵이 선행되어야 한다. 침묵은 혼자 또는 소그룹으로 진행할 수 있다. 침묵을 위한 걷기 명상, 음악 명상, 호흡 명상, 춤 명상 등을 활용할 수 있다. 명상은 소리뿐 아니라 내면의 감정, 생각까지도 침묵하게 하는 것이다. 시간은 2~3분에서 5분, 10분, 15분 점차 연장해 갈 수 있다. 침묵은 모든 외부적 관심과 내면의 목소리를 잠재우고, 언어를 멈추고 듣기 위한 준비의 과정이다. 침묵이 가진 힘은 나를 정의하는 것이 외부적 기대와 인정을 쫓는데 있지 않다는 것을 일깨워주는 것이다. 외부적 기준과 사회적 관심을 쫓을 때 존재의 가치가 주어지는 것이 아니라 이미 하나님의 형상을 닮은 존재로서, '사랑'의 인격체로 지음 받고, 확증 받았다는 것을 발견할 수 있다. 침묵을 통하여 일상과의 거리두기, 소음 끊어내기가 이루어진다면 하나님의 형상, 하나님의 자녀로서의 가치 있는 존재감에서 대한 확신을 얻게 된다. 존재 그 자체로서 아름다운 '자신'에 대한 만족감을 경험하고 누릴 수 있다.

(2) 들음

'소명'이라는 단어 calling(부르심)과 '직업'이라는 단어 vocation에는 누군가의 voice(목소리)가 내포되어 있다. 곧 소명이란 나를 부르는 목소리를 잘 듣고 응답하는 것이다. 그래서 파커 팔머는 소명을 발견하려면 세 가지 목소리 -내면의 부름, 사회적 혹은 역사적 부름, 하나님의 부름-를 들어야 한다고 주장한다.249) 신적인 존재로부터의 부르심은 그 동안 목회자의 특별 소명을 이

---

248) 한병철, 김태환 옮김, 『시간의 향기』(서울: 문학과 지성사, 2013), 44, 46.

야기 할 때만 강조되어 왔다. 그러나 현대로 오면서 소명은 하나님이 각 개인에게 주신 독특한 인격, 사회적 상황과 무관하지 않다고 이해되고 있다. 소명은 세 가지 부르심이 만나는 지점에 위치한다. 첫째 내면의 부르심이다. 내면의 부름은 개개의 청소년들에게 주어진 특별한 은사, 기회, 독특한 존재와 인격, 삶의 과정을 토대로 '내가 원하는 바가 무엇인가?' 듣는 것이다. 자신의 재능, 역할, 가치, 의미, 소망에 대한 들음이다. 두 번째로 사회적 부르심이다. 사회적 부름은 그가 속한 가족, 사회, 국가가 요청하는 필요를 말한다. 지금 사회가 어떤 인물을 요청하는가? 듣는 것이다. 역사를 통틀어 어떤 직업도 변함없이 호황을 누렸던 적은 없었다. 직업은 생물체와 마찬가지로 생성, 성장, 소멸되어가는 과정을 거친다. 각 사회가 요청하는 필요가 다르기 때문이다. 사회는 지금 어떤 재능과 인물, 헌신을 기다리고 필요로 하는가? 듣는 것은 중요한 일이다. 마지막으로 하나님의 부르심을 듣는 것이다. 하나님은 하나님의 형상대로 지음 받은 모든 인간을 창조의 동역자로 부르신다. 그리고 하나님의 자녀로 구속된 청소년에 대한 개별적인 부르심이 있다. 그러므로 인류 보편적 부르심과 개별적 부르심-어떤 삶의 목적과 방식을 나에게 부여하셨는가?-을 들어야 한다. 들음으로서 인간에게 규정된 삶의 보편적, 개별적 목적이 무엇인지 알 수 있다. 때로 하나님은 개인의 유익이나 성공을 거스르는 요청을 할 수 있다. 그러나 그것을 듣는 귀는 많지 않다. 소명에 대한 들음은 이처럼 나 자신, 사회, 하나님과의 관계로부터 온다. 그러면 무엇을 들을 수 있는가? 주변의 잡음을 끊어내고 침묵 속에서 귀 기울여 듣는다면 청소년은 자기 내면의 목소리를 들을 수 있다. 그리고 사회로부터 단지 소비가 아닌 내가 속한 세계가 나에게 어떤 섬김과 도움을 요구하는가? 역사적 존재로서 인류 보편적 목적이 무엇인가? 들을 수 있다. 그리고 하나님으로 부터의 '유일무이한' 존재(시8편), 구원받고 회복된 존재로서 성공, 성취, 보여주기에 매몰되지 말고 하나님의 은혜-전적인 수용하심-에 대하여 어떻게 반응하는 것이 적절한지 들을 수 있다. 하나님이 창조하신 독특한 나라는 인격, 성장 배경에 대한 충분한 성찰 속에서 사회적, 역사적, 종교적 부르심을 들어야 한다. 침묵이 충분했다면 들을 수 있

---

249) Parker Palmer, 『삶이 내게 말을 걸어올 때』, 19.

고, 충분히 들었다면 응답할 힘을 얻게 된다.

(3) 응답

응답은 개인의 인생과 사회에 대한 책임이다. 소명에 대한 책임 있는 응답, 순종은 강제가 아닌 '자유'로운 것이다. 만약 소명에 순종하기로 결단한다면, 자신의 자유를 항복하기로 결단하는 것이므로 누구도 강제할 수 있는 성질이 아니다. 만약 강제가 된다면 그것은 폭력이거나 자기 가치를 획득하려는 노력에 지나지 않는다. 부르심에 대한 응답을 리차드 니버(Richard Niebuhr)는 '책임'으로 니콜라스 월터 스토프(Nicholas Walterstoff)는 '축복'으로 해석하였다.250) 인간이 살아가는 동안 소명을 이룬다는 것은 청지기로서의 책임이지만 또한 그것은 인간으로서 누릴 수 있는 축복이다. 응답으로서의 소명은 인생의 목적, 책임을 수행하는 것으로 '인류 보편적 목적'에 대한 응답과 '개별적 목적'에 대한 응답으로 구분될 수 있다. 많은 진로교육이 성취주의에 함몰된 개별적 목적만 강조한다. 궁극적, 인류 보편적 목적은 없고 단지 개인의 욕구와 희망에 충실한 삶을 사는 것이 합리적이라고 이야기한다. 그러나 모든 인간에게는 쾌락과 탐욕을 채우는, 욕구에 충실한 자아 중심주의를 초월하여 세계를 향한 인류 보편적 소명이 있다. 기독교 변증가, 오스 기니스(Os Guinness)는 "모든 인류의 구성원들은 가장 심오하면서도 궁극적 동기, 초월적 진리를 발견하지 않으면 안 된다"고 하였다.251) 단지 자아 중심적, 개별적 목적만이 아닌 인류 보편적 소명이 무엇인지 듣고 헌신하는 것이 현대 그리스도인의 구별된, 거룩한 삶이다. 그러나 또한 진로는 세계 가운데서 '개별적' 인생의 소명, 책임을 발견하는 것이다. 개별적 소명은 '인류 보편적' 소명에 포함된다. 곧 청소년의 개별적 소명은 보편적 소명에 비하면 좀 더 다양할 수 있다. '정의'라는 보편적 목적 아래 파울로 프레이리(Paulo Freir)가 '억압 받는 자들을 위한 교육'을, 헨리 나우웬(Henri Nouwen)이 '상처받은 자의 치유'를 개별적 소명으로 받아들였다. 이처럼 보편적 소명, 목적이 같아도 개별적 목적이 다를

---

250) 고수진, "2차 진로교육 정책을 보완하는 진로소명 교육 제안", 312~313.
251) Os Guiness, 홍병룡 옮김, 『소명』 (서울: IVP, 2006), 12.

수 있다. '회복과 치유'라는 공통의 소명을 가졌어도 한 사람은 의사가 되고 다른 사람은 사회복지사, 상담사, 교사가 될 수 있다. 청소년은 정의, 평화, 사랑 등 인류 보편적 목적 가운데서 개별적 목적으로 가족 구성, 자녀 출산, 환경 보호자, 세계 보호기구의 직원으로서의 진로를 구상해 볼 수 있다. 그렇다면 청소년기만의 '소명'은 없는가? 청소년기에는 브랜드와 흥미를 브라우징 하는 것, 아이돌 팬클럽을 구성하는 것 외에도, 청소년만이 도전할 수 있는 소명이 있다. '소비주의'에 맞선 영적 존재로서 청소년기는 세계를 더 나은 세계로 변혁시키는 예언자적 소명이 있다. 세계의 고통이 어디에 있는지 듣고 그 고통의 문제를 성찰하고, 맞설 수 있다. 십대 소녀 계타 썬더벅(Geta Thunderberg)이 자연의 파괴, 미래 세계에 대한 보존의 책임을 기성세대에게 반문하면서 자연 보존운동을 이끄는 것은 좋은 예이다. 청소년기는 유독 기성세대에게 불만이 많다. 그만큼 정의, 평화, 사랑 등 인류 미래, 좋은 사회에 대한 관심이 많다. 이상적 공동체와 사회의 출현에 대한 강렬한 동기와 열정은 청소년에게 예언자적 소명의식이 있음을 알게 한다.

〈생각해 봅시다〉

■ 청소년기에 진로 고민이 등장하는 이유는 무엇일까?
■ 현 사회에서 발견되는 진로교육의 문제점은 무엇이라고 보는가?
■ 진로 교육이 소명 교육으로 연계되려면 인생에 대한 어떤 해석이 필요한가?
■ 인류 보편적 소명과 개별적 소명 중 어느 것이 더 중요하다고 보는가?
■ 청소년기의 소명은 무엇인가?

8장

윤리적 청소년에게 도덕성을

1. 윤리, 도덕은 무엇인가?

1) 도덕의 세 가지 영역

청소년은 기성세대의 부당성을 지적하는 것을 좋아한다. 윤리 교사 보다 더 사회의 부조리를 비판하면서, 인간의 존엄과 권리를 옹호하는 시기가 있다면 청소년기일 것이다. 청소년은 '윤리'에 관심이 많다. '윤리'에 관심이 많다고 윤리적인 것은 아니다. 그렇다고 청소년이 비도덕적이라고 할 만큼 합당한 근거도 없다. 사회 변혁, 개혁운동을 적극 지지하고 인간의 권리를 옹호하는 청소년은 도덕성의 아이콘인가 아니면 '말만 화려한 도덕주의자인가?' 궁금하다. 십대의 도덕성을 논하기 전에 과연 윤리는 무엇이고, 도덕은 무엇인가? 정의할 필요가 있다. 도덕에 대한 정의는 다양하다. 정신분석은 사회적 억제, 규범, 금기가 도덕이라고 본다. 프로이드는 인성은 원자아(id), 자아(ego), 초자아(superego)로 구성된다고 보았다. 원자아가 쾌락을 추구하는 본능적 기초라면, 자아는 현실과 실재를 추구하고, 초자아는 이상과 양심으로서 작용한다.252) 초자아는 어린 시절 부모가 억제하는 도덕적 기준과 규범을 토대로 형성되기 때문에 도덕성이 좋으려면 부모, 교사 등의 권위지가 얼 만큼 허용하고 억제할 것인가를 잘 조절해야 한다. 곧 도덕성의 기초가 올바른 인성이라고 본다. 사회학자 에밀 뒤르케임(Emile Durkheim)은 도덕은 규범(권위), 사회 집단에 대한 애착(이타성), 자율로 구성된다고 보았다. 그래서 어린 시절 규범, 이타성, 자율을 교육한다면 도덕적인 사람으로 살 수 있다. 신학자 디트리히 본회퍼는 선(善)을 도덕이라고 해석한다. 그리고 선(善)은 예수 그리스도를 통하여 이 세상 안으로 들어왔기에, 도덕은 나의 본질, 심정, 행위에 대한 물음이 아니라 오직 예수 그리스도 안에서만 답을 찾을 수 있다고 하였다.253) 곧 도덕성은 예수 그리스도 안에서 그를 본받음에 있다. 투리엘 엘리엇(Turiel Elliot)은 도덕을 윤리, 인습, 개인의 취향이라는 세 가지 영역으로 구분한다.254) 도

---

252) 남궁택, 『도덕교육론』 (서울: 철학과 현실사, 1998), 61~62.

253) Dietrich Bonhoeffer, 손규태 외 옮김, 『윤리학』 (서울: 대한기독교서회, 2010), 45.

254) Alan Harris, 정현숙 옮김, 『도덕교육과 종교교육』 (서울: 집문당, 1993), 참조.

덕에 대한 그의 정의를 그림으로 나타내면 다음과 같다.

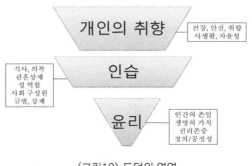

〈그림10〉 도덕의 영역

위 그림을 보면, 도덕의 가장 안쪽 부분에 윤리가 위치하고 그 바깥에 인습, 가장 바깥에 개인의 취향이 위치한다. 이는 윤리가 도덕의 근본적인 핵심 기준이고 윤리를 바탕으로 인습, 개인의 취향이 설계, 수정 될 수 있다는 뜻이다. 그러면 **'윤리'**는 무엇인지 묻지 않을 수 없다. 윤리는 시대와 문화에 따라 변동되지 않는 인류의 보편적이고 절대적인 기준, 선(善)으로 정의, 사랑, 평화, 공평, 생명의 가치, 인간의 존엄과 권리 등 추상적이지만 인류 보존에 꼭 필요한 핵심 가치이다. 그리고 인류 보존을 위한 핵심 가치인 윤리를 토대로 형성된 사회의 문화, 법 혹은 규범, 관습, 전통-의식주, 관혼상제, 성역할-등이 **'인습, 관습(mores)'**이다. 인습(관습)은 시대별로, 문화적으로 변천되는 특징을 가지고 있다. '로마에 가면 로마법을 따르라'는 말이 나온 것은 국가별로 조금씩 법이 다르기 때문이다. 사람들이 흔히 일컫는 '도덕'은 인습, 관습의 영역에 속한다. 윤리가 인류 보편적 기준, 절대적으로 통용되는 '선(善)'이라면 '인습, 관습'은 시대, 문화, 국가, 지역에 따라 변화 가능하기 때문에 상대적 '선(善)'이다. 곧 '인습, 관습'은 사회 전체를 지도하는 이념-생각체계, 정서, 생활 습관-으로 사회 공통의 행동을 규정하고 사회를 구성, 유지하는 역할을 한다.255) 가장 외부에 속한 **'개인의 취향'**은 개인이 판단하는 도덕적 영역이다. 개인의 선

---

255) parker palmer, 『비통한 자들을 위한 정치학』, 89.

호도에 따라 달라질 수 있다. 건강이나 안전에 대한 소신, 혼전 순결, 자율성 등이 개인의 취향에 속한다.

2) 도덕적 영역 충돌의 중재자

도덕의 세 가지 영역 윤리, 인습, 개인의 취향은 상호 충돌할 수 있다. 윤리와 인습이 충돌하고, 인습과 개인의 취향이, 개인의 취향과 윤리가 충돌한다. 이렇게 각 영역이 충돌할 때 어떻게 조정할 수 있는가? 도덕의 세 가지 영역이 상호 충돌할 때 조정의 기준은 '절대적' 선을 규정하는 '윤리'가 된다. 도덕의 핵심적 가치인 윤리는 인습과 개인의 취향이 충돌할 때 합당한 기준을 제시하고, 옳고 그름을 판가름하는 기준이 될 수 있다. 그렇다면 누가 그것을 조정하는가? 역사 속에서 윤리와 인습이 충돌했을 때 그것을 조정한 것은 종교단체, 환경 단체, 법원, 범세계적 기구 등이었다. 이러한 기구, 단체들이 윤리를 기준으로 충돌을 조정하고 인습을 수정하는 역할을 해 왔다. 때로 국가가 그 역할을 하기도 한다. 엘리스 넬슨(Ellis Nelson)은 보통 한 사회에서 기대하는 행동, 인습(mores)은 윤리를 통하여 점검되지 않으면 안 되며 종교는 오랫동안 그 역할을 해왔음을 주장하면서 잉카문명의 인신제사 관습, 유대인들의 고리대금업을 예로 든다.[256] 고대 잉카 문명에는 한 사람을 희생 제물로 드리면서 풍요로운 농사를 기원하는 인신제사 풍습이 있었다. 그들은 모두가 풍요롭게 먹고 살려면 한 사람의 희생은 가치 있는 일이라고 믿었다. 이것을 본 기독교 선교사들은 인신제사 풍습에 제동을 걸었다. 소수의 사람들을 희생물로 바치는 인신제사가 풍요를 확증하지 못할 뿐 아니라, 반윤리적이라고 가르치고 금지시켰던 것이다. 고리대금업의 관습을 조정한 것 역시 교회이었다. 중세시대 유대인들이 자기 민족 외의 사람들을 상대로 고리대금업을 하였다. 적은 돈을 빌려주고 높은 이자를 갚게 하는 고리대금은 가난한 사람들을 더욱 힘들게 만들었다. 종교개혁자 존 칼뱅(John Calvin)은 이것을 조정하기 위하여 이자율의 한계를 부과하고 빈민에게 무이자로 채용해 주는 조항을 만들었다.[257] 선교사,

---

256) C. Ellis Nelson, 문창수 옮김 『십대를 위한 도덕교육론』 (서울: 정경사, 1995), 9~20 참조.
257) 위와 같음.

교회, 목사가 윤리적 잣대로 그 당시 사회에 만연해 있던 잘못된 인습을 수정해 왔던 사례들은 절대적 선, 윤리를 해석하고 적용하도록 돕는 것이 '교회, 신앙인'들의 역할임을 일깨워준다. 미국에서 인종차별이 만연했을 때 어떤 주의 법은 백인들의 편에서 흑인들을 단죄하였다. 만약 흑인노예가 백인을 다치게 한다면, 그것이 고의이든 우연이든 고려하지 않고 처형할 수 있었다. 피부색으로 인간의 우열을 가리고, 노예화 시키고 인권을 빼앗는 것은 비윤리적이나 그 당시 통용되던 인습이었다. 인종과 피부색을 떠나서 인간의 존엄성이라는 윤리적 기준을 토대로 왜곡된 인습을 조정해야 할 교회가 그 역할을 하지 못하자, '링컨'이 신앙과 국가의 이름으로 노예 해방 운동에 앞장섰다. 조정은 늘 평화롭기만 한 것은 아니다. 때로는 사회적 시위, 항거, 투쟁, 그리고 소규모의 분쟁 심하면 전쟁으로 조정이 되기도 한다.

 2020년 10월 프랑스에서 한 역사 교사가 '표현의 자유'를 논하면서 주간지에 실린 '무함마드 만평'을 학생들에게 보여주었다. 프랑스에는 표현의 자유는 있지만, 종교 표현의 자유는 법적으로 금지되어 있다. 역사 교사는 무함마드 만평을 보여주기 전에 이슬람에 속한 학생들에게 불쾌하다면, 교실에서 나가도 좋다고 허용하였다. 그러나 교사의 이 행동은 모슬렘 학생들과 부모들에게 오해가 되었다. 그는 일면식도 없는 18세 모슬렘 극단주의자에 의하여 길거리에서 참수 당하였다. 그리고 극단적 모슬렘에 의하여 가톨릭 신자 몇 사람이 '묻지마 살인'을 당하였다. 이 사건으로 '표현의 자유'와 '종교의 자유' 사이에서 국가가 어느 쪽에 우선권을 두어야 하는가? 논쟁이 벌어졌다. '무함마드 만평'을 실은 주간지는 '표현의 자유'가 있으니 무슬림 극단주의자들의 위협에 굴하지 않고, 만평을 연재하겠다는 공식적 입장을 밝혔다. '표현의 자유'를 존중하고 옹호하는 것은 프랑스의 오랜 인습이다. 그러나 이 표현의 자유가 과격해 질 때 개인, 집단의 권리를 침해할 수 있다. 개인 간의, 집단 간의 '표현의 자유'가 충돌하여 비윤리적 사건이 발생하는 것이다. 이렇게 인습과 윤리가 충돌하는 사례는 얼마든지 찾아볼 수 있다. 개고기를 먹는 것은 우리나라의 오랜 전통, 인습이지만, 어떤 문화권에서는 동물의 권리를 침해하는 비윤리적 행태로 본다. 아프리카와 중동의 일부 국가에서 일부다처제가 허용되지만 대부분의 국가들은 그것을 법으로 금지시킨다.

인습과 마찬가지로 개인의 취향 역시 '윤리'와 충돌하는 경우가 있다. 만약 개인이 '낙태를 옹호'하고 이 행동이 '낙태법'이라는 사회의 법과 충돌한다면, 개인의 취향은 양보되어야 한다. 반대로 사회법이 낙태를 허용하고, 그것이 '윤리'에 반한다고 주장하는 개인들이 모여서 '낙태 금지법'을 만들고 항거한다면 인습은 도전 받게 될 것이다. 그렇기 때문에 개인의 취향은 이슈, 토론 등 자주 사회적 토론과 논쟁거리로 등장한다. 개인의 취향을 '윤리적'이라고 주장하면서 인습, 관습화 시키려는 움직임들이 발생함에 따라 사회적 갈등이 유발되는 것이다. 채식주의자들은 동물들을 보호하기 위해서 육식을 금해야 한다고 주장한다. 이것은 개인의 취향이다. 그러나 모피 털을 입은 사람들은 '처벌받아야 한다'는 극단적 태도를 취한다면 인습, 관습의 영역과 충돌할 것이다. 그 밖에도 '사형제도', '동성애', '여성의 참정권', '장애인의 인권', '안락사와 존엄사' 등 인습과 개인의 취향 영역에서 크고 작은 분쟁들이 벌어져왔다. 서프러제트(suffragette)는 여성의 참정권이 금지되던 시절에, 국가의 법에 맞서 싸우는 여성의 역사를 보여주는 영화이다. 당시 영국에서는 여성에게는 자녀 양육권이 없었다. 여성들은 이것이 불평등하다고 여겼고, 목숨 걸고 여성 참정권과 자녀 양육권을 위하여 국가와 맞서 싸운다. 그리고 마침내 세계 각국에서 여성의 참정권, 양육권이 허용된다. 이것은 인습에 속한 국가의 법이 수정된 예이다. 물론 기독교적 관점에서 보았을 때 인간의 모든 '선'은 절대적이지 않고 상대적이며, 윤리를 잣대로 조정을 요청하는 이들 조차도 절대적으로 옳지 않다는 것은 자명한 사실이다.

〈생각해 봅시다〉

■ 도덕의 세 가지 영역에서 핵심영역은 무엇인가? 왜 그러한가?
■ 청소년이 가장 중요시하는 도덕적 영역은 무엇이라고 보는가?
■ 개인의 취향과 인습이 충돌할 때 어떻게 조정할 수 있는가?

2. 청소년의 아이러니한 도덕성

청소년은 인지적으로 발달하면서, 이상주의적 세계를 동경한다. 유토피아에 대한 동경은 부모와 기존 사회의 전통, 제도에 대한 높은 잣대, 날카로운 비판을 낳는다. 그러나 높은 기준이 확고한 실천력을 의미하는 것은 아니다. 환경 보호, 사회적 약자 보호, 사회 정의, 세계 평화 등 청소년들은 윤리에 관심이 많다. 그래서 윤리를 옹호하기 위하여 '사형 법 폐지', '낙태 금지', '동물 보호' 등 반인륜적 범죄를 고발하고 항거하는 데 많은 에너지를 쏟는다. 아쉬운 것은 윤리에 관심이 많은 반면, 청소년들은 사회적 인습에 무관심하고 무지하다는 점이다. 법, 전통, 관습, 문화, 규범이 왜 필요한지 사회에서 어떤 역할을 하는지 잘 인식하지 못한다. 게다가 특정한 사회의 규범, 관습을 도발하기도 한다. 또래 친구들이 비도덕적 행동을 할 때 서슴지 않고 동조한다. 환경운동을 마치고 집에 돌아가면서 쓰레기를 버리는 행동, 불쌍한 이웃을 돕기 위한 자선활동을 하면서 명품 브랜드를 맹목적으로 동경하는 모순적 태도를 보인다. 곧 청소년들은 윤리에 관심이 많지만 그만큼 도덕적이라고 보기는 어렵다. 이렇듯 아이러니한 도덕성을 보이는 이유는 무엇인가?

첫째 청소년은 아직 확고한 자기만의 도덕적 주관이 없다. 인지발달로 평형 감각, 균형감각을 인식하면서 청소년은 가장 아름답고 이상적인 것이 무엇인지 알게 된다. 사람들, 공동체, 사회에 대하여 이상적인 특징을 구상할 수 있게 되면서, 적어도 지금 살고 있는 세상이 이상적이지 않다는 것을 발견한다. 그리고 누군가는 옳은 일을 하지 않으면 안 된다는 정의감을 가지면서, 높은 기준으로 문제를 분석하고, 가설을 제시하고, 해결하려 든다. 청소년의 도덕적 이상주의는 세계를 구하는 영웅 숭배와 권위자들에 대한 난폭할 만큼 폭력적인 비판으로 나타난다.[258] 악법도 법이라며 독배를 받아든 철학자 소크라테스와 달리 '홍길동'은 조선 시대의 불평등한 신분제도를 타파하고 가난한 이웃을 돕기 위하여, 도둑질과 불법을 서슴지 않았던 인물로 묘사된다. 마치 홍길동처

---

258) James Fowler, 『신앙의 발달단계』, 244.

럼, 유토피아를 꿈꾸는 청소년은 파괴적 행동으로 인습(규범과 법)에 항거할 소지가 있다. 이렇게 하는 이유는 청소년들의 도덕적 주관이 아직 뚜렷하지 않기 때문이다. '옳고 그름'의 논쟁을 많이 하지만 정확하게 무엇이 옳은지 분별하는 자기만의 기준이 확립되지 않았다. 도덕적 주관을 확립해 가고 있는 중이다. 그래서 다양한 기준과 견해를 기웃거리고 표류한다. 아직 불확실하기 때문에 더 크게 목소리를 높여 '옳고 그름'을 주장하는 것이다.

둘째 청소년의 도덕성은 인지적으로는 매우 이상적이나 정서적으로는 충동적이고 반항적이다. 이렇듯 이상적 성향과 반항적 성향이 충돌하는 이유는 생물학적 변화가 유발한 호르몬의 영향 때문이다. 정신분석적 관점(심리적 관점)으로 본다면 본능적 욕구(id)와 초자아(super ego)가 분쟁하고 있기 때문이다. 청소년기가 되면 성적 욕구의 출현으로 본능적 욕구(id)가 우세해 진다. 현실과 실재를 다루는 자아(ego)가 본능적 욕구(id)를 제어해야 하지만 역부족이다. 이를 해결하기 위하여 이상과 양심으로 작용하는 초자아(super ego)가 막강한 힘을 가지고 중재한다. 그래서 충동적이고 반항적인 본능적 욕구(id)와 이상적이고 양심적인 초자아(super ego) 사이에 갈등이 발생한다. 청소년의 내면에서 충동적, 반항적 성향과 이상적, 양심적 성향이 힘겨루기를 하고 있는 것이다. 그 결과 청소년은 반항적이면서 동시에 양심적이다. 충동적으로 사회법과 대치되는 행동을 하고, 양심적인 사회적 관찰자로서 성인들의 이중성을 고발한다. 도덕적 기준들을 경멸하면서 실제로 법과 대치되는 행동을 서슴지 않고 한다. 양심의 소리가 강력해지는 동시에 반항하는 저항 심리도 강력해지기 때문이다.

셋째 청소년의 도덕성이 애매모호한 이유는 상이한 권위 집단의 영향을 받기 때문이다. 청소년기가 되면 도덕적 권위 집단이 변한다. 청소년기 이전에는 부모, 가족, 학교 선생님이 규범을 제시하는 권위 집단 이었다. 청소년기가 되면서 또래 집단, 미디어, 유명 연예인들이 권위 집단으로 등장한다. 도덕적 인식과 행동의 잣대가 부모나 기성세대의 견해가 아닌 또래집단, 미디어, SNS의 견해가 된다. 두 개의 권위 집단 사이에서 왔다 갔다 하기 때문에 청소년의 도덕적 행동은 일관성이 없다. 어쩔 때는 기성세대를 또 다른 때는 또래 집단, 미디어의 기준을 따른다. 청소년들의 도덕적 모순성은 '권위 집단의 이동'에서 비롯된 현상이다. 그러나 이것도 사회적 분위기에 따라 차이가 있다. 국가, 공동체를 중요시 하는 사회에서 청소년들의 도덕적 기준은 부모와 교사, 정부 등이지만 자유주의, 개인주의가 강한 사회에서는 또래 그룹을 기준으로 삼는다.259) 새로운 권위 집단을 따라 일시적 유행을 좇다보면 반사회적 행동을 해도 불안감을 덜 느낀다. 그래서 십대들은 인습에 반하는 행동도 서슴지 않고 할 수 있다.

이와 같이 청소년의 도덕성이 애매한 것은 인지적 발달과 심리적 발달의 현상 가운데 하나이다. 논리적으로 기성세대를 고발하면서 다른 한편으로 비도덕적 행동을 일삼는다. 청소년의 도덕성은 인지적으로 높은 수준을 보이나 행동으로는 여전히 표류중이라고 하겠다. 주변 사람을 모방하는 수준에 머물러 있다. 그렇다고 사회 인습에 도전하는 청소년들의 이슈를 부정적으로만 볼 것은 아니다. 어른들이 당연한 것으로 취급하는 인습을 타파하려고 한다면 그것은 윤리, 절대적 선이 무엇인지 알고 싶고, 그것을 실현하고 싶은 동기에서 비롯된 것이다. 또한 인류 사회가 좀 더 이상적 사회가 되기를 바라는 열망이 반영되어 있다. 곧 '윤리적'인 청소년기는 주변 성인들의 배려와 고민 속에서 구체적인 도덕 교육이 더 필요한 시기이다.

〈생각해 봅시다〉

■ 청소년이 윤리적인데 도덕적이지 못하다는 말은 무슨 뜻인가?
■ 청소년의 도덕적 권위 집단은 무엇인가?
■ 청소년의 도덕성이 애매한 이유를 인지적, 심리적, 사회적 관점에서 설명하시오.

---

259) 위의 책, 183.

3. 도덕 발달에 대한 상이한 관점

1) 도덕 판단 이론

개인의 도덕성, 도덕적 자질을 향상시킴으로서 사회를 유지하는 것은 언제나 인류사회의 중대한 과제이다. 한때 인간과 동물의 차이를 '도덕적 행동'으로 보았던 적도 있으나 과학적 연구는 동물도 집단, 종족을 위한 이타적 행동을 한다는 것을 밝혀내었다. 그러나 도덕적 행동의 동기에는 차이가 있다. 예를 들면, 누우 떼가 강을 건널 때 소수의 누우가 악어 떼의 희생 제물이 된다. 이 것은 표면적으로는 희생이지만, 진화론적 관점에서 보았을 때 종족의 생존, 보존을 위한 집단 이기주의로 분류된다. 행동은 이타적이지만 동기는 이기적이라고 본 것이다. 반대로 2001년 1월 26일, 일본 도쿄 신오쿠보역(新大久保駅)에서 선로에 떨어진 일본인 취객을 구하려고 뛰어들었다가 목숨을 잃은 청년 이수현의 행동은 사실 진화론적 관점에서 설명이 어렵다.260) 어떤 동기가 작용하면, 자기 목숨을 내놓고 가족도, 민족도 아닌 생면부지의 사람을 구할 수 있는가? 하는 의문이 든다. 만약 상호 호혜적 결과를 생각했다면 목숨을 담보로 건 이타적 행동은 불가능하다. 인간 역사 속에는 이처럼 이해를 초월하는 위대한 선이 있다. 단지 생명을 소중히 여기는 윤리적 동기가 아니고는 용기내기 어려운 도덕적 행동들이 있다. 이처럼 최고의 도덕적 행동은 '동기'로부터 나온다. 그래서 도덕적 행동의 결과를 만들기 보다는 '동기'를 형성시키는 도덕 교육을 강조한 사람이 있었다. 로렌스 콜버그(Lawrence Kohlberg, 1927-1987)는 '~하는 것이 옳다'는 도덕적 행동의 결과를 주입하는 '덕주머니' 교육을 '자율적'으로 판단하게 하는 도덕 판단 교육으로 대체할 것을 제안한다. 그래서 피아제의 인지 발달이론을 토대로 '도덕발달 단계'를 연구하였다. 피아제는 아동의 도덕발달도 연구하였는데 아동이 '규율', '규칙'을 어떻게 인식하는가에 따라 '타율적 도덕성'과 '자율적 도덕성'을 구분한다. '타율적 도덕성'이 '행동의 결과'에 초점을 둔다면 '자율적 도덕성'은 동기, 원인, 의도, 목적에 초점을 맞춘다.261) 콜버그는 도덕 발달 단계를 조금 더 세분화 시켜서,

---

260) http://www.koya-culture.com/news/article.html?no=125604. 11. 24. 최종검색

성인의 도덕성 까지 예측 가능한 발달 단계를 제시하였다. 일련의 딜레마를 제시하고 실험자들이 갈등적 상황에서 내리는 도덕적 판단 과정을 조사하였다. 청소년 초기에 속하는 75명의 미국 청소년에게 가설적 딜레마를 정기적으로 제시한 후. 그들이 어떻게 딜레마를 추리하는지 면담하면서 도덕적 사고발달의 수준을 보여주는 단계를 만들었다.262) 콜버그가 제시한 대표적 딜레마는 '하인츠 딜레마'이다.

> 유럽에서 어떤 부인이 특별한 종류의 암에 걸려 죽어가고 있다. 의사들이 그녀를 살릴 수 있을 것으로 생각하는 한 가지 약이 있었다. 그것은 같은 도시에 있는 약사가 최근에 발견한 라듐의 한 형태였다. 그 약을 제조하는 데 비용이 많이 들기는 했지만 약사는 약값으로 제조비용의 10배를 불렀다. 그는 라듐 구입에 200불을 지불하고 그 약의 소량 처방에 2,000불을 요구했다. 환자의 남편 하인츠는 돈을 꾸기 위해 아는 사람을 모두 찾아 다녔지만 약값의 반인 1,000불 밖에 구하지 못했다. 그는 그 약사에게 자기 아내가 죽어가고 있다는 것을 말하고 약을 좀 싸게 팔거나 아니면 외상으로 달라고 부탁했다. 그러나 약사는 "안 됩니다! 나는 그 약을 개발했고 그걸로 돈을 벌려고 합니다."라고 거절했다. 모든 합법적 수단을 다 해 보았지만 별 수 없었다. 그래서 하인츠는 절망한 나머지 아내를 위해 문을 부수고 들어가 약을 훔쳐왔다.263)

콜버그는 '하인츠 딜레마'를 제시한 후에 일련의 질문을 하였다. "하인츠는 약을 훔쳐야만 했을까? 그렇다면 그 이유는 무엇이겠는가?" "만약 하인츠가 아내를 사랑하지 않았는데도 아내를 위해 약을 훔쳐야 하는가? 왜 그러는가?" "죽어가는 사람이 아내가 아닌 낯선 사람이라면, 하인츠는 그 낯선 사람을 위해서도 약을 훔쳐야 하는가? 왜 그러한가?" 이러한 질문을 가지고 면담을 진행하였다.264) 그리고 판단의 '동기'를 근거로 도덕성 발달 수준을 6단계로 구성하였다.

---

261) 서강식, 『피아제와 콜버그의 도덕교육 이론』(서울: 인간사랑, 2010), 85~87.
262) 위의 책, 156.
263) 위의 책, 134~135.
264) 위의 책, 135.

피아제	판단 기준	콜버그			판단 기준
타율적 도덕성 (6~10세)	행동의 결과	인습 이전	1. 처벌과 복종 지향: 물리적 결과		개인적 욕구
			2. 순진한 쾌락주의: 욕구의 만족		
자율적 도덕성 (10,11세~)	행동의 원인, 의도, 목적	인습	3. 착한 소년 소녀 지향: 관계		사회적 인정
			4. 사회질서와 권위지향: 질서 유지		
		인습 이후	5. 사회계약 지향: 변경 가능한 법		정의
			6. 보편적 윤리 지향: 인간존엄, 정의의 원칙		

표13〉 도덕 발달 단계265)

콜버그의 도덕 발달 수준은 전 인습, 인습, 후인습의 3단계로 구성되고 각 단계가 두 단계로 세분화되면서 6단계가 된다. 전 인습은 처벌을 회피하려는 동기와 개인의 행복을 추구하기 위하여 선택하는 단계이다. 이들은 벌, 보상, 호의 교환을 기준으로 도덕을 판단한다. 유아, 아동이 이 단계에 속한다. 인습단계는 '다른 사람들의 인정, 가족의 기대, 전통적 가치, 사회의 법 그리고 국가에 대한 충성'을 중요하게 여기는 '동조자' 수준이다.266) 이들은 '착한 소년', '착한 소녀' 라는 사회적 인정에 대한 추구가 강렬하기 때문에 그가 속한 집단-가족, 국가-의 규칙과 기대, 사회 질서를 정당화시키고 유지하는 데 관심을 보인다. 십대 이후부터 성인 까지 이 단계에 속할 수 있다. 후 인습은 가장 성숙한 단계로 누군가의 강요나 격려 없이도 스스로 법, 윤리로서의 보편적 법을 선택하는 내적 동기 곧 '자율'을 갖고 있는 상태이다. 물론 독립적 판단, 정의에 대한 강렬한 동기가 형성되지 않는다면 후인습 단계에 도달하기 어렵다. 인습 이후의 수준에 도달하려면 상위 단계의 도덕적 수준에 속한 이들의 의견을 들으면서 교육을 받을 필요가 있다. '자율적 판단', 도덕적 사고를 자극함으로서 동기를 향상 시키는 게 중요하다. 그렇다면 콜버그의 도덕 발달 단계에서

---

265) 신명희 외, 『교육 심리학의 이해』(서울: 학지사, 1998), 81.

266) 위의 책, 82.

청소년은 어디쯤일까? 보통, 청소년은 3단계 '착한 소년, 소녀 지향'에 속한다. 사회적 인정을 중요시하기 때문에 '착한 사람'으로 인정받는 것을 추구하는 수준에서 도덕적 딜레마를 해결하려고 한다. 그러나 콜버그 도덕 발달 연구의 한계들이 지적되면서 다른 문화권에서도 보편적인가? 알아보기 위한 후속 연구들이 진행되었다. 콜버그는 미국뿐 아니라 대만, 멕시코의 소년 집단에게 '아내가 거의 굶어죽으려 할 때 식료품을 훔쳐야 하는가?' 라는 딜레마 외에도 다른 여러 가지 딜레마를 제시하고 면담을 하였다. 그 결과 10세~16세 사이에 도덕적 판단을 하는 사고력의 수준이 크게 성장하는 것을 발견하였지만, 3단계 보다 낮은 1,2단계에 속한 청소년들도 있다는 것이 밝혀졌다.[267] 또한 도덕적 판단은 높지만 도덕적 행동이 훨씬 낮은 단계에 속하는 경향이 높다는 것도 알게 되었다. 곧 높은 이상만큼 도덕적 행동이 훌륭하지 않을 수도 있다는 것이다.

2) 사회화 이론

콜버그는 인지발달과 사고의 자극이 도덕성을 향상시킨다고 보았다. 반대로 도덕적 행동은 사회화의 결과라고 보는 입장도 있다. 도덕성에 대한 인지발달 이론과 사회화 이론을 비교하면 다음과 같다.

	인지발달 이론	사회화 이론
도덕성의 전제	인지 발달	정서적 공감
기본 동기	자존심, 자아실현의 동기	처벌회피, 보상 추구하는 생물학적 욕구
문화적	문화 보편적	문화 상대적
발달	인지적 자극, 추론의 결과	외부적 규칙들 내면화
환경	딜레마, 사고의 자극	부모, 성인, 사회의 모델링

표14〉 인지 발달과 사회화 이론 비교

---

267) 서강식, 『피아제와 콜버그의 도덕교육이론』, 159.

피아제와 콜버그는 도덕이 발달하려면 인지적 발달, 추론이 전제되어야 한다고 보았다. 콜버그는 딜레마가 담긴 이야기를 제시함으로서 인지적 추론을 강화할 때, 도덕적 판단을 향상시키고, 도덕적 동기를 높일 수 있다고 보았다. 생각이 행동을 결정한다고 보았기 때문에 '인지'를 '정서'보다 강조한 것이다. 또한 콜버그는 전 인습, 인습, 후인습의 세 단계 중에서, 처벌을 회피하고 보상을 추구하는 인습 이전 단계를 가장 낮은 도덕 발달의 단계로 규정한다. 인간의 생물학적 욕구가 도덕적 동기가 되는 것을 평가절하하면서 다른 사람들의 평가, 사회성을 중요하게 여기는 인습 보다는 자율적으로 도덕적 판단을 내는 후인습 단계가 훨씬 더 성숙한 단계라고 보았다. 개인의 자율적 판단이 동기가 되는 후인습적 교육을 지향한 것이다. 인지적 관점에서 중요하게 여기는 도덕 발달의 요인은 '자율성', 자율적 판단이 가능한 '이성'이다.

반대로 사회화 이론은 도덕이 발달하려면 '자율적 판단'에 의한 추론 보다 '공감'과 '동조성'이라는 심리 사회적 측면이 더 중요다고 강조한다. 그 이유는 청소년들이 개인적 판단 보다 또래집단의 규범, 가치에 동조되는 성향이 있고 또래집단과 함께 있을 때 반사회적 행동을 하면서 낮은 단계로 퇴행할 수 있기 때문이다. 제임스 쿨리만(James Coleman)이 미국 고등학생의 도덕성을 조사하였고 그 결과 청소년들이 교사 보다 또래 집단의 영향을 더 많이 받는 것으로 나타났다고 주장하였다.268) 그에 반하여 브론펜브랜너(Bronfenbrenner)는 그것이 문화권마다 상이하다고 반박한다.269) 미국과 영국 아이들은 또래집단과 어울리기 위해 부모와의 약속을 파기하는 규범 파괴의 행동을 보이지만, 공산주의 체제에 있는 러시아 계통의 아이들은 또래 집단의 옹호를 받기 위하여 어른들의 표준에 따라 행동한다. 곧 도덕성은 자율적 판단 보다 집단의 분위기에 따라 동조될 가능성이 크다는 것이다. 특히 청소년기는 개인의 사고를 통한 추론 보다는 집단, 사회의 동조성을 얻을 때 도덕 교육이 더 효과적이고 도덕성도 향상될 수 있다고 본다. 따라서 인지 발달, 사고를 통한 판단보다는

---

268) 위의 책, 183.

269) 위와 같음.

정서적 공감, 사회적 동조를 증가시켜야 한다고 어필한다. 사람이 도덕적 행동을 할 때 자존심이나 자아실현 보다 생물학적 욕구, 사회적 보상을 추구하고 징벌을 회피하려는 동기가 더 강력하게 작용할 수 있다고 해석하는 것이다. 그리고 후 인습을 강조했던 콜버그와 달리 외부적, 사회적 규칙들이 내면화 되는 '인습적' 차원의 도덕성을 더 강조한다. 존 윌슨(John Wilson)은 도덕적으로 잘 교육 받은 사람들의 핵심적 특징으로 다섯 가지를 제시한다.

• 자신과 타인의 필요를 인식하는 능력
• 타인의 느낌과 필요, 이해에 대한 존중
• 행동 결과를 예측하는 사실적 지식
• 도덕적 민감성과 자율성
• 실천으로 옮기는 행동력[270]

위의 다섯 가지 특징을 보면 도덕성이 인지, 감성, 행동의 전인적 측면을 모두 포함한다는 것을 알 수 있다. 곧 도덕성은 전인적 발달을 요청한다. 도덕 발달에 대한 사회화 이론과 연구 결과들은 후에 콜버그가 입장을 조정, 수정하는 데 일조하였다. 콜버그는 타 문화권에서 청소년의 도덕 발달에 대한 연구를 진행하면서 전 인습에서 인습으로 상승되는데 다소 어려움이 있다는 것을 발견한다. 그리고 인습 단계 보다 낮은 청소년들도 많다는 사실을 깨닫는다. 그 결과 인습단계의 중요성을 강조하고 민주적 절차를 통한 도덕적 규칙 정하기, 사회적 후원과 지지가 있는 환경이 청소년의 도덕 발달에 효과적이라고 보게 되었다.

〈생각해 봅시다〉

■ 콜버그의 도덕 판단 발달단계에서 청소년은 어떤 수준에 속하는가?
■ 도덕 발달에 관한 인지이론과 사회화 이론의 강조점은 어떻게 다른가?
■ 콜버그의 연구는 어떻게 변화하였는가? 그 이유는 무엇인가?
■ 다음의 도덕적 딜레마를 읽고 물음에 답해 보자.

---

270) Alan Harris, 『도덕교육과 종교교육』, 44.

2005년 6월 미 해군 특수부대 실(SEAL) 소속의 마커스 루트렐 하사와 수병 세 명이 아프가니스탄에서 비밀 정찰 임무를 수행했다. 탈레반 지도자를 찾기 위해서였다. 이들이 찾는 인물은 140-150명의 중무장 세력을 지휘하면서 험한 산악지대의 어느 마을에 머물고 있었다. 그 마을이 내려다보이는 산둥성이에 자리 잡은 후 아프가니스탄 농부 두 명이 약 100마리의 염소를 몰고 나타났다. 일행에는 열네 살 가량의 남자아이도 끼어 있었다. 모두 무장하지 않은 사람들이었다. 미군은 이들에게 총을 겨누고 어떻게 처리할지 의논했다. 만약 이들을 놓아주면 미군의 소재를 탈레반에게 알려줄 위험이 있었다. 한 사람은 염소치기들을 죽여야 한다고 주장했다. 하지만 '마커스' 하사는 마음속으로 갈등했다. "마음속으로는 염소치기를 죽이는 것이 옳다고 생각했다. 우리는 분명 그들을 풀어줄 수 없었다. 하지만 문제는 마음속에 또 다른 나가 있다는 사실이었다. 그리스도인으로서의 나였다. 그가 내게 달려들었다. 무언가 내 마음 저편에서 줄곧 속삭였다. 무장하지 않은 저들을 냉정하게 죽이는 것은 잘못이라고" 그리하여 마커스를 포함한 수병 세 명은 투표를 해서 결정하기로 하였다. 271)

• 염소치기들을 죽여야 하는가? 왜 그러한가?
• 염소치기들을 죽이지 말아야 하는가? 왜 그러면 안 되는가?
• 나라면 어떻게 하겠는가? 그 이유는 무엇인가?

4. 기독교인은 도덕적인가?

기독교인의 도덕성은 예민한 사회적 이슈들 가운데 하나이다. 사람들은 '하나님은 도덕적인가?' 과연 '신앙은 도덕과 밀접한 관계가 있는가?' 묻기 이전에 기독교인들이 얼마나 도덕적인지 알고 싶어 한다. 이성이 신의 자리를, 도덕 법칙이 신의 계명을 대체한다고 보았던 철학자 임마누엘 칸트는 "신앙의 진정성은 도덕적 실천으로 드러나야 한다"고 주장하였다.272) 물론 신앙과 도덕성은 밀접한 관계가 있다. 그러나 칸트가 주장한 대로라면 도덕적 실천으로 드

---

271) Michael J. Sandel, 김명철 옮김, 『정의란 무엇인가』 (서울: 와이즈베리, 2014), 42.
272) 윤영돈, 『성경과 함께 하는 윤리학 산책』 (서울: 한국 학술정보, 2013), 33.

러나지 않는 신앙은 진정성이 없다는 말이 된다. 칸트의 주장은 도덕성이 신앙의 결과가 아니라 동기로 작용하게 한다. 곧 '도덕주의적 그리스도인'을 만들게 될 것이다. 도덕주의적 그리스도인은 자기 노력으로 그리스도인이 되었음을 증명하는 율법주의로 치우칠 확률이 높다. 사실, 청소년들이 알고 싶은 것은 '하나님은 도덕적인 분인가?' 하는 것이다. 청소년들은 '하나님은 악행을 처벌하고 선행을 보상하면서 도덕적 법을 지지하는 분'으로 상상한다.273) 말 그대로, 예수님의 십자가 희생을 동반한 하나님의 사랑, 아가페는 도덕의 최고 절정이다. 그러나 도덕으로 도달할 수 있는 영역은 아니다. 하나님은 최고의 도덕을 실현시키지만 도덕에 제한 받지 않으신다. 도덕 발달을 연구한 콜버그는 '정의'가 도덕의 최고 정점이라고 보았지만, 성경은 '사랑이 정의를 이긴다'고 말씀한다. 도덕의 최고 절정은 '사랑'이다. 그리고 희생을 동반한 이타적 사랑은 정의를 포괄한다.

그러면 '기독교인은 비기독교인 보다 탁월한 도덕성을 가졌는가?' 기독교인의 도덕성과 비기독교인의 도덕성을 비교하고 싶었던, 케네스 하이드(Kenneth E. Hyde)는 도덕성을 금욕적 도덕성(ascetic morality)과 사회적 도덕성(social morality)으로 구분하였다. 금욕적 도덕성은 금연, 음주, 절식 등 자기 절제의 도덕성이다. 사회적 도덕성은 자기를 지키는 것에서 더 나아가 이웃과의 관계에서 선을 행하는 도덕성이다. 하이드는 금욕적 도덕성과 사회적 도덕성에 대하여, 기독교인과 비기독교인을 비교하는 연구를 진행하였다. 그 결과 기독교인들은 술, 담배를 절제하는 금욕적 도덕성에서 비기독교인 보다 탁월하지만, 이웃에게 선을 행하는 사회적 도덕성에서는 비기독교인과 별 차이가 없다고 결론지었다.274) 두 종류의 도덕성에 대한 물음은 성경에도 나와 있다.

---

273) Kenneth E. Hyde, "Religion in Childhood & Adolescence", *Religion and Morality in Adolescence*. (Religious Education Press: Birmingham, Alabama, 1990), 278~285 참조.
274) 위의 글, 279.

- 아담아 네가 어디 있느냐? (창3:8)
- 네 아우가 어디 있느냐? (창4:9)

첫 번째는 하나님이 선악과를 먹은 아담에게 한 '금욕적 도덕성'에 관한 물음이다. 하나님은 "아담아 너는 너 자신을 잘 지키고 있느냐?" 질문 한다. 두 번째 물음은 동생 아벨을 죽인 가인에게 한 것이다. "가인아! 너는 네 아우에게 선을 행하였느냐?" 질문한다. 이것은 형제자매와 이웃에게 선을 행하는 사회적 도덕성에 대한 물음이다. 만약 기독교인들이 나 자신조차 지키지 못한다면 하나님으로 부터 '네가 지금 어디 있느냐?'는 질문을 받게 될 것이다. 반면 자신을 지키는 데만 에너지를 쏟는다면, 하나님은 '네 형제가, 이웃이 어디 있느냐?' 물으실 것이다. 기독교인의 윤리는 두 가지 질문사이에 있다. 자기 자신을 지키는 것과 이웃을 돌보는 것. 두 가지 모두 중요한 도덕적 과제가 아닐 수 없다. 무신론자였던 니체는 "신이 실종된다면 도덕이 존속할 수 없으며 기독교의 신에 대한 믿음과 도덕은 같이 무너질 수밖에 없다"고 하면서 신앙과 도덕은 함께 굳건히 서거나 무너질 것이라고 하였다.[275] 곧 신앙과 도덕성은 별개가 아니라는 뜻이다. 이번에는 하나님의 질문에 대한 아담과 가인의 대답으로 도덕성의 다른 측면을 살펴볼 수 있다.

- 아담의 대답: 하나님이 주셔서 나와 함께 있게 하신 여자 그가 그 나무 열매를 내게 주므로 내가 먹었나이다(창3:12) ← 아담아 네가 어디 있느냐? (창3:8)
- 가인의 대답: 내가 알지 못하나이다 내가 내 아우를 지키는 자니이까?(창4:9) ← 네 아우가 어디 있느냐? (창4:9)

하나님은 아담에게 "네가 어디 있느냐?" 묻는다. 그러자 아담은 선악과를 먹은 행동에 대한 책임을 하와에게 떠넘긴다. 물론 그것은 절반의 진실이다. 하와 역시 아담과 마찬가지로 창세기 3장 13절에 '하나님이 주신 뱀'에게 그 탓을 돌린다. 선악과에 대한 책임 공방은 결국 하나님을 향하여 간다. 다음으로,

---

275) 유은희, "신무신론의 현상과 종교성에 관한 기독교 교육적 고찰"『기독교교육 논총』 V. 50. (2017, 6), 75에서 재인용.

하나님은 가인에게 "네 아우 아벨이 어디 있느냐?" 묻는다. 그러자 가인은 "내가 내 아우를 지키는 자입니까?" 반문한다. 자신의 책임이 아니라는 말이다. 아담의 핑계, 가인의 '잡아떼기'는 책임기피이다. 결과를 책임지지 않으려고 했던 아담과 가인은 과연 도덕적인가? 막스 베버(Marx Weber)는 모든 행위는 심정윤리와 책임 윤리에 근거한다고 보았다.[276] 심정 윤리가 신념, 가치를 실현하는데 강조점이 있다면 책임 윤리는 행동의 결과를 책임지는 것이다. 두 개의 윤리는 대립적인 듯 보이지만 상호 보완적이다. 만약 신념의 실현만 강조하면 결과에 대한 책임이 약해지고, 책임 윤리만 강조하면 적극적인 행동을 취하기 어렵다. 기독교인들 역시 아담과 가인처럼, 신념을 따라 행동하는 '심정 윤리'는 강한 반면 결과를 책임지는 '책임 윤리'가 부족한 편이다.[277] 자기 신념을 지키는 '가치적' 측면에 열정적이지만 행동에 대한 결과를 책임지는데 무력하다는 것은 선한 의도를 가지고 행동하였는데 어긋난 결과가 왔을 때 그것을 전가, 책임 기피할 수 있다는 말이다.[278] 어떻게 신념을 실현할 것인지에 대한 절차, 수단과 방법의 적합성에 대한 고민과 반성이 부족하기 때문에, 결과에 대한 도덕적 취약함을 드러낼 수밖에 없다. 그렇지만 하나님은 아담과 가인에게 그 책임을 묻는다. 아담은 하와와 더불어 낙원에서의 추방, 죽음, 노동, 출산을 맞게 되었고 가인은 유리하는 방랑자가 되었다. 왜 많은 사람들이 기독교인의 비도덕성을 언급하고 싶어 하는가? 신앙과 도덕은 깊은 상관관계가 있다고 믿기 때문이다. 신앙은 도덕성과 밀접한 상관관계가 있다. 도덕성이 신앙을 부르는 것은 아니지만 신앙은 도덕성을 부른다. 더욱이 신앙인의 도덕성은 자기를 지키는 데 국한된다거나, 높은 신념을 추구하는 데만 머무르지 않는다. 그러므로 청소년을 위한 도덕교육의 향방은 자기 절제의 금욕을 넘어서 친사회적, 이타적 도덕성으로 나아가야 한다. 신념과 가치관을 세우고 실현하는 열정뿐만 아니라 그 결과를 책임지는 책임 윤리를 배양할 필요가 있다.

---

276) 윤영돈, 『성경과 함께 하는 윤리학 산책』, 154.
277) 위와 같음.
278) 이훈범, "이명박 박근혜 그리고 문재인" 중앙일보. 28면. 2018. 10. 15. 최종검색

5. 기독교 세계관으로 하는 도덕교육

도덕적 이슈에 대하여 질문하면 대개, 청소년들은 '유토피아적'이거나 '회의적'인 양극단의 태도를 취한다. 유토피아처럼 세계가 이상적으로 운영되어야 한다고 믿기도 하고, 세계는 도저히 구제 가능성이 없다는 회의적 태도를 보이기도 한다. 그러나 유토피아는 말 그대로 없는 세계이다. 청소년들이 도덕적 이슈에 대하여 극단적 해석을 내리는 이유는 현상에 대한 균형 잡힌 시각, 해석이 부족하기 때문이다. 따라서 청소년들이 온전한 시각으로 자신과 세계를 파악하고, 도덕적 이슈를 해석 하도록 기독교 세계관 교육을 제안하고 싶다. 기독교 세계관은 성경의 진리 창조, 타락, 구속의 세 가지 관점으로 구성되는데 세 관점이 통합적으로 작동할 때 건전한 안목과 해석을 갖게 한다.279) 만약 청소년의 창조의 진리로만 치우친다면 타락의 현실을 인정, 수용하지 못하는 유토피아적 낙관주의자가 될 것이다. 반대로 타락만 강조된다면 불교처럼 세상은 고통이라고 단정하는 희망 없는 회의주의가 될 것이다. 따라서 창조, 타락, 구속의 세 가지 진리가 함께 작동할 때 양극단으로 치우치지 않는 통합적 시각을 가질 수 있다.

1) 창조의 관점

창조는 세상을 창조하신 하나님이 세상의 '주권자'이며 하나님의 법이 세상을 다스리신다는 관점이다. 이 세상을 다스리는 법은 하나님의 창조질서, 지혜이다. 이 창조질서를 고대 이집트에서는 마아트(Maat), 그리스 종교에서는 아낭케(Ananke, 필연성), 모이라(Moira, 운명), 그리스 철학에서는 로고스(Logos) 혹은 형상(form)이라고 부른다.280) 성경에서는 창조주, '지혜'의 하나님을 오롯이 선포(시147:15~20)하고 자연과 성경을 통하여 '지혜'를 계시한다.281) 특히 성경은 광부의 전등, 장인의 척도(amon, 아몬), 안경처럼 하나

---

279) 위의 책, 46.
280) Albert M. Wolters, Michael W. Goheen, 양성만, 홍병룡 옮김, 『창조, 타락, 구속』 (서울: IVP, 2007), 48.

님의 뜻이 무엇인지 비추어주는 언어의 계시이다. 개인의 결정이 필요한 배우자, 직업선택, 동성연애, 혼전 성관계, 유학 등의 문제에서 그리고 신문, 잡지, 교육, 광고, 국제 관계 등 문화적, 사회적 부분에서 하나님의 뜻 분별하게 하는 '영적 지혜와 총명'을 계시하고 있다. 청소년에게 성경에 계시된 '창조질서'의 규범적 측면에 대한 수용은 어려울 수 있다. 선택과 자유, 자율과 독립을 선호는 십대들에게 발견, 수용해야 하는 하나님의 섭리, 규범이 있다는 것은 그리 달갑지 않은 일이다. 청소년은 섭리, 창조의 질서와 규범에 대하여 "하늘에 계신 하나님 거기 계시옵소서, 그러면 우리는 땅 위에서 조용히 살겠나이다"282) 라는 식의 이신론적 태도-자율성과 과학으로 인생과 세계를 다스릴 테니 하나님은 간섭하지 말라-를 취할 수도 있다. 그러나 창조주 하나님의 주권, 세상을 다스리는 지혜와 질서에 대한 안목은 청소년에게 선별하여 자발적인 '안돼', 거부할 수 있는 능력을 부여한다.283) 자연 세계에 대하여 하나님이 직접 통치하지만, 사회와 문화에 대하여 인간을 통하여 간접적으로 다스리신다.284) 그러므로 하나님의 창조질서는 창조적 동역자인 인간(롬8:19~22)의 자율적 분별과 선택을 통한 아멘(시33:6~7, 9)을 요청한다.

2) 타락의 관점

하나님이 창조하신 세계는 선하지만 뭔가 잘못된 방향으로 가고 있는 '실낙원'이다. 아담과 하와의 불순종, 실패로 창조 세계 전체는 죄의 영향아래 있게 되었다. 그 결과 이혼, 물질주의, 자녀에 대한 무관심, 독재와 부패, 환경 파괴, 살인, 간음, 신성 모독, 무신론 등 다양한 문제들이 피조세계의 모든 영역에 나타나고 있다. 성경은 "피조물이 허무한데 굴복하고...썩어짐의 종노릇 하고 있다. 피조물이 다 함께 탄식하고 함께 고통을 겪고 있다(롬8:19~22)"고 서술한다. 타락은 종노릇과 고통을 수반한다. 그러나 이런 타락이 하나님의 창조질

---

281) 엡1:17~18, 롬12:2, 히5:14, 골1:9~10, 위의 책, 68~69.

282) 신국원, 『니고데모의 안경』, 64에서 재인용.

283) Eugene Peterson, 『거북한 십대, 거룩한 십대』, 175.

284) Albert M. Wolters, Michael W. Goheen, 『창조, 타락, 구속』, 68~69.

서, 구조 자체를 변동시키는 것은 아니다. 창세기 1~2장은 선한 창조와 그 속에서 인간의 임무를 말하고, 3장은 타락과 그 결과를 말함으로서 악은 선한 창조에서 나온 것이 아니고 오직 타락에서 나온 것임을 말해준다.285) 곧 인간이 청지기가 아닌 지배자를 자처하면서 자연, 문화의 타락을 가져왔고 병든 자연과 타락한 문화는 다시 인간을 병들게 하는 악순환을 불러온다. 피조물인 인간이 아담과 하와처럼 신이 되고픈 욕망에 '자율적 판단'으로 선한 하나님의 창조를 비틀고 왜곡시키는 것이다. 이러한 타락성은 청소년에게도 반영된다. 죄는 '하나님과 같은 독립성'을 주겠다고 약속하면서 유년기의 속박을 벗고 성인기로 도달하려면 금지조항들, 술, 담배, 마약, 성을 서슴지 말고 즐기라고 말한다.286) 청소년기에 표면적으로 나타나는 타락은 이처럼 어른, 규율의 종속적관계로부터 벗어나 자유로이 행동하라는 유혹이며 이것이 마치 '자율', '독립'인 것처럼 유혹한다. 그럼에도 불구하고 이상적인 청소년에게 자율성의 타락, 타락한 세계와 문화의 고통은 수용하기 어려운 측면이다. 타락의 관점은 왜 세계가 유토피아가 아닌지, 인간과 세계의 타락적 측면을 이해하도록 돕는다. 만약 타락의 반영을 인정하지 못하면 율법적 잣대와 판단에 머물게 된다. '타락'한 세상에 대한 혐오와 비판적 판단에 치우치기 쉽다. 청소년을 하나의 계급으로 본다면 그들은 도덕주의자요 이상주의자들이다.287) 도덕적 원리들, 추상적도덕적 개념들을 인식하기 시작하면서 평화, 사랑, 정의, 정직, 의 등을 인식하고 이러한 것을 어떤 상황, 누구에게나 적용할 수 있다고 본다. 그 때문에 부모, 교사, 기성세대, 장관, 대통령 누구나 가차 없이 도덕적 판단의 대상이 될수 있다. 너무나 윤리적이지만 일상에서 그것을 분별하여 적용하는 법을 알지못한다. 타락의 관점은 세계와 자신의 타락을 비추어주는 거울 역할을 한다. 자신과 세계의 타락적 측면, 잘못된 방향성을 인정함으로서 이 세계를 회복해가실 하나님에 대한 신뢰를 배울 수 있다.

---

285) 위의 책, 106.

286) Eugene Peterson, 『거북한 십대, 거룩한 십대』, 172.

287) 위의 책, 122.

3) 구속의 관점

구속은 타락한 세계를 선하고 아름답게 회복하실 예수 그리스도에 대한 '소망'이다. 그리스도인은 소망의 근원을 자신, 사회복지 단체, 국가의 수뇌부, 전 세계의 혁신적 리더에게서 찾지 않는다. 소망의 근원은 오롯이 그리스도이다. 구속(redemption)은 본래의 선한 상태, 생명으로 회복되는 것을 의미하며 그 대상은 인간, 창조 세계 전체이다(골1:20). 그리스도를 통하여 인간을 죄와 고통으로부터 회복하는 것은 하나님의 '주권적 사랑'이며, 이것은 창조세계의 회복을 위한 첫걸음이다. 창조의 회복은 하나님의 '왕권', '주권', '통치', '지배'(눅19:12)가 회복되는 것을 의미하며, 하나님은 이러한 재창조 사역에 인간을 동역자로 부르신다. 따라서 그리스도인은 결혼을 거룩한 성소로, 감정의 부인이 아닌 정화로, 결혼을 통한 성행위의 구속으로, 정치의 개혁으로, 예술을 그리스도의 소유로, 사업을 하나님 영광의 도구로 변혁시켜야 할 소명이 있다. 그러나 그리스도의 오심으로 시작된 재창조, 회복은 시작되었으나 아직(not yet) 완성되지 않은 미완성 사역이다. 청소년은 하나님의 재창조, 회복, 구속하심을 선포하고 미완성 사역에 동참하도록 부름 받는다.

기독교 세계관은 도덕적 선택, 사회적 이슈나 갈등 앞에서 나침반, 약도처럼 방향을 알려주고 의사결정을 돕는다. 유토피아와 회의주의의 양극단에 치우치지 않고 자기 자신과 세계를 해석하도록 한다. 오늘날의 청소년들은 다양한 세계관이 병존하는 사회에 살고 있다. 보통 때는 다양한 세계관이 용광로(melting pot) 혹은 샐러드 볼(salad bowl)처럼 잘 융화된 듯 보이나, 도덕적 이슈를 만났을 때 상호 충돌한다. 그 결과 상황에 따라, 동조 집단에 따라, 문화적 압력에 따라 청소년들은 모순적 행동을 보일 수 있다. 세계관은 생각의 틀이며, 전제로서 어떤 현상이나 대상을 볼 때 자동적으로 사고의 패턴을 전개한다. 따라서 올바른 세계관을 갖는 것은 삶에 대한 바른 해석과 태도를 결정한다. 이는 단지 가르침을 통하여 주입될 수 있는 것이 아니기 때문에 삶, 문화 속에서 점진적으로 이루어져야 하는 부분이다.

6. 회중 모델

회중, 공동체 교육을 강조한 엘리스 넬슨(Ellis Nelson)은 도덕교육의 가장 중요한 방안으로 회중 모델을 제안한다. 회중 모델은 모델이 될 만한 사람들과의 관계, 공동체 속에 있을 때 도덕적 실천이 효과적으로 교육될 수 있다는 것이다. 20C 미국에서 인권운동이 한참 일어날 때 비폭력 학생 연합(SNCC)이 형성되었는데 이는 인종 차별에 비폭력적으로 항거하는 조직이었다.[288] 이 단체에 소속된 성직자, 성인 기독교인들은 숙박료, 식비를 지불하면서 흑인 청소년들이 고통을 이겨내고 인종 차별에 항거하도록 지지하였다. 회중모델은 이처럼 회중, 집단이 청소년들이 신념, 덕목을 실천하는 삶을 지속적으로 살도록 지지하는 것을 말한다.[289] 콜버그는 처음에 도덕적 원리를 교육하려면 갈등상황-딜레마-을 제시하고 소크라테스식의 질문, 대화를 하면서 도덕적 사고, 토의를 자극하는 것이 최선의 교육 방안이라고 보았다. 그러나 도덕발달단계가 높은 교사들과의 토론, 교류에 노출된 학생들이 도덕 발달단계가 상승하였다는 동료들의 연구 그리고 민주적 의사결정을 옹호하는 키부츠 방문으로 깊은 인상을 받았다. 도덕발달을 위해서는 '인지적 판단' 외에도 공동체 안에서 도덕적 원리를 체험하고, 결과를 책임지는 삶의 모습을 익히는 것이 유익함을 알게 된 것이다. 그렇다면 청소년들의 도덕적 판단 원리를 지지하고 교육할 수 있는 '회중'은 있는가? 교회는 과연 도덕 교육에 합당한 모델이 되고 있는가? 묻지 않을 수 없다.

- 이웃을 사랑하자고 해놓고 교회의 텅빈 주차장을 이웃에게 개방하지 않을 때
- 목사님이 '여러분 그렇게 살지 마십시오, 저는 그렇게 살지 않습니다' 라고 훈계조로 말할 때
- 성찬식에서 거룩한 장로님이 교회 안팎에서 싸움을 제일 잘한다고 느낄 때
- 서로 기도하자고 격려하고 기도제목이 수다 거리로 전락할 때
- 교회 직분자가 남의 밭에서 배추와 무를 뽑아가고는 '아니다' 라고 발뺌 하였을 때

---

288) C. Ellis Nelson, 『십대를 위한 도덕교육론』, 21~23.
289) 위의 책, 22.

- 교회 직분을 승진, 신분 상승과 비슷하다고 생각하는 것 같을 때
- 교회가 건축은 하면서 불우이웃에게는 전혀 관심이 없을 때.[290]

청소년들의 실망은 교회가 친사회적, 이타적이지 못하다는데 있다. 교회가 정의, 인간 존엄, 생명의 가치, 이웃 사랑에 대하여 토론과 논쟁을 통한 정책을 결정하고 사회 속에서 '인류애'를 구현하는 모델로서 기능한다면 청소년은 큰 도전을 받을 것이다. 교회는 사회적 개방성을 가지고 이 땅의 마지막 사도로 위임 받은 공동체로서 그리스도의 이타적 사랑을 구현해야 할 사명이 있다. 지역사회, 국가, 전 세계 등을 하나님의 영역으로 보고 이웃사회와 소통하면서 사회적 의미와 역할을 회복할 필요가 있다. 메리 보이스(Mary C. Boys)는 기독교 신앙의 사회적 역할로 세 가지 복음의 선포를 제안한다. 첫째 유토피아, 약속으로서의 복음이다. 둘째 반문화, 심판으로서의 복음이다. 셋째 새로운 질서를 건설하는 사명으로서의 복음이다.[291] 교회는 과연 세 가지 복음을 균형 있게 선포하고 있는가? 심판의 복음에 비하면 약속의 복음, 사명의 복음은 비교적 간과되는 측면이 있는 것 같다. 그리스도의 회복에 대한 소망을 주면서, 사명의 복음을 강조해야 할 필요가 있다. 이는 교회가 마을과 사회 속에서 그리스도의 사랑을 구현하는 이타적 공동체로 거듭나야 한다는 뜻이다. 주고받기(give and take)의 상호 호혜적 거래가 아닌, 이타적 사역으로 새로운 질서를 건설하는 사명을 실천 한다면 그 자체로 복음이 될 것이다. 도덕적 이상주의는 강하지만 여전히 선택의 문제에서 '선택 장애', '결정 장애'에 시달리는 청소년들에게 신앙 공동체의 도덕적 행보는 거부, 수렴, 긍정할 것이 무엇인지 분별하게 할 수 있다. 또한 청소년들에게 친사회적, 이타적 동기를 부여하고 사회적 정의의 최고 정점에 있는 그리스도의 십자가 행보가 살아 움직이는 역사임을 깨닫게 할 수 있다.

---

290) 2018년 기독교 청소년 교육 강의 토론 시간에 나온 내용을 참고하였다.
291) Mary C. Boys, 김도일 옮김, 『제자직과 시민직을 위한 교육』 (서울: 한국 장로교 출판사, 1999), 105.

〈생각해 봅시다〉

■ 기독교인은 도덕적인가? 만약 도덕적이지 않다면 그 이유는 무엇인가?

■ 도덕성에 대한 성경의 두 가지 물음에 답해보자.

■ 창조, 타락, 구속의 관점 중에서 청소년에게 가장 필요한 관점은 무엇이라고 보는가?

■ 교회가 청소년의 도덕성을 교육하는 '회중 모델'이 되려면 어떤 노력이 필요하다고 보는가? (구체적, 실제적 예를 들어봅니다.)

9장

청소년의 위기, 위기 청소년

1. 위기 청소년의 회복탄력성

1) 위기 청소년은 누구인가?

발달적 관점에서 본다면 청소년기는 위기의 시간이다. 청소년에 대한 선구적 연구자 홀(Hall, G. S)은 청소년의 특징이 '열광과 무감동, 도취적 행복감과 우울, 이기주의와 이타주의, 감성우위와 지성우위, 사교성과 고독성, 지혜로움과 어리석음 같이 모순되는 것들의 병행과 불안정한 변동'이라고 하였다.292) 그리고 이처럼 쾌와 불쾌, 열정과 염세주의, 사랑과 증오의 양극단을 달리는 청소년기의 특징을 '위기'라고 표현한다. 청소년은 외부적으로 특정한 사건이 발생하지 않아도 이미 신체적, 인지적, 정서적 그리고 사회적 변화 등이 유발하는 발달적 '위기'의 시간을 보내고 있는 셈이다. 하지만 보통 위기 청소년이라고 정의할 때 '위기'는 발달적 요인 보다 외부적 요인을 지칭하는 경우가 많다. 정서적으로 편안한 상태를 유지하지 못하도록 압도하는 외부적, 실제 문제들 때문에 정서적 곤란과 사회적 부적응 등 전체적 불균형 상태를 경험하고 그 결과 자신과 타인에게 위험을 줄 수 있다.293) 곧 '위기 청소년'에서 '위기'는 중요한 생활 목표가 좌절되었거나 생활양식에 혼란이 생기면서 평소 적응방법으로는 해결이 곤란하게 되었고, 이를 해소하고 평형을 되찾아야 한다는 내적 압력 속에서 긴장감을 경험하는 상태를 말한다.294) 위기 청소년에 대한 정의는 다음과 같다.

> 위기 청소년이란 현재 '위기'를 직면하고 있고 그 위기가 주는 스트레스를 감당할만한 개인적 자원인 인지, 정서, 행동적 반응 체계의 건전성이 부족하거나 기본적인 보호자가 없는 등 실질적인 보호를 받지 못하는 상태에 노출되어 정상적인 생활의 적응과 유지가 어렵고 그로 인해 가정, 학교에서 일탈할 가능성이 높은 이들을 말한다. 곧 누군가가 개입하여서 도와주지 않는다

---

292) 박아청, 『사춘기의 이해』, 51.

293) R. V. Pelt, 『사춘기 청소년들의 위기상담』, 23.

294) H. Clinebell, 박근원 옮김, 『목회상담신론』(서울: 장로회 신학대학교 출판부, 1991), 30~ 45 참조.

면 인터넷 중독, 충동 과다의 폭력행위, 성 비행, 절도 행위 등을 보이는 등 더 심각한 위기의 상태 곧 비행으로 넘어갈 수도 있다.[295]

위의 정의를 보았을 때 '위기 청소년'과 '비행 청소년'의 차이는 무엇인가? 하는 의문이 든다. 위기 청소년은 어느 정도 외부적 도움, 개입이 있다면 개선될 가능성이 있는 상태이다. 반면 비행 청소년은 위기가 심화 되어 청소년의 '역할', '모습'에서 이미 벗어나 있는 상태를 말한다. 위기가 중재, 조정되지 않으면 비행으로 이어질 수 있다. 그러면 언제, 어떻게 위기는 조정되어야 하는가?

청소년의 위기는 미미한 위기, 높은 위기, 임박한 위기로 구분할 수 있다.[296] 첫 번째 미미한 위기는 그가 속해 있는 가족, 학교, 사회가 부정적으로 상호작용하는 상태이다. 만약 소수 민족, 다 문화 가족, 빈민층 지역에 거주하는 청소년이라면 벌써 미미한 위기에 노출된 것이다. 여기에 부모의 이혼, 가족의 경제적 파산 등 개인적 문제가 추가되면 높은 위기로 나아가고, 문제를 극복하고 해결할 수 있는 개인의 인성과 사회적 지지가 결여될 때 가출, 무단결석, 폭력 등을 감행하는 임박한 위기에 처할 수 있다.[297] 물론 필연적으로 그렇게 된다고 볼 수는 없다. 그럴 가능성이 높다고 표현 하는 편이 적절하다. '위기 청소년'의 '위기'는 그 정도가 미미한 상태에서 높은 위기, 임박한 위기로 진행되는 과정에 있는 것이다. 비행의 초기증상을 보이지만 개입한다면 아직 개선의 여지가 충분히 있다. 보통 법을 어기는 행위를 하거나 청소년의 지위, 신분을 벗어난 일탈 행동을 하는 청소년을 '비행 청소년'이라고 한다. 비행은 위기가 심화된 것이다. 학생으로서 성인의 지위에서 할 수 있는 음주, 담배, 성관계 등 일탈적 행위를 한 경우 또는 도난, 폭력 등 법에 저촉되는 행위를 한 경우에 해당한다. 이러한 비행이 만성적으로 반복될 때 '비행 청소년'이라고 부른다. 만약 위기가 심화되는 과정에서 이들을 보호해 줄 지도자, 보호자, 공동체가 전무하다면 위기 청소년이 비행 청소년으로 넘어가는 것은 시간문제이다. 보통

---

295) 김정휘, 『위기에 처한 청소년 지도의 이론과 실제』(서울: 민지사, 2011), 4.

296) 위의 책, 41.

297) 위와 같음.

위기에서 비행으로 전환될 때 문지방적 징후를 보인다. '문지방적 징후'란 집단 괴롭힘의 피해 및 가해자가 되는 것, 교사와의 갈등, 학업에 대한 주의력 감소 등이다. 이런 징후를 보인다면 그것은 주변에 도움을 요청하는 메시지이다. 만약 청소년이 가족 혹은 친족, 신앙, 복지, 상담 등의 도움을 받는다면 위기가 비행으로 넘어가지 않도록 예방 가능할 것이다. 반대로 위기 상황에서 친밀한 관계, 공동체, 교사, 상담사, 복지사 등의 지지와 도움을 못 받는다면 청소년 위기는 비행으로 치닫게 된다. 그러므로 주변에 위기를 겪고 있는 청소년이 있는지 살펴보는 것은 건전한 성인, 기성세대의 역할로서 다음세대를 지키고 보호해야 할 인류 공동체적 책임이다.

2) 위기 청소년의 회복 탄력성

청소년의 위기가 비행으로 넘어가지 않으려면 '회복 탄력성'이 강화해야 한다. 회복 탄력성이란 무엇인가? 여러가지 변화, 문제를 만났을 때 그것에 적응 혹은 해결하고 난후에 정상적인 상태로 돌아갈 수 있는 능력을 회복탄력성, 레질리언스(resilence)라고 한다. 위기, 비행 청소년의 경우 보통 회복탄력성이 일반 청소년 보다 약한 것으로 나타난다. 이것은 내면의 힘이 부족하다는 말도 되지만 그들을 지지하는 외부적 힘이 부족하다는 뜻도 된다. 따라서 위기 청소년을 회복시키려면 그들의 내면과 외부상황을 모두 다루어 줄 필요가 있다. 회복 탄력성은 스트레스원에 대한 개인적 자원과 외부 자원의 상호 작용 속에서 발현된다. 스트레스원이 왔을 때 1차적으로 개인이 반응하고, 2차적으로 그룹과 공동체의 지지 속에서 재해석하고 반응하는데 이 전체의 흐름을 회복탄력성이라고 한다. 따라서 개인의 자원이 약화되어 있거나 외부자원이 약화되면 회복 탄력성은 약화된다.

그림11〉 청소년의 회복탄력성

그러면 청소년기 스트레스 원(stressor)은 무엇인가? 청소년기 스트레스 원에는 발달적 스트레스, 사회문화적 스트레스, 우발적 스트레스가 있다. 발달적 스트레스는 비교적 예측가능하고 자연스러운 것이지만, 사회문화적 스트레스와 우발적 스트레스는 예측, 통제가 불가능하다. 청소년기는 급격한, 전체적인 성장, 신체적 이미지 형성 등의 발달적 스트레스가 있다. 그리고 사회적 영역이 확장되면서 사회문화적 압력, 경쟁우위, 선택, 또래 관계의 배신, 관계적 갈등의 스트레스에도 노출된다. 그리고 우발적 스트레스가 있는데 교통사고, 부상 혹은 질병, 가족 해체 등이다. 청소년기는 이미 발달적, 사회 문화적 스트레스가 있기 때문에 여기에 우발적 스트레스가 더해지면 회복탄력성은 급격히 저하되고 위기에 노출될 수 있다.

내적 자원은 문제에 대한 인지적 해석, 정서적, 행동적 반응 체계를 말한다. 인지적 해석은 스트레스에 대한 해석의 틀(frame)을, 정서적 반응은 스트레스에 습관적으로 반응하는 익숙한 감정을, 행동은 스트레스를 받았을 때 반복되는 행동양식을 말한다. 회복 탄력성이 건강한 경우 스트레스에 대한 반응 체계는 비교적 건전한 편이다. 그리고 이것은 문제에 대한 강한 해결력을 의미한다. 반대로 회복 탄력성이 취약한 이들은 스트레스에 대한 인지, 정서, 행동적 반응이 왜곡되어 있는 경우가 많다. 스트레스는 고통을 유발하지만, 잘 대처한다면 개인적인 성숙과 기회의 시간이 될수도 있다. 따라서 개인의 내적 자원 체계가 왜곡되어있다면, 아주 작은 사건이나 문제도 위기를 만들어 낼 가능성이 크다. 이렇게 회복탄력성이 취약하다면 스트레스에 대한 재해석, 감정 교육, 그리고 행동의 수정과 훈련이 필요할 것이다.

내적 체계가 취약할 때 외부적 자원의 활용이 필요하다. 외부적 자원은 내면의 자원을 보완하는 가족, 또래 집단, 신앙 공동체의 지지를 말한다. 외부적 자원에서 가장 결정적인 자원은 아무래도 1차적 지지 집단인 '가족'이다. 만약 가족이 제 길을 찾지 못한다면 이는 청소년의 회복 탄력성에 미치는 영향이 크다. 청소년기 자녀에게 부부의 갈등, 해체, 재결합, 재혼 등의 문제는 스트레스 원에 대한 내적 자원을 경직되게 만든다. 보통 때 같았으면 다양한 수준의 문제들을 해결할만한 능력이 있었음에도 불구하고, 가족 문제는 청소년으로 하여금 스트레스 원에 대한 왜곡된 반응을 유도, 강화할 확률이 높다. 그래서 위기 청소년들과 소통해 보면 가족의 갈등, 경직된 규범을 가진 가족, 역기능적 소통, 가족 해체 등 가족 문제를 겪고 있는 경우가 대부분이다. 가족의 갈등, 다툼에서 오는 불안, 우울, 죄책감 등이 변화에 대한 부적응, 문제 해결력을 약화시키기 때문이다. 따라서 위기 청소년이 비행 청소년으로 넘어가는 것을 예방하려면 문제에 대한 개인의 내적 자원을 체크하고 외부적 지원을 점검해야 한다. 그리고 외부적 자원이 취약하다면, 사회적 지원을 확보해 주어야 한다.

〈생각해 봅시다〉

■ 청소년의 발달과 위기는 어떤 관계가 있을까?
■ 위기 청소년과 비행 청소년의 차이는 무엇인가?
■ 회복탄력성이 무엇인지 정의하시오.
■ 위기 청소년과 교육, 신앙, 복지, 상담 기관의 연계성이 원활하다고 보는가?

2. 청소년 가족의 위기

1) 가족에게 요청되는 변화

자녀의 청소년기는 가족 체계의 변화를 촉구한다. 일반적으로 가족 생애주기를 연구한 학자들은 청소년기가 되면 가족에게 특별한 변화가 요청된다고 말한다. 십대 자녀가 생기면 자녀는 부모에게 의존하기보다는 독립적 존재가 되고 싶어 한다. 따라서 가족의 규범, 역할, 관계 설정에 융통성을 요청한다. 융통성이란 일상생활에서 제반 문제의 결정시, 상당한 정도의 자율적 선택과 결정이 허용되는 것을 말한다. 십대 자녀의 자율적 선택과 결정이 허용된다는 것은 상대적으로 부모의 책임과 권한이 축소된다는 것을 의미한다. 곧 자녀의 청소년기는 자녀뿐 아니라 부모, 형제자매 등 여러 단계의 발달과제가 공존하는 단계로서 관계설정이 유동적이고 혼란스러울 수 있다. 특히 청소년이 새로운 가치와 이상을 받아들이면서, 가족 밖으로 나가 독립하려 들거나 반대로 가족

내로 들어와 의존적이 되기도 하는 등의 변덕스럽고 극단적인 반응 때문에 가족 구성원 모두가 어려움을 겪게 된다.[298] 지금까지 유지되어 오던 가족 구성원들의 역할과 관계는 청소년기 자녀가 등장하면서 그 역할을 변화시키고 기능을 수정하라는 위협을 받는다. 이 단계에서 발생하는 모든 자연적 사건들은 가족 구조의 융통성을 시험한다. 부모의 통제를 벗어나려 하고, 권위에 도전하는 자녀 때문에 부모들은 무력감, 좌절감, 소외감을 느낄 수도 있다. 충격을 최소화하기 원한다면 가족의 관계, 역할, 규범 등 생활의 모든 영역에서 융통성을 증가시킬 필요가 있다.

청소년기 자녀가 등장하면 부모의 양육태도는 자녀의 발달에 상응하여 변화되어야 한다. 이를 '발달적 상호작용(developmental interaction)'이라고 한다.[299] 부모가 자녀의 발달적 욕구에 일치하는 소통 능력을 갖추어 간다면 원활한 상호작용이 가능하다. 자녀가 청소년기가 되어 '자율', '선택', '독립'을 원하는데 부모가 아동기와 다름없이 의존적, 지배적 양육을 지속시킨다면, 상호작용은 원활하지 않게 된다. 부모의 눈에 아직 미숙한 청소년기 자녀가 스스로 선택, 결정, 책임진다는 것은 골치 아픈 일이 생길 수밖에 없다는 뜻이다. 이미 결정되고 지나온 규범의 범주들, 선택의 범주들을 넘나드는 자녀를 보면 방해꾼, 걸림돌이 생겼다고 느낄 수도 있다. 그러나 부모는 가족 규범, 관계, 역할의 융통성을 늘리고 청소년기 자녀에게 좀 더 자유를 허용해야 한다. 자유를 어떻게 허용하는 것이 좋은가? 자유에는 '규범 안에서의 자유(freedom with the rule)'와 '규범 없는 자유(freedom without the rule)'가 있다. '규범 안에서의 자유'는 부모와 자녀가 합의하여 정한 약속 또는 규칙의 범주 내에서 자발적 행동을 하도록 허용하는 것이다. 만약 청소년기 자녀가 규범이나 약속을 위반하고 자기 멋대로 행동한다면 스스로 자율권을 제약하는 결과를 체험하게 하는 것도 유익하다. 반대로 '규범 없는 자유(freedom without the rule)'는 아무런 원칙 없이 무한정의 자유를 허용하는 것이다. 선함과 악함, 추

---

298) 위의 책, 18.

299) 이영석 외, 『현대 부모교육론』 (서울: 형설출판사, 2002), 268.

한 행동과 아름다운 행동을 구분하는 준거가 없다. '규범 없는 자유(freedom without the rule)'가 주어질 경우, 부모의 관심과 개입은 자녀 입장에서 볼 때 간섭 또는 억압으로 비춰질 가능성이 크다.300) 모든 선택이 사실상 큰 차이를 갖지 않는 오늘날, 대부분의 청소년에게 자유는 얼 만큼 가치가 있을까? 마치 쇼핑센터에서 물건을 고르는 것처럼 가볍게 느껴질 수 있다. '자유가 아니면 죽음을 달라'고 외치던 시대와 달리 도처에 널린 것이 자유이다. 그 자유의 결과 역시 쇼핑몰에서 오늘은 이것, 내일은 저것을 선택하는 자유가 될 수도 있다. 곧 청소년들에게 자유와 책임의 연계성은 빈약하기 그지없다. 그렇기 때문에 규범 없는 세대에게, 부모는 자유와 규범 사이에서 참조적 준거 역할을 해줄 필요가 있다. 자유의 가치와 책임의식, 방종에 대한 결과를 스스로 체험해 볼 수 있는 시간들을 허용하는 것도 좋겠다.301)

2) 개방된 우정

청소년기 자녀가 있는 가족에게 요청되는 또 다른 변화는 '개방성'이다. 곧 '개방성'과 '우정'이 부모와 자녀 관계의 핵심적 특징이다. 먼저 '개방된' 이라는 표현은 부모가 청소년기 자녀와의 관계를 개방해야 한다는 뜻이다. 왜 개방되어야 하는가? 청소년은 급격한 발달에서 오는 스트레스를 가족 구성원들에게 해소할 뿐 아니라 자율성의 추구로 부모가 정한 규율에 도전한다. 또한 부모, 가족 보다는 다른 권위자-교사, 목회자, 선배, 아이돌 스타 등-혹은 친구들과 더 많은 시간을 보낸다. 따라서 청소년의 부모는 자녀가 친밀감을 형성한 다른 권위자, 친구들을 환대하고 수용할 수 있어야 한다. 자녀가 청소년기가 되었을 때 부모는 '중년', '성인중기'가 된다. 중년기는 그 동안 살아왔던 삶에 대한 보상이 없는 것에 대한 허무함, 외로움, 인생의 가을이 다가온 것에 대한 쓸쓸함을 경험한다. 에릭슨은 성인중기 삶의 과제에 대하여 '생산성' 이라고 보았다. '생산성'은 자녀뿐 아니라 다음세대에 대한 아낌없는 사랑의 베풂으로 성취될 수 있다. 부모와 자녀간의 상호관계에는 다음 세대를 통하여 인류, 사회를 유지

---

300) 위의 책, 267.
301) 위와 같음.

하고 존속해 나가려는 우주의 조화로운 관계가 반영되어 있다.302) 이는 부모가 청소년기 자녀 그리고 그 친구들까지도 포함시킬 때 오히려 '생산성' 이라는 삶의 과제 성취에 가까이 갈 수 있다는 뜻이다. 또한 개방된 우정으로 자녀와 세계를 포용할 때 삶이 풍요로울 수 있으며 자녀와 대화할 수 있는 기회를 얻게 된다. 청소년기 자녀와 개방된 우정을 형성하려면, 주변 사람들에게 도움을 요청하고 함께 연대할 필요가 있다. 그러면 과연 부모와 자녀가 친구가 될 수 있을까? 부모는 이제 자녀와 어깨를 나란히 하고 걸으며 삶의 이야기들을 나눌 수 있다. 부모는 친구처럼 삶의 가치와 의미, 경험들을 자녀와 나눌 수도 있고 무엇보다 하나님에 대하여 이야기하는 영적 친구도 될 수 있다. 영적 친구란 친구가 하나님을 바라보도록 인도하는 사람이다. 청소년기의 사회성 발달은 외부사회와 접촉을 가져오고, 부모는 자녀와 더 이상 독점적인 관계가 될 수 없다. 외부 세계 학교, 또래, 종교 공동체, 이웃, 친족에게 개방된 상호관계를 형성할 때 부모도 성장하고 자녀도 성장할 수 있다. 자녀와의 관계를 독점하려 들지 말고 사회의 일원으로서 울타리를 넓게 치면서 자녀의 친구들을 포용하는 개방된 우정, 자비심이 요청된다. '길모어걸스'라는 미국 드라마는 미혼모 엄마가 십대 딸을 키우는 성장과정을 보여준다. 다른 부모들에 비하면 젊고 철이 없어 보이는 엄마가 고등학교에 다니는 딸과 함께 많은 문제를 해결하면서 함께 성숙해 가는 과정은 엄마와 딸 보다는 자매 혹은 친구 관계처럼 보인다.

> 엄마: 방학에 뭐할 생각이야?
> 딸: "아무것도(A lot of nothing)"
> 엄마: "좋은 생각이야, 방학 때 숙제만 하면 안 된다"

위의 대화는 마치 엄마와 딸의 역할이 바뀐 것처럼 보인다. 딸보다 더 청소년처럼 보이는 엄마와 딸의 대화는 함께 성숙해 가는 가족의 모습을 보여준다. 어린 시절 잘 나가는 부모의 요구를 따라 드레스를 입고 마치 바비 인형처럼 앉아있어야 했던 엄마는 딸에게 공부보다는 자신과 함께 삶을 살고, 현재를 잘 누리자고 더 많이 요청한다. 자녀의 청소년기는 어떻게 보면 이렇게 부모와 자

---

302) Donald Capps, "Erikson's Life-Cycle Theory: Religious Dimensions," *Religious Studies Review*. V.10. (1984. 4), 121.

녀가 역할을 바뀔 수 있는 순간이기도 하다. 청개구리처럼 보이는 자녀에게 더 청개구리처럼 대답한다면 아마도 청소년기 자녀는 카타르시스를 느낄 지도 모른다. 자녀가 가장 원하는 이상적인 부모는 '마음을 잘 이해하는 부모' 이다. 만약 어린이와 청소년이 부모가 모르는 인생에 대한 철학적, 신학적 질문을 한다면 그것은 부모가 미처 끝내지 못한 인생의 질문을 다시 숙고하고 답을 찾아야 한다는 신호라고 한다. 어른이라고 모든 것을 다 알고, 모든 일을 다 겪고, 모든 사람을 다 만난 것은 아니지 않은가? 자녀의 청소년기는 부모가 자신의 한계를 인정하고 담백해 지는 시간이다. 의외로 부모의 솔직한 고백은 자녀의 공감을 얻게 될 것이며, 청소년기 자녀와 가까워지도록 인도할 것이다.

3) 가족으로부터 이탈하는 청소년

청소년기는 한 마디로 '박차고 뛰어내리는 시기', '가족의 울타리를 도발하는 시기'이다. 본래 있던 자리에서 이탈하려는 성향을 강하게 띠고 있다. 긍정적 시각으로 볼 때 성장을 향한 지향성이라고도 할 수 있지만 그것은 마치 강물이 강둑을 타고 넘치듯 위험스럽게 보인다. 지금껏 착하기만 했던 자녀가 가족이라는 울타리를 박차고 나가려는 모습을 보인다면 부모 입장에서 걱정이 아닐 수 없다. 만약 강물이 둑을 타고 넘치는 것은 풍요의 상징인 동시에 홍수를 암시 한다. 물이 강둑을 터치고, 태아가 어머니의 자궁을 탈출하듯이 안전한 가족의 품을 벗어나는 '이탈의 시기' 가 바로 청소년기이다. 일상의 경로를 벗어나려는 일탈적 행동이 어린이 혹은 성인이 아닌 청소년기에 발생한다면 이는 정상적인 성장, 발달 상태를 나타낸다. 그러나 가족으로부터 이탈하려는 성향이 강한 만큼 청소년들은 고독, 소외감을 느낀다.

그렇다면 강둑을 차고 넘치는 청소년들, 고독하고 외로운 청소년을 위하여 가족은 어떤 노력을 할 수 있을까? 만약 강물이 넘치는 것을 준비하지 않는다면 홍수가 날 것이다. 마찬가지로 청소년기 자녀가 가족의 울타리를 벗어났을 때 이를 수용해줄 수 있는 가족 보다 큰 공동체가 없다면 청소년과 가족은 위기를 겪게 될 것이다. 시드니 사이먼(Sdiney Simon)은 "현대의 청소년들은 다른 많은 영향에 노출되어 있기 때문에 부모의 모범만으로 충분하지 않으며, 다른 그리스도인들과의 접촉이 필요하다"303)고 주장하였다. 때로 가족이 그 역할을 온전히 하지 못할 때도 청소년들을 인도하고 돕는 사람들이 필요하다.

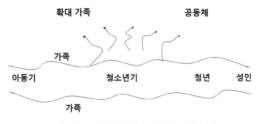

그림12〉 가족의 울타리를 넘는 청소년

위 그림은 청소년기 자녀를 위하여 어떤 공동체가 필요한지 그리고 공동체의 노력이 어떤 방향으로 흘러가면 좋은지 제안해 주고 있다. 무엇보다, 청소년기 자녀뿐 아니라 부모 역시 적절히 돌보고, 지지해줄 공동체를 필요로 한다. 둑을 터치고 나오듯 청소년들이 가족의 신앙으로부터 이탈할 때 그들을 수용하고 돌보아줄 조부모, 부모, 부모의 형제들, 교사, 목사 등 성인의 순수한 관심과 지원이 요청된다. 청소년의 일탈이 가족 안에서 위기를 만들 때 부모들은 꾸짖음, 규범의 강요, 다툼과 언쟁으로 그것을 다스리려고 한다. 그래서 부모보다 좀 더 융통적인 태도로 이를 기다려 주고 수용할 수 있는 사람들이 필요한데, 근대 이전에는 대부분 확대가족이 그 역할을 하였다. 부모는 아니지만 부모와 비슷한 연령대의 삼촌, 이모, 작은 아버지 혹은 어머니, 그리고 할머니가 너그러운 태도로 청소년들과 대화하고 그들의 이야기를 들어주는 것이 가능하다. 요즘과 같은 현대 사회에서 과연 확대가족이 필요한가? 하는 의문이 들기도 하겠지만 청소년기 자녀의 사춘기적 징후로 가족이 고통 받을 때 비로소 확대가족은 그 빛을 발하기 시작한다. 앞의 그림에서 강둑이 바로 가족이라면 그 뒤의 더 큰 강둑이 확대가족, 지역 공동체, 교회가 될 수 있다. 청소년기 자녀가 강둑을 터치고 나왔을 때 그 뒤에서 기다리고 있던 확대가족과 지역 공

---

303) Mark Derives, 오화선 옮김, 『청소년 사역, 이젠 가정이다』 (서울: 성서유니온 선교회, 2001), 52.

동체가 가족을 보완하는 역할을 함으로서 청소년기 자녀와 그 가족을 지원할 수 있다. 잦은 충돌로 부모와 청소년 모두 지쳐있을 때 부모는 아닌 '성인의 대변인' 들이 부모를 대신하여 청소년들을 수용할 수 있다.

〈생각해 봅시다〉

■ 청소년은 가족에게 어떤 변화를 요청하는가?

■ 개방된 우정은 무엇이며, 부모에게 어떤 변화를 요청하는가?

■ 청소년이 가족으로부터 이탈할 때 대안적 역할을 할 수 있는 공동체가 있을까?

3. 위기 청소년에게 희망을

1) 주일학교의 시작은 비행 청소년

교회학교라 불리는 주일학교의 기원은 사실 위기, 비행 청소년과 밀접한 관계가 있다. 18C 영국의 산업혁명은 공장의 출현, 빠른 교통수단의 등장, 도시 집중 현상 등의 변화를 가져왔다. 산업혁명 이후 아메리칸 드림을 꿈꾸며 전 세계의 주변인들이 아메리카 대륙으로 몰려들었던 것처럼. 다른 인생을 꿈꾸면서 많은 젊은이들이 도시로 몰려들었다. 그러나 이주민의 생활이 그러하듯이, 이들은 꽤 오랫동안 밑바닥 생활을 해야 했다. 공장에서 장시간 노동을 했을 뿐 아니라 주택문제, 위생문제에 시달렸다. 그리고 그들의 스트레스는 주말에 방출되었다. 산업혁명이 가져온 인류의 번영과 더불어 아동과 청소년의 비행문제, 식생활 문제, 종교 및 도덕 문제, 교육 문제 등 다양한 사회적 문제들이 발생하였다. 사회적 문제를 해결하려는 다양한 시도들이 있었지만 가장 효과적인 것은 주일학교 운동이었다. 주일학교 운동은 영국의 공업 중심지인 글로우 체스터에서 시작되었다. 저널 편집, 발행인이었던 로버트 레익스(Robert Raikes, 1735~1811)는 감옥의 죄수들을 상대로 선교 해왔으나 그것이 큰 성과를 보지 못하였다. 공장 지대에서 노동자의 자녀들이 다툼을 일삼는 것을 여러 번 목격한 그는 범죄를 예방하는 '교육'이 더 희망적일지 모르겠다는 생각을 한다. 당시 소년, 소녀의 비행은 주중에 과도한 공장 노동에 시달리다가 일요일이면 스트레스를 해결하려는 분출적 행동으로 적극적인 사회적 대책이 요구된 것이었다. 소년, 소녀들의 불손한 행동은 다툼, 소란스러움, 기물 파괴, 방화 등 매우 심각한 것이었기 때문에 주변 이웃들은 일요일 아침에 마음 놓고 교회에 예배드리러 가는 것도 두려워했다.

> 일요일의 거리는 언제나 소란과 흥분으로 가득 차 있었다...부모들(노동자)은 자녀들을 가르치고 감독하는 것을 즐겨하지도 않았고 또 그렇게 할 능력도 없었다. 그럼으로 아이들은 마을의 착한 사람들에게 골치 아픈 존재였다. 그들은 폭력(동)적이었고, 극히 무례하기 짝이 없고 때로는 가벼운 범죄를 저지르기도 하였다. 구제하기 위해서 무언가 하지 않으면 그들은 진정 파멸할 지경이었다.304)

당시 공장지역에 편만하였던 어린이와 청소년의 파행을 막고자 레익스는 친절한 태도, 온유한 마음, 효도, 말의 분별, 예배의 경건, 외모의 청결 등을 강조하는 '일요일 학교'를 시작하였다.305) '일요일 학교'의 주요 동기는 신앙적 내용으로 도덕 교육을 함으로서 사회적 문제를 예방하는 데 있었다. 주일학교는 효과적이었고 많은 사람들에게 주목 받았으며 그 덕분에 공장 주변의 농부, 주변 이웃들은 두려움 없이 주일 예배에 참석할 수 있게 되었다. 따라서 주일학교는 영국 중산층의 막대한 지지를 획득하게 되었고, 이러한 지지를 힘입어 영국 전역에 더욱 확산 되었다. 주일학교 운동은 교회 부흥을 뒷받침하는 촉매 역할을 하였으며 주일학교가 세워지는 곳 마다 교회가 세워지는 경우가 많았다.

연도	전인구	학교수	학생수	평균 학생 수 (학교 당)	백분율/ 전인구
1818	11,642,683	5,463	477,225	87	4.09%
1833	14,386,415	16,828	1,548,890	92	10.7%
1851	17,927,609	23,514	2,407,642	102	13.4%

표15〉 주일학교의 가속화 현상306)

304) 안적원, "산업혁명 영국의 일요학교 연구", 『논문집』 (서울: 건국대학교 부설교육 연구소, 1976), 135.
305) 위와 같음.

위의 표는 영국에서 주일학교의 보급 속도와 영향력이 얼마나 컸는지 잘 보여준다. 당시 주일학교는 교회, 교파와 상관없이 하층민에게 교육을 보편화시키는데 지대한 공헌을 하였다. 주일학교 교육 대상은 공장 노동자의 자녀 또는 공장에서 일하는 소년, 소녀 등 도시의 하층민이었다. 기록에 따르면 학생들의 연령대는 6~25세이었고 그 가운데 25~50%가 15세 이상의 소년, 소녀 또는 청년들이었다.307) 영국의 주일학교는 이처럼 공장 노동자인 부모로 부터 방치된 어린이, 고향을 떠나 오랜 노동에 시달리는 청소년, 청년들의 비행을 예방하려는 목적으로 시작된 사회 운동의 성격을 띠고 있다.308) 근대화의 물결은 놀라운 사회적 변혁을 가져 왔지만, 극심한 혼란을 일으켰고, 주일학교가 사회와 가정의 역기능을 보완하는 역할을 함으로서 사회에 공헌하였다. 물론 영국의 주일학교가 미국으로 전파되었을 때 처음에는 가난한 노동자와 자녀들에게 교육을 제공하는데 목적이 있었으나 점차 그 방향성이 달라졌다. 민주주의의 평등 원리를 건국이념으로 삼는 미국과 달리 영국식 주일학교가 계층의식을 부추긴다는 목소리가 있었고, 남부에서 사회 최하층민 노예들의 학교로 인식되는 현상이 발생했던 것이다.309) 당시 노예제도로부터 자유롭지 못했던 미국은 음주, 전쟁, 노예제도를 반대하였던 영국의 주일학교 모토와 충돌하였고 새로운 방향성을 가진 주일학교가 요청될 수밖에 없었다. 미국의 주일학교 운동이 부흥운동의 성향을 갖게 되면서 성경암송, 부흥회 참석, 회심 등을 강조하고 사회를 변혁시키기 위한 도덕교육의 특성은 점차 묻히게 되었다. 그렇다고 사회를 변혁하고 보완하는 역할을 하지 않았다고는 볼 수 없다. 미국 주일학교 운동 역시 '가난한 지역에 주일학교를 설립하여 모든 어린이와 청소년이 복음의 영향을 받게 하는 것'을 목적으로 삼았기 때문이다. 도덕과 신앙교육이 가능하다고 장담하던 자선 왕국의 대리점310)으로서 교회 설립을 도왔을 뿐 아니

---

306) 위의 글, 137에서 인용.

307) 위의 글, 145.

308) Kenda Creasy Dean and, *Almost Christian*, 132.

309) 김재은, "역사로 본 교회학교 운동" 『기독교 사상』 (1980, 10), 26.

310) Robert W. Lyhn, Elliot Wright, 유재덕 옮김, 『크지만 작은 학교』 (서울: 하늘기획, 2010), 67.

라 인디언과의 싸움, 척박한 땅을 개척하고 정착하는 이들의 삶이 더 척박해지지 않도록 돕는 공교육 실현의 모판이 되었다.

2) 현대 청소년이 겪는 위기

산업혁명이 있었던 19C와 달리, 오늘날의 청소년들이 경험하는 위기는 다른 종류의 것들이다. 물론 개인의 위기와 사회적 위기는 언제나 맞물려서 일어난다. 현대 청소년의 위기로 사이버스페이스(cyber space) 몰입과 가족 해체를 주목하여 보고자 한다.

(1) 사이버스페이스

현대 사회의 청소년은 어른들과 다른 방식으로 세계를 보고, 느끼고, 생각하고, 표현한다. 어린 시절 부터 연필, 샤프, 펜 보다 컴퓨터 자판이 훨씬 가까웠던, 현실세계와 사이버세계의 갭(gap)이 크지 않았던 청소년들은 디지털 리터러시(digital literacy)-컴퓨터, 모바일, 소셜 미디어 등에 대한 접근, 이해, 활용 능력-가 뛰어나다. 청소년이 사이버스페이스에 머무는 시간이 길어지면서 '디지털 디톡스'를 요청하는 사회적 목소리도 높아지고 있다. '디지털 디톡스'란 과도히 몰입된 인터넷으로부터 자유로운 시간을 가져 보자는 것이다. 이렇듯 필요성을 깨닫고 있지만 여전히 몰입도가 높은 이유는 무엇인지 고민해 볼 필요가 있다.

> 어떤 남자가 오천 달러를 주고 전기 자동차를 새로 샀다고 자랑했다. 차가 무척 작았기에 친구들은 왜 그렇게 비싸게 주고 샀는지 의아했다. 그러나 그가 말했다. "아, 차 자체는 천 달러 밖에 안하는데 전기선이 사천 달러이었어"라고 대답했다.[311]

요즘 아이들은 최신 폰을 산다. 가격도 비싸지만, 비싼 폰으로 사회적 연결망(Network)을 얻기 위해서다. 게임과 웹툰을 보는 등 놀이를 즐기기도 하지만,

---

311) Eugene Peterson, 양혜원 옮김, 『물총새에 불이 붙듯』 (서울: 복 있는 사람, 2018), 266.

사람들과 연결되어 있다는 데서 오는 충족감을 비싼 돈 주고 사는 것이다. 그렇지 못할 경우 분리되고 소외되었다는 느낌을 받게 된다. 이는 마치 천달러짜리 자동차에 사천 달러짜리 전기선을 부착한 것과 매 한가지다. 삶과 의미와 연결되기 위해서 한심하게 끌고 다니는 사천달러 짜리 전기선은 오늘날의 청소년들이 삶의 의미에 빈곤하여 그것을 얻는데 연연하고 있음을 뜻한다.312)

청소년이 가장 많이 사용하는 것은 인터넷 게임과 소셜 미디어-SNS(Social Network Service)-이다. 인터넷 게임은 소셜 미디어와 마찬가지로 그룹으로 연결되어 있어서 대화가 가능하다. 정보를 교환하던 기존의 미디어를 넘어서 친교, 소통하고 커뮤니티를 구성해 준다. SNS 역시 개인의 의견을 쉽게 재생, 공론화 시키고 불특정 다수의 지지를 쉽게 얻을 수 있는 강점이 있다. 곧 청소년들에게 '능동적 주체'로 참여할 수 있는 기회를 제공한다. 상호작용 및 교류가 실제 세계 보다 훨씬 원활하다. 10대부터 50대에 이르기까지 전 연령층이 SNS를 이용하지만, 청소년에게 사이버스페이스는 다른 세대 보다 주요한 사회적 환경으로 작용한다. 정체성과 사회적 지위를 결정하는 위력을 갖는다. 그래서 댄 브루스터(Dan Brewster)는 '유례가 없는 세계화된 미디어 환경'이 다음 세대가 직면한 가장 심각한 도전이라고 하였다.313) 그는 텔레비전이나 라디오는 대하지 않고 이동성이 강한 SNS, 인터넷 채팅을 주로 사용하는 이들을 버블세대라고 하면서 이들은 상호간의 차이에 놀라울 정도로 관대하지만 피상적이고, 문화적 흡수력은 빠르지만 역사의식과 사회 문제에 둔감하다고 지적한다.314) 쌍방향 의사소통을 가능케 하는 장점이 있지만 그것을 주로 사용하는 이들을 '개인화'시키고, 사이버스페이스에서 강한 이동성을 가진 '유목민'으로 만들며, 그 어떤 세대 보다 오락적이고 흥미위주의 삶을 살도록 만들었다. 흥밋거리를 찾아 여기 저기 브라우징 하는 청소년들은 즐거움, 따로 놀기, 일관성과 신중함 결여, 유동적 관계 등을 인격적 특징으로 갖게 되었다. 더욱이 흥미를 찾아 중단 없이 움직이는 SNS의 교류는 유동적이고, 지속성이 약하

312) 위와 같음.

313) Dan Brewster, 김진선 옮김, 『어린이, 교회 그리고 선교』 (서울: 파이디온, 2014), 33.

314) 위의 책, 34~36.

다. 그러므로 청소년들의 깊은 내면에는 '친밀감과 소속감의 궁핍'이 있다. 그래서 즐겁지만 슬픈 이들에 대하여 '고독한 호모 디지털'이라는 표현을 사용한다.315) 무제한적 표현의 자유를 누리지만 직접적인 상호의존성, 친숙한 네트워크, 대면적 모임 등이 붕괴되어가고 있으며 이는 2020년 코로나로 더욱 가속화 되었다. 마치 유배생활에 갇혀 바벨론 강변에서 고향 유대를 바라보면서 그리워했던 유대인들처럼, 성공과 학원에 내몰린 십대들의 고향은 이동하는 (mobile) 내 손안의 세계-사이버스페이스(Cyber Space)가 되어 버렸다. 중요한 사람들과의 친밀한 관계성 속에서 얻어야 할 것들을 기계로 연결된 가상세계 속에서 얻고 있다. 곧 핸드폰, 사이버 공간은 친밀감의 대리 상속자인 셈이다.

(2) 가족의 해체

전체 생애 주기에서 청소년기는 비교적 많은 발달과제를 가지고 있다. 이는 그들이 내적으로 자신에게 쏟아야 할 에너지가 많다는 뜻이다. 신체적 변화 적응, 정서적·경제적 독립, 취업과 결혼 준비, 성숙한 사회인 되기 등 발달과제로부터 받는 스트레스가 있다. 여기에 외부 환경으로 부터의 위기가 가중된다면 문제, 고통으로 회복되는 능력, '회복 탄력성'이 취약해 질 것이다. 청소년들이 가장 위협적인 외부적 스트레스 요인은 아무래도 '가족 해체'이다. 가족은 청소년의 발달적 위기를 해결하도록 지지하는 1차적 공동체이다. 그래서 가족이 위기를 겪는다면 1차적 지지 체계가 무너지는 것이다. 그렇다면 부모의 이혼, 가족의 해체는 청소년에게 어떤 영향을 미치는가? 가족해체가 청소년에게 부정적인 영향을 미친다고 보는 시각도 있지만, 오히려 고통의 시간을 통하여 성숙할 수 있다고 해석하는 긍정적 관점도 있다.

먼저 부정적 관점은 가족의 파괴, 해체는 청소년들이 발달 과제에 몰입할 수 있는 에너지와 시간을 박탈한다는 것이다. 부모가 이혼하면서 겪는 스트레스는 아동기 보다 민감한 청소년기에 더 잘 전달이 된다. 그래서 가족 문제에 과

---

315) 정영근, 『영상문화와 세계화 시대의 교육』 (서울: 문음사, 2004), 40.

하게 몰입하면서 자신의 발달과제에 무관심해 지므로 미성숙한 어른이 될 수 있다. 이혼한 부모가 지나치게 방임적 생활을 한다거나, 이혼의 죄책감을 얻는다면 청소년이 겪을 상처는 더욱 깊어질 수 있다. 또한 가족 해체는 가족 내에서의 위치, 역할을 변화시키고 외부적으로는 온전한 가족에 속한다는 특권을 상실하게 만든다. 예전에 비하면 다양한 가족의 구조, 형태가 인정되고 있지만 여전히 청소년들은 가족 구성원이 모두 있는 가족이 훨씬 모범적이라고 느낀다. 그리고 부모가 헤어지면 그들은 친구들과는 나쁜 면에서 다르고, 자신의 사회적 레벨이 하락하는 것을 느낀다.316) 가족 구조, 상태는 그 자신에 대한 정의를 내리는데 중요한 역할을 하기 때문이다. 이제 이혼 가족의 아이라는 새로운 조건을 수용하고, 자신을 새롭게 정의해야 할뿐 아니라, 이를 친구 혹은 교사에게 숨겨야 하는가 아니면 감추어야 하는가? 하는 걱정과 직면하게 된다.317) 청소년은 상상적 청중의 비판을 의식할 것이고 '폭로로 인한 재평가'는 고통스럽게 느껴진다. '다른 애들의 부모는 이혼 하지만 우리 부모는 아니다'라는 표현으로 요약되는 개인적 우화의 괴로운 변화도 수반될 것이다.

반대로 가족 해체도 잘 극복한다면 성숙의 길로 갈 수도 있다고 보는 긍정적 해석도 있다. 보통, 이혼하는 이유를 살펴보면 배우자의 부정, 정신적 혹은 육체적 학대, 불화, 경제 문제, 건강, 성격차이 등이 원인이다. 따라서 불행한 가족 보다는 행복한 편부모 가족이 낫기 때문에 지속적인 스트레스에 노출되는 것 보다 이혼이 유익할 수 있다고 보는 관점이다. 특히 정신적, 육체적 학대의 경우 이혼이 유익하다는 견해가 지배적이다. 만약, 어쩔 수 없이 이혼해야 한다면 부모들은 그 문제에 대하여 청소년기 자녀에게 공개하는 것이 숨기는 것 보다 바람직하다. 왜냐하면 부부가 문제를 숨기다가, 갑자기 이혼을 선언한다면 아동과 달리 이해할만한 능력이 있는 청소년기는 단순히 부모로부터 무시를 당했다고 생각할 수 있다. 부모의 이혼 후에는 부모의 결점, 성인들에 대한 부정적 평가를 확산시킬 우려가 있다. 반대로 의도치 않게 부모의 언쟁, 폭력을 지

---

316) David Elkind, 『다 컸지만 갈 곳 없는 청소년』, 145.

317) 위의 책, 143.

속적으로 목격한다면, 갑작스럽게 부모의 이혼이나 별거를 통보 받는 것 보다는 덜 고통스럽게 느낀다고 한다. 따라서 청소년기 자녀에게는 부부 문제를 건강한 방식으로 토로하는 것이 더 나을 수 있다. 물론 가족의 해체, 이별, 재구성 등의 과정은 청소년에게 상처가 된다. 그러나 성장기에 이러한 일들을 겪었을 때 위기 대처 능력이 높고, 자율성, 경제적 자립이 증가하며 다른 사람의 아픔에 대한 공감능력이 향상될 수 있다.

'보이후드(Boyhood)' 라는 영화에는 6살 아이가 대학에 가기 까지 12년 동안의 가족 변천사가 들어있다. 이 영화를 촬영할 때 실제 배우들이 12년 동안 지속적으로 촬영했기 때문에 배우들의 외모 변천사도 관찰할 수 있다. 세 번째 남편과 헤어지고 버려진 것 같은 감정을 느끼는 엄마는 여자 친구와 주말여행을 떠나는 청소년기 아들에게 이런 푸념을 한다. "난 인생에 뭔가 더 있는 줄 알았다", 그리고 여행을 가는 아들의 차 안에서 '영웅' 이라는 노래가 흐르는데, 이것은 소년의 마음을 대변하고 있다.

영웅(Hero)

날 보내주세요
난 당신의 영웅이 되고 싶지 않아요
난 어른이 되고 싶지 않은 걸
그저 남들과 부딪히며 살고 싶을 뿐이에요
당신의 가식들, 난 당신의 퍼레이드의 한 부분이 되고 싶지 않아요.
모든 사람들은 다른 모든 이들과 함께 걸어갈 기회가 있는 걸요
그러니깐 날 보내주세요...난 당신의 영웅이 되고 싶지 않아요
난 어른이 되고 싶지 않은 걸요, 그저 남들처럼 싸우며 살고 싶을 뿐인데...

엄마의 인생을 보상하거나, 남들보다 어른스러운 사람이 되는 것 보다 그저 십대로서 다른 아이들과 다름없는 평범한 인생을 꿈꾸는 소년의 마음을 표현하고 있다. 부모의 깨어진 결혼생활에 대한 보상이나, 남편에 대한 애착을 채워주는 영웅, 퍼레이드의 일부가 되는 것이 자기 삶의 목적이 아니라고, 나는 그저

남들처럼 내 삶의 문제들과 싸우면서 살고 싶다고 외치고 있다.

3) 위기 청소년에게 희망을 주는 공동체

가족의 구조가 점점 다양해지고 있다. 정상과 비정상으로 분류되던 가족 형태는 이제 다른 유형으로 분류되고 있다. 1인 가족, 이혼가족, 다문화 가족, 이혼 후 자녀를 데리고 결혼한 혼합 가족 등. 오늘날 대부분의 가족 구조는 유연한 구조를 갖고 있다. 가족의 구조가 수시로 바뀔 수 있다. 셰익스피어의 표현대로 요즘 아이들은 등장인물과 퇴장인물이 너무 많은 가족에서 자라고 있다.318) 유연 가족 구조는 이동이 많고 소속감이 결여되어 있으며, 성인의 자유를 위하여 자녀들의 교육과 책임적 보호가 희생된다. 이전의 확대가족이나 핵가족처럼 가족 구성원들에 대하여 구속력을 갖지 못하기 때문에 그 역할을 대리 해줄 공동체가 필요하다. 주일학교의 처음 시작과 기원이 그러했듯이 비행 청소년들, 부모가 역할을 제대로 해 줄 수 없는 이들은 대안 가족을 원한다. 그래서 비행 청소년들끼리 서로의 가족이 되어주는 경우가 많은데, 이는 건강하지 못하다. 위기·비행 청소년들 대부분은 가족에게 받지 못한 안정되고 충성된 관계를 추구하는 마음이 강렬하고 그것을 또래 집단에서 얻으려는 경향이 있다. 위기, 비행 청소년의 친구들로 구성된 집단은 친밀감, 정서적 결속을 제공해 줌으로서 대리가족처럼 보이기도 한다. 실제로, 비행 청소년 집단에는 그들을 지배하고 통제하는 리더와 구성원들이 있다. 그런데 이 집단의 리더 역시 자신의 불안을 감추기 위해 타인을 지배하려고 애쓰는 사춘기 불량배의 특징을 그대로 반영하기 때문에 건강한 결속력, 친밀감을 제공하기 어렵다.319) 그들의 안정감, 친밀감은 거짓인 셈이다. 곧 부정적 대리 가족의 대표적 사례에 해당한다. 교회는 여러 세대를 보면서 그들을 간접적으로 돌보고 지도해온 마을 공동체의 역할을 대체할 수 있는 유일한 공동체로서 오늘날 위기, 비행 청소년을 지원하는 확대 가족(눅11:27~28)으로 부름 받고 있다.

---

318) John H. Harvey, Mark A. Fine, 문희경 옮김 『상처 입은 가족을 위한 심리학』 (서울: 북하우스, 2013), 272.

319) J. Richard Middleton, Brian J. Walsh, 『우리는 진리를 말할 수 있는가?』, 211.

그렇다면 대안 가족의 역할은 무엇이겠는가? 위기 청소년 대부분은 사랑과 돌봄을 그리워하고 충성적인 관계를 추구하지만, 관계 속에서 사람들과 대면하는 경험이 부족한 편이다. 이들에게 필요한 것은 관계성 속에서 수용되는 경험이다. 때로는 충동적, 공격적인 그리고 변덕스럽고, 신뢰하지 못하는 이들의 이탈 성향을 관용해줄 공동체가 있다면, 청소년기라는 위기의 시간은 잘 지나갈 수 있다.320) 레티 러셀(Letty M. Russel)은 가출한 십대 청소년이 교회 안으로 들어오게 되는 경로에 대하여 다음과 같이 기술하고 있다. "나를 아낌없이 조력해 준 교회는 결코 나를 이용하지 않을 유일한 장소이기에 나는 어떻든 교회라는 사람들의 동료가 되고 싶습니다"321) 주일학교는 부모를 떠나 가출한 소년을 아낌없이 후원하였고, 소년은 자신에 대한 돌봄에 다른 목적이 있다고 의심되지 않았기 때문에 교회 안으로 서슴없이 들어갈 수 있었다. 레티 러셀이 소개한 사례는 주일학교의 역사 속에서 끊임없이 있어왔던 일이다. 어린이, 청소년을 위한 교육프로그램이 부족했던 시대에 주일학교는 앞서가는 교육 현장이었다. 한국의 초창기 주일학교 역시 영국, 미국의 상황과 크게 다르지 않다. 한국의 기독교 역사 속에서 교회와 기독교 학교는 주일학교의 형태로 시작되었다. 교육 대상은 천민과 여인들이었다. 생계가 어려워서 많은 청소년, 청년들이 비행을 일삼던 1950~1970년대, 사회에 대한 반항과 항거가 유독 많았던 1970~1990년대에도 주일학교는 청소년들이 쉼과 만족, 교육을 얻는 거점이 되어 주었다. 영국과 미국에서 주일학교가 교육에서 배제된 하류 계층의 어린이, 청소년, 청년에게 교육의 혜택을 제공했던 것처럼 한국의 주일학교 역시 개인, 가족, 사회적으로 위기를 겪고, 외부적 도움을 필요로 하는 이들이 그 대상이었다.

청소년기는 누구나 한번쯤 '위기'를 경험해 볼 수 있다. 따라서 청소년의 위기를 빨리 눈치 채고 이들의 어려움을 함께 공유해 주는 누군가가 주변에 있다는 것 자체가 의미가 있다. 마치 어머니가 유아를 신체적으로 안아주고 불안감

---

320) M. Davis, D. 이재훈 옮김, 『울타리와 공간』 (서울: 한국 심리 치료 연구소, 1997), 191~192.

321) L. M. Russel, 정웅섭 옮김, 『기독교 교육의 새 전망』, (서울: 대한 기독교서회, 1967), 63

을 적절히 덜어주듯이 이들을 보듬어 줄 수 있는 유의미한 관계, 친밀한 관계, 공동체가 필요하다.322) 레오나르도 보프(Leonardo Boff)는 역사 속에서 가난한 이웃은 늘 등장하기에 이들과 함께하는 정의와 자비의 공동체, 하나님의 임재 및 통치의 유효한 표시를 제공하는 기초 공동체로서 교회가 창조적 대안이 되어야 한다고 주장한다.323) 곧 위기 청소년에게 교회학교가 자비의 공동체로서 창조적 대안이 되어할 소명이 있다. 다양한 회중을 가진 공동체로서 위기를 경험하는 부모와 청소년의 관계를 조언하고, 위기 청소년이 비행 청소년으로 전환되는 것을 예방할 수 있다. 위기, 비행 청소년들은 가정, 교회의 아픔을 대변하고 지역사회의 불균형을 지적하며, 기성세대의 무책임을 고발하는 자로서 모든 시대 속에 등장하기 마련이다. 그리스도의 인류에 대한 구원과 사랑은 현 상태에 집중하기보다 미래적 희망과 기다림 속에서 출현 되었다. 이처럼 아직 실현되지 않은 하나님 형상에 초점을 맞출 때 위기 청소년을 기독교교육의 대상으로 바라보는 것은 어렵지 않다. 오늘의 교회 교육이 과연 다양한 부류의 어린이와 청소년들, 특히 안팎으로 위기를 경험하고 있는 십대들에게 개방적 교육 공동체로서의 역할을 하고 있는가? 자문할 필요가 있다. 만약 교회가 정적인 성역화, 교회 키우기에 몰입되면서 위험을 감수하지 않는다면 '고통의 포용' 이라는 기독교적 핵심 메시지로부터 멀어지게 될 것이다.

〈생각해 봅시다〉

■ 오늘날 교회의 신앙교육은 어디에 초점을 두고 있는가?
■ 주일학교의 기원과 역사가 오늘날 교회학교에 주는 메시지는 무엇인가?
■ 현대 청소년이 겪는 위기가 더 있는지 찾아보자.

---

322) J. S. Scharff, D. E. Scharff, 오규훈, 이재훈 옮김,『대상관계 심리 치료』(서울: 한국 심리 치료 연구소, 2008), 59.

323) R, C. Miller, 고용수, 박봉수 옮김,『기독교 종교교육과 신학』(서울: 한국 장로교 출판사, 2003), 476에서 재인용.

나가는 말

언제부터 청소년에게 관심이 있었는지 잘 기억나지 않는다. 청소년기가 마냥 어색하고 서툴던 나에게, "너 무슨 고민 있니?", "땅에 돈 떨어졌니?" 라는 주변의 물음들이 쏟아졌다. 당시 정말 궁금했던 것은 '내가 어디서 왔는가?', '나는 무엇을 위해 살아야 하는가?' 하는 인생의 의미에 대한 물음이었다. 나름 심오했던 의미 물음에 진지하게 답해 주는 이가 지극히 적었던 80년대 후반에 질풍노도의 청소년기를 보내었다. 그리고 청소년기가 지나도 한참 지난 후, 청소년이 누구인지 이해하고 어떻게 꽃 같은 사춘기를 보내면 좋은지 알려주고 싶다는 마음을 갖게 되었다. 청소년들을 위하여 하고 싶었던 또 다른 한 가지는 신에 대한 궁금증 해결을 돕자는 마음이었다. 하나님을 믿고, 교회를 열심히 다니던 어느 날 문득 나는 '정말 하나님이 살아계실까?' 하는 의문이 들었다. 만약 하나님이 정말 있다면, 반대로 없다면...이라는 양극단의 가정을 왔다 갔다 하던 나는 정말 신실해 보이지 않던 선생님이 '하나님이 있다면 왜? 고통이 있는가?' 하는 의문으로 성경공부를 시작하셨을 때, 적지 않게 놀랐다. '음...역시 사람은 겉보기와 다르구나!' 생각 하면서 하나님에 대한 수많은 궁금증들을 대부분 혼자 해결해야 했다.

학교와 교회에서 청소년을 교육하면서 가장 보람 있었던 것은 십대들의 변화를 지켜보는 것이다. 1년이 다르게 자라는 평범한 십대들의 변화도 놀랍지만 비행 청소년들의 성숙은 더 보람 있게 느껴졌다. 알코올 중독 어머니와 살면서 짜장면을 배달하는 아이, 부모가 이혼 하던 날 다투는 장면을 보고 충격을 받아서 틱 장애가 생겼던 아이, 그렇게 사연 많은 십대들이 지하철을 무료 탑승하고, 담배꽁초를 주워 피면서 교회로 나를 만나러 왔던 일 그리고 청년이 되어 SNS로 안부를 전했던 일은 잊지 못할 감동이다. 청소년기의 위기는 죄가 아니다. 그러나 위기의 청소년들을 방치하는 것은 어른들과 이 사회의 죄이다.

청소년 목회를 할 때 교사 몇 분이 축구 사역을 하셨고 축구팀에 들어온 학생들 가운데 상당수가 소위 비행 청소년들이었다. 그들 가운데 폭력 사건이 있었고 부모들이 교회로 찾아왔을 때 경찰로 근무하고 있던 교사의 도움을 받았다. 이때 나는 교회야 말로 위기, 비행 청소년들을 품을 수 있는 어머니의 품이라는 것을 확신할 수 있었다. 교회처럼 다양한 사람들이 모이는 공동체는 없을 것이다. 어머니, 아버지, 그리고 형제처럼 십대들을 보듬는 교사들이 있는 교회란 정말 놀라운 공동체가 아닌가?

　청소년 위기는 가족으로부터 온다. 아니, 가족의 사랑과 후원이라는 관문을 잘 통과하면 청소년들은 위기를 잘 승화시킬 수 있다. 만약 가족이 해체되었다면 누가 '고통을 포용하는 교육'을 대신 감내할 수 있을까? 청소년들이 사이버 스페이스를 브라우징 하며 돌아다니는 것은 공허함, 외로움 때문이다. 그들이 외로움과 발달적 위기를 잘 해결해 가도록 지원하는 신앙의 친구들과 공동체가 더욱 절실한 요즈음이라고 생각한다. 오랫동안 고민하던 〈'청소년'을 생각하는 청소년 교육〉 책을 저술하게 되어서 감사하다. 그리고 언제나 나의 처음 사랑이자 마지막 사랑인 예수 그리스도의 평강이 청소년이 있는 모든 가족, 학교, 교회와 함께하기를 축복하고 기도한다.

2020년 12월

고수진

참고 문헌

강희천. 『기독교교육의 비판적 성찰』. 대한 기독교서회, 2003.

권수영. 『프로이트와 종교』. 살림, 2005.

권이종. 김용구, 『청소년 이해론』. 교육과학사, 2016.

김정휘. 『위기에 처한 청소년 지도의 이론과 실제』. 민지사, 2011.

김청송. 『청소년 심리학의 이론과 쟁점』. 학지사, 2013.

남궁택. 『도덕교육론』. 철학과 현실사, 1998.

문은희. 『한국 여성의 심리구조』. 도서출판 니, 2011.

박아청. 『사춘기의 이해』. 교육 과학사, 2000.

_____. 『청소년과 아이덴티티』. 교육과학사, 2008.

_____. 『에릭슨의 인간이해』. 교육과학사, 2010.

배철현. 『인간의 위대한 질문』. 21세기 북스, 2015.

사미자. 『종교심리학』. 장로회 신학대학교 출판부, 2001.

서강식. 『피아제와 콜버그의 도덕교육 이론』. 인간사랑, 2010.

신국원. 『니고데모의 안경』. IVP, 2005.

신민섭, 한수정. 『영화 속의 청소년』. 서울대학교출판부, 2006.

신명희 외. 『교육 심리학의 이해』. 학지사, 1998.

안인희. 『서양 교육 고전의 이해』. 이화여자 대학교 출판부, 1996

양윤정. 『황금빛 오후의 만남』. 열음사, 2006.

오인탁 외. 『기독교 교육사』. 한국 기독교교육 학회, 2008.

이영석 외. 『현대 부모교육론』. 형설출판사, 2002.

임홍빈. 『수치심과 죄책감』. 바다 출판사, 2014.

오인탁 외. 『기독교교육론』. 대한 기독교교육협회, 2002.

윤대선. 『레비나스의 타자철학』. 문예 출판사, 2013.

윤영돈. 『성경과 함께 하는 윤리학 산책』. 한국 학술정보, 2013.

윤주병. 『종교 심리학』. 서광사, 1986.

전성수, 이익열. 『교회 하브루타』. 두란노, 2016.

정영근. 『영상문화와 세계화 시대의 교육』. 문음사, 2004.

주혜주. 『마음극장』. 인물과 사상사, 2014.

제자원 기획. 『옥스포드 원어성경 대전』. 제자원, 2013.

진교훈 외. 『인격』. 서울대학교 출판부, 2007.

한병철, 김태환 옮김, 『시간의 향기』. 서울: 문학과 지성사, 2013.

허혜경, 김혜수. 『청년 발달 심리학』. 학지사, 2002.

KBS 명견만리 제작팀. 『명견만리』. 인플루엔셜, 2017.

모기 겐이치로. 박재현 옮김. 『좋은 질문이 좋은 인생을 만든다』. 샘터, 2017.

Anderson, Herbert & Mitchell, R. Kenneth. 강정욱, 김형준 옮김. 『떠나는 자녀 보내는 부모』. 죠이 선교회, 2011.

Augustini, Aurelii. 최민순 옮김. 『고백록』. 성바오로 출판사, 1993.

Balswick, O. Jack & K. Judith. 홍병룡 옮김. 『진정한 성』. IVP, 2002.

Bieri, Peter. 문항심 옮김, 『자기 결정』. 은행나무, 2015.

Bonhoeffer, Dietrich. 손규태 외 옮김. 『윤리학』. 대한기독교서회, 2010.

Boys, C. Mary. 김도일 옮김. 『제자직과 시민직을 위한 교육』. 한국 장로교 출판사, 1999.

_____. 유재덕 옮김. 『현대 종교교육의 지형과 전망』. 하늘기획, 2006.

Brewster, Dan. 김진선 옮김. 『어린이, 교회 그리고 선교』. 파이디온, 2014.

Blume, Judy. 김경미 옮김. 『안녕하세요, 하느님? 저 마거릿이에요』. 비룡소, 2012.

Clinebell, H. 박근원 옮김. 『목회상담신론』. 장로회 신학대학교 출판부, 1991.

Craddock, B. Fred. 박선규 옮김 『누가복음: 현대 성서주석』. 한국 장로교 출판사, 2010.

Davis, M. D. 이재훈 옮김. 『울타리와 공간』. 한국 심리 치료 연구소, 1997.

Dean, C. Kenda & Foster, Ron. 배정훈 옮김 『하나님을 잉태하는 청소년 사역』. 복 있는 사람, 2006.

Derives, Mark. 오화선 옮김. 『청소년 사역, 이젠 가정이다』. 성서유니온 선교회, 2001.

Elkind, David. 김성일 옮김. 『다 컸지만 갈 곳 없는 청소년』. 교육과학사, 1996.

Engstorm, Ted & Cedar, Paul 이득선 옮김. 『긍휼의 리더십』. 쉐키나, 2011.

Erikson, H. Erik. 최연석 옮김. 『청년루터』. 크리스챤 다이제스트, 2000.

Fowler, James. 사미자 옮김, 『신앙의 발달단계』. 한국 장로교 출판사, 2002.

Franckle, Victor. 이시형 옮김, 『삶의 의미를 찾아서』. 청아, 2016.

Frost, Michael. 홍병룡 옮김. 『일상, 하나님의 신비』. IVP, 2002.

Gardner, Howard. 김한영 옮김 『지능교육 넘어 마음교육』. 사회평론, 2017.

Guiness, Os. 홍병룡 옮김. 『소명』. IVP, 2006.

Harris, Alan. 정현숙 옮김. 『도덕교육과 종교교육』. 집문당, 1993.

Howe, Ruel. 김관석 옮김. 『대화의 기적』. 대한 기독교교육협회, 2004.

Harari, N. Youval. 조현욱 옮김. 『사피엔스』. 김영사, 2016.

Harvey, John H & Fine, A. Mark. 문희경 옮김. 『상처 입은 가족을 위한 심리학』. 북하우스, 2013.

Loder, James. 유명복 옮김 『신학적 관점에서 본 인간발달』. CLC, 2006.

Macgrath, Alister. 김일우 옮김, 『회의에서 확신으로』. IVP, 2016.

Middleton, J. Richard & Walsh, J. Brian. 이철민 옮김. 『우리는 진리를 말할 수 있는가?』. IVP, 2020.

Miller, C. R. 고용수, 박봉수 옮김. 『기독교 종교교육과 신학』. 한국 장로교 출판사, 2003.

Mead, Margaret. 박자영 옮김. 『사모아의 청소년』. 한길사, 2008.

Moltmann, Jürgen. 김균진 옮김. 『창조 안에 계신 하나님』. 대한 기독교서회, 2017.

Moran, Gabriel. 사미자 옮김. 『종교교육 발달』. 대한예수교장로회 총회출판국, 1989.

Nelson, C. Ellis. 문창수 옮김. 『십대를 위한 도덕교육론』. 정경사, 1995.

Nussbaum, Martha C. 조계원 옮김. 『혐오와 수치심』. 민음사, 2015.

Palmer, Parker. 김찬호 옮김. 『비통한 자들을 위한 정치학』. 글 항아리, 2012.

_____. 홍윤주 옮김, 『삶이 내게 말을 걸어올 때』. 서울: 청아, 2016.

Pelt, V. Rich. 오성춘, 오규훈 옮김. 『사춘기 청소년들의 위기상담』. 한국 장로교 출판사, 1995.

Peterson, Eugene. 김순현 외 옮김. 『메시지 영한 대역 성경』. 복 있는 사람, 2011.

Peterson, Eugene, Peterson, Erik. 홍종락 옮김. 『젊은 목사에게 보내는 편지』. 복있는 사람, 2020.

Pyle, James O & Karinch, Maryann. 권오열 옮김. 『질문의 힘』. 비즈니스 북스, 2017.

Russel, M. L. 정웅섭 옮김. 『기독교 교육의 새 전망』. 대한 기독교서회, 1967.

Russo, J. Jean. 권응호 옮김. 『에밀』. 홍신 문화사, 1996.

Sandel, J. Michael. 김명철 옮김. 『정의란 무엇인가』. 와이즈베리, 2014.

Schaffer, R. David. 송길연, 이지연 옮김. 『사회성격 발달』. CENGAGE Learning, 2011.

Scharff, J. S & Scharff, D. E. 오규훈, 이재훈 옮김, 『대상관계 심리 치료』. 한국 심리치료 연구소, 2008.

Schweitzer, Friedrich. 송순재 옮김. 『삶의 이야기와 종교』. 한국 신학 연구소, 2002.

Sherill, J. Lewis. 김재은 옮김. 『만남의 기독교교육』. 대한 기독교 출판사, 1997.

Snowber, Celeste. 허성식 옮김. 『몸으로 드리는 기도』. IVP, 2002.

Villadesau, Richard. 손호현 옮김. 『신학적 미학』. 한국 신학 연구소, 2001.

Vitz Paul. 김요한 옮김. 『무신론의 심리학』. 새물결 플러스, 2012.

Wallis, Jim. 정모세 옮김. 『회심』. IVP, 2008.

Walsh J. Brian. 강봉재 옮김. 『세상을 뒤집는 기독교』. 새 물결 플러스, 2015.

Walterstoff, N. 신국원 옮김. 『행동하는 예술』. IVP, 2010.

Wolters, M. Albert, Goheen W. Michael. 양성만, 홍병룡 옮김. 『창조, 타락, 구속』. IVP, 2007.

Wright, Tom & Guinness, Os. 최효은 옮김. 『세상이 묻고 진리가 답하다』. IVP, 2014.

Dean. C. Kenda. *Almost Christian*. New York: Oxford University Press, 2010.

_____. *Practicing Passion:Youth and the quest for a passionate church*. Rapids, Mich:Erdmans, 2004.

Erikson, H. Erik. *Identity:Youth and Crisis*. New York: Norton, 1968.

Evans F. BartonIII. Harry Stack Sullivan: Interpersonal theory and psychotherapy -Makers of Modern Psychotherapy. Loutredge: london and New York 2006.

Goldman, Ronald. *Relgious Thinking from Childhood to Adolescence*. London and Henley: Routedge and Degan Paul, 1965.

Kegan, Robert. *In over our heads*. Cambridge, Massachusetts: Harvard University press,

1982.

Capps, Donald. "Erikson's Life-Cycle Theory: Religious Dimensions." *Religious Studies Review*. V.10. 1984. 4.

Natale, M. Samuel "A family systems approach to religious education and development." *Graduate school of religion and religious education*. V.74. 1979.

Kristine M. Kelly, Warren H. Johes, Jeffery M. Adams. "Using the imaginary audience scale as a measure of social anxiety in young adults." *Educational and Psychological measurement*. V. 62, 2002. 10.

고수진. "이타적 공동체의 회복을 위한 교육목회."『기독교교육 논총』. V. 42. 2015. 8.

_____. "AI시대, 청소년을 기독교 창의 인재로 키우는 질문형 교육."『신학논단』. V. 93. 2018. 9.

_____. "2차 진로교육 정책을 보완하는 '진로소명' 교육 제안: 기독교 학교에서 종교 교과를 통한 진로교육."『기독교교육 논총』. V. 60. 2019. 12.

김재은. "역사로 본 교회학교 운동."『기독교 사상』. 1980, 10.

문용식. "워십 댄스와 영성."『기독교 언어문화 논집』. 국제 기독교 언어문화 연구원, 11집. 2008.

유은희. "신무신론의 현상과 종교성에 관한 기독교 교육적 고찰."『기독교교육 논총』. 50권. 2017. 6.

윤철호. "빅 히스토리 시대의 기독교 자연신학." 온 신학 아카데미 발표논문. 2018.

안적원. "산업혁명 영국의 일요학교 연구."『논문집』. 건국대학교 부설교육 연구소. 1976.

정명숙. "친사회적 도덕 추론의 발달."『한국 심리학회지: 발달』. 15권 4호. 2002.

홍창호. "청소년의 성장과 발달."『소아과』. 제46권 11호 부록 3호. 2003.

황보라. "포스트코로나시대를 위한 교육목회 디자인 웨비나."『교육교회 7,8』. 장로회신학대학교 기독교교육 연구원. 2020.7~8.

김은식.『스포츠 선교를 통한 효과적인 교회성장 전략연구』. 총신대학교 선교대학원 미간행 석사학위논문. 2017.

이훈범. "이명박 박근혜 그리고 문재인." 2018. 10. 15. 중앙일보. 28면.

경기일보. http://www.kyeonggi.com), 2020. 11. 4. 최종검색.

http://www.hani.co.kr/arti/international. 2020. 11.8. 최종 검색.

http://www.koya-culture.com/news/article.html?no=125604. 11. 24.

https://topclass.chosun.com. 2020. 12. 9. 최종검색.

'청소년'을 생각하는 청소년교육

초판 1쇄 발행 2021년 01월 12일

지은이_ 고수진
펴낸이_ 김동명
펴낸곳_ 도서출판 창조와 지식
디자인_ (주)북모아
인쇄처_ (주)북모아

출판등록번호_ 제2018-000027호
주소_ 서울특별시 강북구 덕릉로 144
전화_ 1644-1814
팩스_ 02-2275-8577

ISBN 979-11-6003-296-3 (93370)

정가 15,000원